아동건강교육

조경희 김녹현 김진선 남현주 박연희 박지현 이기호 장정애 공저

Heath Education in Early Childhood

양성원

머리말

인간의 삶의 과정에서 건강은 가장 기본적이면서 중요한 부분을 차지한다. 건강한 삶은 하루아침에 이루어지는 것이 아니며, 어릴 때부터 건강에 대해 관심을 기울이고 건강한 생활습관과 태도를 형성하도록 노력해야 한다. 또한 일상생활에서 건강을 유지하고 질병을 예방하기 위한 적극적인 자세를 지니는 것이 요구된다. 영유아기 건강의 중요성을 인식하고 영유아의 건강증진 및 건강교육을 제공하기 위한 이론과 실제를 소개한다. 최근 여성의 사회경제적 참여가 늘어나고 유아교육기관에 입학하는 연령이 낮아짐에 따라 영유아의 건강한 성장과 발달을 위한 유아교육기관의 역할이 점차 증대되고 있다. 유아교육기관에서는 영유아의 발달과정과 특성에 적합한 환경과 영양을 제공하고, 영유아들이 건강에 대한 올바른 지식, 기술, 태도를 형성할 수 있도록 건강교육을 실시해야 한다.

영유아기 건강은 생애 성장과 발달의 기초를 형성하고 이후의 발달에 중요한 영향을 미치게 된다. 유아들을 돌보고 교육하는 유아교사는 영유아기 건강의 중요성과 건강에 영향을 미치는 여러 요인들을 이해하고, 영유아의 건강을 유지하고 성장과 발달을 지원할 수 있는 건강교육의 내용과 방법을 습득해야 한다.

이에 본서는 유아교육 및 보육, 사회복지를 전공하고, 유치원 및 어린이집 현장에서 영유아의 건강을 책임지고 교육시켜야 할 예비 유아교사들에게 영유아 건강의 중요성을 인식하고, 질병을 예방하고 실제 질병에 걸린 영유아를 관리하는 방법을 제시하고자 하였다. 아동기의 건강에 대한 큰 흐름은 WHO에서 제시하고 있는 건강에 대한 언급과 영유아를 둘러싼 사회 및 생태적 환경의 변화를 반영하는 것이라 할 수 있다. 이에 따라 건강교육은 발달하는 아동의 기본적인 발달 및 양육에 대한 이해를 기초로 건강에 관련된 새로운 동향의 지식이 필요하다.

건강은 개인의 잠재력을 실현하고 행복한 삶을 영위해 나가는 데 필수적인 역할을 담당한다. 현대적 개념의 건강은 단순히 질병이 없는 상태가 아닌 신체적 · 정신적 · 사회적 측면의 건강을 포함하는 포괄적인 의미를 지닌다. 영유아를 위한 건강교육도 신체적인 건강만이 아니라 정신적 건강과 사회적 건강을 지원할 수 있는 포괄적인 방향으로 접근하여야 한다. 최근 유아교육 이론들은 지식과 기술을 직접적으로 전달하기보다 유아 스스로 지식을 구성하고 적용해 보는 능동적 학습을 강조하고 있다. 건강교육을 실행하는 과정에서도 영유아의 적극적인 참여를 격려하고 일상생활 속에서 건강한 생활습관과 태도를 실천해 볼 수 있는 환경과 교수-학습 방안을 제공해야 한다.

이 책은 유아교육과 아동학, 보육 관련 학과에서 영유아 건강교육을 공부하는 예비유아교사들과 유아교육기관에서 영유아를 지도하는 원장 및 교사들을 위한 유용한 학습자료로 사용될 수 있다. 또한 해당 분야의 대학원생, 교수, 정책연구가들에게 영유아 건강교육의 중요성을 인식하고 방향성을 설정하는 데 도움이 되는 다양한 정보를 제공할 수 있을 것으로 여긴다. 책이 출간되기까지 많은 도움을 주신 분들의 노력에 감사드리며, 부족한 책의 출판을 지원해 주신 양성원 출판사 사장님을 비롯한 양성원 가족 여러분들께 깊은 감사의 마음을 전한다.

2019년 4월

저자 일동

차 례

PART 1 영유아건강교육의 기초

PART 2 건 강

PART

1

영유아건강교육의 기초

Chapter 1

영유아건강교육의 기초

1. 영유아건강의 의미
2. 영유아건강교육의 개념
3. 건강에 영향을 미치는 요인
4. 영유아건강교육 목적과 필요성

1. 영유아건강의 의미

건강이란 개인의 신체적 상태를 의미하는 말로서 주로 질병의 치료를 강조하는 의미로 사용된다. 그러나 보다 적극적인 의미에서의 건강이란 단순히 외면상으로 튼튼해 보이고 병을 앓지 않는다고 해서 반드시 건강하다고는 할 수 없다. 건강의 개념은 인간의 지혜가 발달함에 따라서 신체와 정신만을 소중히 여기던 2차원의 입장에서 근래에는 현대생활에 필수 불가결한 사회성이 포함되어졌다. 1946년 6월 19일 뉴욕에서 열린 UN 세계보건기구(WHO) 회의는 건강에 대해 다음과 같은 정의를 내렸다.

"건강이란 질병이 없거나 허약하지 않은 것만 말하는 것이 아니라 신체적 · 정신적 · 사회적으로 완전히 안녕한 상태에 놓여 있는 것"이라고 정의하고 있다. 사람은 인종 · 종교 · 정치 · 경제 · 사회의 상태 여하를 불문하고 고도의 건강을 누릴 권리가 있다는 것을 명시한 것이다.

과거에는, 건강이란 육체적 · 정신적으로 질병이나 이상이 없고, 개인적으로 정상적인 생활을 영위할 수 있는 신체상태를 말하였으나, 오늘날에는 개인이 사회생활에 의존하는 경향이 커짐에 따라서 사회가 각 개인의 건강에 기대하는 것도 많아졌기 때문에 사회적인 건강이란 면에서 이와 같은 정의가 생겨난 것으로 보인다. 한국의 헌법에는 건강을 "모든 국민이 마땅히 누려야 할 기본적인 권리"라고 규정하고 있어 건강을 하나의 기본권적 개념으로 보고 있다. 또한 질병이 없는 상태라는 수동적 건강에 대한 태도에서, 금주 · 금연 등 생활습관의 변화나 운동 같은 적극적으로 건강해지려는 노력 등 능동적 태도가 강조되고 있다(김연진 외, 2010).

2. 영유아건강교육의 개념

1) 정의

유아건강교육이란 건강을 교육한다는 건강과 교육의 합성어이다. 인간에게 건강을 교육한다는 것은 인간의 건강을 유지하도록 하는 방향을 변화시켜주는 것이라 할 수 있다. 아동건강교육이란 새로운 지식을 얻거나 이미 알고 있는 지식을 새롭게 이해하여 이를 통해 새로운 태도를 개발하거나 기존으로 가지고 있는 태도를 강화 또는 수정하고 이를 기반으로 새로운 건강행위를 하도록 노력하고 또 이미 활용하고 있는 습성이나 행위를 수정하여 올바른 건강행위를 실천하게 하는 것을 의미한다.

유아가 질병이나 유해한 환경으로부터 유아 스스로 자신을 보호하고, 위험한 상황에 처했을 때, 이에 대처하는 방법 등을 교육하는 것을 의미한다. 유아 건강교육을 효율적으로 진행하기 위해서는 다음과 같은 사항에 유의해야 한다(곽동경, 1995).

첫째, 유아 스스로 건강에 대한 관심을 가지고 관련 지식을 올바로 갖출 수 있도록 교육해야 한다. 예를 들어 양치질하기를 교육할 때는, 칫솔에 치약을 묻히고, 양치질 한 다음, 입 안에 치약에 3~4회에 걸쳐 충분히 헹구어야 한다는 것을 구체적으로 교육해야 하는 것이다.

둘째, 유아가 자신의 건강에 관심을 가질 수 있도록 해야 되며, 특히 유아 건강과 직결되는 일상생활습관이 올바르게 형성될 수 있도록 지도해야 한다.

2) 목표

건강에 관한 사람들의 관심이 증가함에 따라 그 의미도 과거 질병치료의 개념에서 신체적, 정신적, 사회적 안녕의 상태를 유지하는 예방적 의미로 변화되었다. 예방적 차원에서 건강을 유지하기 위해서는 질병이 발생한 후 그에 대한 치료 방안을 찾기보다는 개인이 자신의 건강과 관련된 여러 가지 요소를 스스로 통제하며, 이를 위해 필요한 지식이나 기술, 태도 등을 학습하고 실천해야 한다.

3) 필요성

(1) 기초성

바람직한 식생활 습관, 규칙적인 운동, 건전한 몸가짐 등과 같은 건강교육은 한 인간의 생애 전체 삶에 영향을 미치는 생활습관의 기초를 형성한다.

(2) 적기성

영유아기는 신체적, 정서적, 사회적 건강 발달의 결정적 시기이다.

(3) 누적성

이전 발달에서 결손이 생기면 다음 시기의 발달에 좋지 못한 장애가 일어날 수 있음을 의미한다.

(4) 불가역성

발달의 최적기를 놓치게 되면 다음 시기에 이를 보완하거나 교정하기가 매우 힘들다.

3. 건강에 영향을 미치는 요인

유아의 건강에 영향을 미치는 요인은 다양하나 크게 유전적 요인과 환경적 요인으로 분류할 수 있다. 그러나 이 두 요인은 서로 역동적이며 복합적으로 작용하므로 어느 한 요인이 어떻게 또는 얼마만큼 영향을 미친다고 정확히 설명할 수는 없다. 따라서 유아의 건강을 관리하는 부모나 교사는 건강한 상태는 시기나 조건에 따라 달라질 수 있는 역동적인 상황이라는 것을 인식하고 이에 영향을 미치는 요인들을 알아둠으로써 유아들의 건강을 유지하고 향상시키는 자료로 활용해야 한다(김계자, 2003).

1) 유전적 요인

부모로부터 받은 유전적 요소는 개인의 건강상태를 좌우하며, 또한 개인의 특성을 결정하는 중요한 역할을 하게 된다. 좋은 유전인자는 튼튼한 체질, 건강한 신체, 정상적인 지능발달의 기본이 된다.

2) 환경적 요인

유전인자에 의해 건강의 기초가 형성되는 것이라면 환경적 요인들에 의해서는 주어진 기초 위에서 얼마나 지속적으로 건강한 심신을 발달시킬 수 있는지의 여부가 결정된다. 또한 경우에 따라서는 이들 환경적 요인에 의해서 유전적으로 이미 형성된 심신의 기초가 변화할 수도 있게 된다.

유아들의 건강에 영향을 주는 환경적 요인은 여러 가지로 분류할 수 있으나 대개 영양, 수면과 휴식, 위생적인 환경과 생활습관, 정서적 안정, 정기적 건강진단 및 질병의 조기 발견과 치료, 치아 건강관리, 운동으로 나누어 볼 수 있다.

4. 영유아건강교육 목적과 필요성

1) 개별 인격체

과거 유아는 자발적으로 환경을 탐색하고 문제를 해결할 수 있는 능력을 가지고 있지 못해 무기력한 존재로 여겨왔었다. 그러나 최근에 이르러 유아도 어른과 마찬가지로 자기 나름대로의 능력과 소질을 가지고 있으며, 자신의 관심과 욕구를 충족시키기 위해 부단한 노력을 하고 있음이 증명되었다.

유아는 무기력하고 수동적인 존재가 아니라 적극적이고 자발적인 존재로서, 자신의 환경과 상호작용하며 문제의 해결방안을 탐색해 나가는 인격체라는 인식이 차츰 고조되어 가고 있다.

2) 급변하는 사회

물질문명의 발달은 우리에게 편리한 생활을 제공하는 반면에, 우리의 전통문화와 가치관에 큰 혼란을 일으켜 세대 간의 격차와 갈등을 심화시키고 있다. 그러므로 가정과 학교와 지역사회에서는 변화하는 사회에서의 새로운 사상과 가치관, 또는 개인에게 부과된 사회의 기대 등에 유아들이 적응해나갈 수 있도록 정서적, 정신학적 측면에서 도와줄 필요가 있게 된 것이다.

3) 유아의 개별적 발달 특성

개인의 욕구・흥미・동기・가치・결정 등을 중시하는 개인존중시대로 접어듦에 따라 유아 건강교육도 각자의 개인차를 존중하고 인정하는 방향으로 기울게 되었다. 유아들은 같은 연령이라고 해도 각자의 신체적 발달과 그에 따른 능력이 다르고, 신체의 발달속도도 다르며, 성격이나 취미 등도 각각 다르다. 그러므로 이들의 능력과 문제가 되는 요소들을 조기에 발견하여 성장과 발달에 도움이 되도록 건강교육을 실행할 필요가 있는 것이다(김주성, 1998).

4) 사소한 문제도 유아에게는 치명적 문제를 초래

유아기 문제행동이나 잘못된 습관을 그대로 방치할 경우, 이로 인한 기타 여러 부적응 문제가 발생될 수 있다. 따라서 유아의 문제행동과 잘못된 습관을 고치기 위한 건강교육이 필요한 것이다.

5) 에릭슨 이론을 바탕으로 본 건강교육의 필요성

아동은 부모나 양육자의 관계를 통해 자신이나 사회에 대한 신뢰감을 형성할 수 있다고 하였다. 즉, 아동은 자신의 신체적, 정서적 욕구에 대한 적절한 대응과 보호를 받았을 때, 신뢰감과 정서적 안정감을 형성할 수 있고, 나아가 올바른 자아정체성을 확립할 수 있게 되는 것이다.

현대사회에서는 맞벌이 부부의 증가 및 가족해체로 인하여 가족의 적절한 보살핌을 받지 못하여 신뢰감과 안정감을 형성하지 못한 아동들이 많이 존재하며, 그에 따라 아동 건강교육이 중요하게 된 것이다.

6) 로저스 이론을 바탕으로 본 건강교육의 필요성

유아의 부적절한 행동과 정서문제의 원인은 아동의 내적 발달 가능성에 대하여 주변 성인들의 인정을 받지 못하였거나, 적절한 보살핌을 받지 못한 것에 기인한다고 하였다. 또한 아동의 주변 생활환경을 고려할 때, 아동의 정신건강에 가장 큰 영향을 미치는 것은 부모와 교사다.

부모와 교사는 아동이 자신은 물론 타인에 대한 신뢰감을 형성하는데 지속적으로 도와주어야 한다. 그러나 현대사회 가족기능의 약화로 인하여 아동은 신뢰감 형성에 실패하게 되고, 이로 인한 아동 건강교육이 중요하게 대두된 것이다.

Chapter 2

아동건강교육의 내용

1. 유아건강교육의 내용
2. 유아건강교육의 지도방법
3. 유아의 건강을 위한 유아교육기관의 역할
4. 영유아건강교육의 중요성에 대한 접근

1. 유아건강교육의 내용

1) 유아건강교육의 내용

유아들이 건강에 관한 정보를 수집·이해·적용할 수 있는 능력은 개인의 건강과 관련된 다양한 종류의 경험과 학습활동 통해 형성한다(홍길회 외, .2019)

〈표 2-1〉 유아건강교육의 내용

전국건강교육표준기구에서 제시한 건강교육내용(유치원~4학년까지의 아동을 위한)
① 건강 증진과 질병 예방에 관련된 개념 이해
② 유용한 건강 정보 찾고 건강 증진시키는 산물이나 서비스 이용할 수 있는 능력 기르기
③ 건강 증진시키는 행동 실천하고 위협하는 요소 감소
④ 문화와 대중매체, 기술 발달, 기타 요소들이 건강에 미치는 영향 분석
⑤ 건강 증진시키기 위해 다른 사람들과 상호 대화하는 기술 기르기
⑥ 건강 증진시키기 위한 목표 설정하고 결정 내릴 수 있는 기술 기르기
⑦ 개인, 가족, 지역사회 건강 위해 어떤 의견 주장할 수 있는 능력 기르기

유아들이 건강에 관한 정보를 수집·이해하고 이를 생활에 적용할 수 있는 능력은 개인의 건강과 관련된 다양한 종류의 경험과 학습활동을 통해 형성된다. 유치원에서부터 4학년에 이르는 아동을 위해 미국의 건강교육증진협회는 건강교육에 포함되어야 할 내용을 다음의 10가지로 제시하고 있다. ① 개인의 건강, ② 정신건강, ③ 가족생활, ④ 영양, ⑤ 질병 예방, ⑥ 안전, ⑦ 지역사회와 관련된 건강, ⑧ 학대, ⑨ 소비자로서의 건강, ⑩ 환경과 관련된 건강이 그것이다.

(1) 개인적 건강

개인적 건강을 위해 유아는 신체를 인식하고, 그들 행동이 정상적인 발달과 건강을 유지하는 데 직접적인 영향을 줌을 인식해야 한다. 따라서 유아가 건강하고 긍정적인 생활습관을 형성하는 것은 건강 유지와 증진에 필수적인 사항이다. 즉, 유아들로 하여금 건강한 생활습관을 형성하게 도와주고 개인의 건강을 유지하기 위한 책임은 그들 자신에 있음을 이해시키는 것이다.

개인의 건강과 관련된 우리나라 유치원 교육과정내용에는 우리 몸에 대해 알아보기, 이닦기, 손씻기, 신체적으로 활발하게 움직이기, 그리고 필요할 때 휴식하기 등이 포함되어 있다.

(2) 정신건강

정신건강은 개인의 건강 유지에 중요한 요소이며 삶의 질을 향상시키는 데 필수적인 요소이다. 정신건강의 교육목적은 유아들로 하여금 긍정적 자아개념을 가지고 자신의 감정을 바르게 인식하고 표현할 수 있는 능력을 기르는 것이다. 따라서 유아의 정신건강을 증진시키기 위해서 교사나 부모는 정서적 문제의 발생을 예방하고 가능한 한 감정을 자유롭게 표현하고 조절하는 방법을 가르치는 것이 중요하다. 유아들의 정신건강을 위협하는 요소는 스트레스이므로 유아들이 받을 수 있는 스트레스를 감소시켜 주고, 그 스트레스를 해소할 수 있는 바람직한 방법을 찾도록 도와주어야 한다.

정신건강과 관련된 우리나라 제6차 유치원 교육과정의 내용은 신체활동에 즐겁게 참여하고, 규칙적으로 하며, 다양한 신체활동을 통해 긴장감을 해소하고 즐거움을 느끼게 하는 것이다. 특히 신체활동은 유아를 활발하게 해주고 마음을 진정시키며 부정적인 에너지를 소모시켜 주므로 유아의 정신적 긴장이나 갈등을 해소하는 가장 효과적인 방법 중의 하나이다. 따라서 유아가 생활 속에서 신체활동에 흥미를 갖고 즐겁게 참여함으로써 정신건강을 유지할 수 있게 하고 있다. 뿐만 아니라 유치원교육과정의 사회생활 영역에서도 '나에 대해 긍정적으로 생각하고,' '감정과 욕구 조절하기' 등의 내용이 포함된다.

(3) 영양

영양과 관련하여 유아는 몇 가지 특징이 있다. 우선 유아기는 신진대사가 활발히 일어나므로 섭취해야 할 영양소의 절대량은 성인에 비해 적으나 체중 Kg당 에너지, 단백질 수분의 필요량은 훨씬 많다. 유아기는 바람직한 체위와 체격, 건강한 체질과 올바른 식습관이 형성되는 기초 단계이며, 자아 발달과 병행하여 식품에 대한 선호도가 분명해지고, 식습관이 형성되는 시기이다. 유아기에 형성한 식습관은 일생 동안 지속되며, 실생활에서 유아는 식품을 선택하고 결정하는 데 적극적인 역할을 하므로 유아도 자신의 건강과 영양 섭취를 위해 적절한 식품을 선택하는 데 필요한 기초적 영양 지식이나 태도를 배울 필요가 있다.

따라서, 유아들이 서로 다른 종류의 식품을 인식하고, 선택할 수 있는 능력을 길러주는 일는 매우 중요하다. 점심이나 간식시간을 포함한 일과 활동은 영양교육을 실시할 수 있는 가장 중요한 기회이며, 식품에 관한 이야기 나누기나 관찰, 실험, 요리활동 등을 통해 유아는 식품과 우리몸, 영양의 관계에 대해 학습하게 된다.

사례

영유아 건강 관련기사

◉ 앵커멘트

우리나라 어린이 10명 가운데 8명이 과일과 채소를 하루 권장 섭취량보다 적게 먹는 것으로 나타났습니다. 한꺼번에 많이 먹는 것보다, 매일 꾸준하게 적당량의 과일과 채소를 먹는게 성장기 어린이에게 좋습니다.

◉ 리포트

※ 인터뷰1) 배준영, 초등학교 5학년

"(과일을) 한번 먹을 때는 많이 먹는데, 자주자주 챙겨 먹지는 못해요."

※ 인터뷰2) 하수아, 초등학교 5학년

"채소는 맛이 쓰고, 먹을 때 느낌이 이상해요." 식약청이 만 10살과 11살 어린이 만 명을 조사했습니다. 과일의 경우, 권장 섭취량 수준에 맞게 하루 두 번 이상 먹는다는 비율은 15.5%에 불과했습니다. 번에 사과 반쪽이나 귤 한 개씩, 하루 두 번은 먹어야 영양 균형이 맞는데, 어린이 10명 가운데 8명 이상은 그마저도 지키지 않고 있다는 얘기입니다. 채소도 마찬가지입니다. 하루 권장 섭취량은 생야채 기준으로 70g씩 하루 다섯 번, 그런데 김치를 포함해 하루 두 번 이상 채소를 챙겨 먹는 아이는 30% 정도에 그쳤습니다.

※ 인터뷰3) 최윤주, 식약청 식생활안전과 연구관

"성장기 어린이에게 필요한 열량이나 비타민·무기질 등의 하루 섭취량이 정해져 있기 때문에, 하루에 몰아서 섭취하기보다는 다양한 식품을 통해 매일 꾸준히 섭취하는 게 중요합니다." 비타민과 섬유질 등을 영양제로 보충하는 것보다는 음식으로 섭취해야 몸에 흡수가 잘 됩니다. 패스트푸드나 라면 대신 과일이나 채소를 간식으로 줘서, 어릴 때부터 올바른 식습관을 기르는게 중요합니다.

출처: "어린이 80% 과일·채소 섭취 부족", YTN 방송 2016-03-02

(4) 질병 예방

질병 예방은 건강한 생활습관이 질병을 예방한다는 사실을 이해하고, 건강한 생활습관을 실천할 수 있게 하기 위한 것이다. 많은 종류의 질병은 청결과 위생을 중요시하도록 우리의 생활방식이나 태도를 변화시킴으로써 예방될 수 있다. 특히 감염성 질병은 놀잇감이나 기구를 소독하고 병원균을 감염시키는 인자와의 접촉을 피함으로써 예방할 수 있으므로 손씻기를 강조하고 청결하고 건강한 물리적 환경을 구성하는 일은 유아교육과정을 구성할 때 반드시 고려해야 하는 중요한 요소이다.

사례

영유아 건강 관련기사 요약

◉ **기사 요약**

독감이 예년보다 늦게 유행되면서 독감환자가 꾸준히 늘고 있는 가운데, 3~6세 어린이 10명 중 4명 정도가 독감으로 병원을 찾고 있는 것으로 나타났다.

지난달 19일 질병관리본부는 2012년 여섯째 주(2월 5~11일)에 인플루엔자(계절성 독감)로 의심되는 환자가 외래로 의사를 찾은 전체 환자 1,000명당 23.1명으로 집계됐다고 발표했다. 이는 첫째 주(1월 1~7일)의 6.2명과 비교해 4배 가까이 증가한 것이며, 신종 인플루엔자(A/H1N1pdm09)가 유행한 시기를 제외한 지난 3년 동안의 평균보다 높은 수준이다. 특히 6세 이하 영유아의 감염이 심각했다. 3~6세 유아의 36.3%가 독감으로 병원을 찾았으며, 0~2세 영아의 13.6%가 독감을 경험한 것으로 드러났다.

질병관리본부는 "인플루엔자 예방을 위해 영유아, 임신부 등 감염 위험군은 인플루엔자 예방접종을 반드시 마치고, 평소에 손 씻기 등 개인위생에 철저해야 한다"고 강조했다.

출처: "때늦은 독감 유행 예방접종 필수", 베이비뉴스 2015-03-02

(5) 안전교육

안전교육은 유아가 겪게 되는 불의의 부상이나 사망을 줄이기 위해 가장 중요한 것이다. 특히 대부분의 우발사고는 예측 가능한 범위 안에서 발생하므로 성인의 철저한 사전 대책 수립과 감독을 통해 거의 예방할 수 있다. 따라서 최근 많은 나라에서는 유아 우발사고의 심각성을 인식하고 정부 관련 전문가가 참여·지원하여 국가적 차원에서 이를 예방하려는 노력을 적극적으로 기울이고 있다.

유아에게 일어나는 우발사고를 예방하기 위한 방법은 안전한 환경을 구성하고, 사고를 유발할 수 있는 인간의 행동을 교육을 통해 변화시키는 것이다. 교육을 통해 얻어진 지식이나 태도는 단순한 지시나 감독에 의한 것보다 영구적인 효과를 가지게 된다. 따라서 유아를 대상으로 하는 안전교육에서는 안전한 생활을 실천하는 데 필요한 지식과 위험 요소를 미리 예측하고 예방하거나 신중하게 행동하는 태도, 그리고 안전하게 행동할 수 있는 기술교육이 포함되어야 한다.

(6) 아동학대

학내에 관한 내용은 유아의 신체적 · 정서적 · 성적 학대와 방임을 예방하고 조기에 발견, 치료하기 위한 것이다. 우리 사회에서도 최근 아동 구타나 유기, 방임 등의 문제에 대한 심각성이 높아지고 있다. 특히 학대당하는 시기가 어릴수록 그 피해 정도는 매우 심각하므로 이에 대해 관심을 가질 필요가 있다.

유아는 정서적 · 성적 학대의 위험에서도 예외가 아니므로 유아가 학대당할 수 있는 상황을 미리 예방하고 만약의 경우 적절히 대처할 수 있는 방법을 지도해야 한다. 특히 교사는 학대를 할 수 있는 부모와 유아의 특성을 미리 파악하여 사전에 효율적인 아동 양육방법이나 유아의 행동 특성, 영유아 발달에 관한 부모교육을 실시함으로써 학대의 발생을 사전에 예방하도록 노력해야 한다.

(7) 지역사회와 관련된 건강

지역사회의 건강은 건강교육의 장기적 목표 중의 하나로 유아들이 지역사회의 건강 증진을 위해 노력하는 사람들을 알고 그들과 친숙해지며, 다양한 종류의 정보나 광고를 바르게 인식하고 건강 증진을 위해 개발된 상품을 이해하는 것이다.

특히 지역사회의 건강정보센터나 건강 증진을 위한 기구가 어떤 것이 있는지 알고, 지역사회에서 주민의 건강 증진을 위해 일하고 있는 다양한 종류의 사람들을 알며 그들과 친숙해지게 한다.

(8) 환경

환경과 관련된 건강은 유아들의 행동이 우리가 살고 있는 환경에 직접적인 영향을 미친다는 사실을 알고 또한 환경은 다시 우리들의 건강과 다음 세대의 건강에 지대한 영향을 끼치는 것임을 이해하는 것이다. 이를 위하여 유아들이 생활 속에서 환경 보전 태도를 형성할 수 있도록 성인의 지속적인 관심과 지도가 필요하다. 깨끗한 환경을 구성하는 것도 중요하며, 재활용품을 모으고 활용하며, 식품 가꾸기나 동물 보호하기도 포함될 수 있다.

2) 유아건강교육의 목표

건강에 관한 사람들의 관심이 증가함에 따라 그 의미도 과거 질병 치료의 개념에서 신체적, 정신적, 사회적 안녕의 상태를 유지하는 예방적 의미로 변화되었다.

예방적 차원에서 건강을 유지하기 위해서는 질병이 발생한 후 그에 대한 치료 방안을 찾기보다는 개인이 자신의 건강과 관련된 여러 가지 요소를 스스로 통제하며, 이를 위해 필요한 지식과 기술, 태도 등을 학습하고 실천해야 한다.

〈표 2-2〉 건강교육의 목표

구 분	내 용
미국전국건강교육표준기구 (JCNHES)	개인이 자신의 건강을 증진시키기 위해 필요한 건강과 관련된 정보 습득, 해석, 이해능력 갖추는 것
미국유아교육협회 (NAEYC)	건강한 생활습관을 형성하기 위해서 유아기에 개인의 건강과 관련된 경험과 학습을 함으로써 건강에 관한 기본적인 정보 이해, 실천하는 능력 기르는 것
핸드릭 & 스믹스	유아기를 통해 건강을 증진할 수 있는 생활습관 형성
미국전국건강교육표준기구, 건강교육증진연합회 미국학교건강연합회 미국공공건강연합회	유아들이 기본적인 건강관련 정보와 서비스를 찾고 해석·이해하며 이를 실제생활에서 건강 증진하기 위해 활용할 수 있는 능력 기르는 것
우리나라 6차 교육과정	건강과 안전에 관련된 지식과 태도를 익힘으로써 건강하고 안전한 생활습관을 가지고 신체활동에 참여함으로써 건강한 신체와 정신을 기르는 것

2. 유아건강교육의 지도방법

유아에게 건강교육을 실시하기 위한 효과적인 방법은 교사가 가르쳐 주는 것보다 유아들이 직접 일상생활의 다양한 경험이나 활동을 통해 건강을 유지하고 건강한 생활습관을 형성하는 데 필요한 지식이나 기술, 태도를 자연스럽게 형성하도록 하는 것이다. 특히 건강교육을 위한 방법은 대상 유아의 연령이나 개인적 특성을 고려하여 계획되어야 하며, 각 상황에 따라 적절하고 융통성있게 전개되어야 한다.

건강교육은 일상생활 속에서 자연스러운 과정을 통해 계속적으로 실시되어야 한다. 따라서 특별한 시기에 건강이나 위생 등과 같은 특정 주제만을 통해서보다 매일의 일과속에서 반복해서 실시하는 것이 효과적이다.

유아를 위한 건강교육을 실시할 수 있는 다양한 방법을 구체적으로 정리해 보면 다음과 같다(문혁준 외, 2019).

1) 주제 선정에 따른 통합적 접근방법에 의한 건강교육

통합적 접근방법이란 유아들에게 건강에 관련된 지식이나 기술, 태도를 가르칠 때 언어, 수, 과학, 미술활동 등 분리된 교과로 가르치는 것이 아니라 유아들이 항상 경험하는 일상생활의 다양한 상황을 학습 경험으로 활용하는 것이다. 이는 유아들이 교과를 통하여 분리된 내용을 배우기보다는 일상생활의 구체적 상황을 통해 필요한 지식, 기술, 태도 등을 통합적으로 학습한다는 연구결과를 근거로 한 것이다.

주제를 선정하여 통합적인 방법으로 건강교육을 실시한다는 것은 하나의 정해진 주제에 관해 이야기 나누기, 흥미 영역에서의 실내 자유선택활동, 조형활동, 화장실가기, 동화 듣기, 게임, 실험하기, 견학 등의 활동을 통해 건강교육의 내용을 통합적으로 학습하는 것이다. 이러한 것들을 통해 유아는 실제 상황에서 건강한 생활을 유지하는데 필요한 지식이나 기술을 익히고 적용하며 태도를 기를 수 있게 된다.

〈건강 지도에 관한, 연간지도계획(유아기 : 3~5세)〉

건강과 관련된 지식과 기술을 익힘으로써, 건강한 생활습관을 가진다.

월	지도 목표	지도 내용 및 방법	건강관리	가정과의연락/부모교육
3	• 적절하게 옷 입기 • 몸을 깨끗이 하기 • 몸을 깨끗이 하기 • 질병 예방하기 • 즐겁게 생활하기	• 현관에서 신 신고 벗기(게임) • 손을 씻어 보아요(실제 경험) • 이를 닦아요(실제 경험) • 충치균 없애기(그림 자료) • 엄마와 작별하기(실제 경험)	• 비상약품, 의료기구 점검 • 현관, 화장실 점검 • 놀잇감 정리정돈 • 자연채광 점검 • 비상연락망 작성	• 오리엔테이션 • 보육계획 안내 • 생활기록부 전달 • 비상연락망 작성
4	• 주변을 깨끗이 하기 • 적절하게 옷 입기 • 주변을 깨끗이 하기 • 즐겁게 생활하기 • 질병 예방하기 • 질병예방하기	• 옷 벗고 정리하기 연습(시범) • 옷을 바꿔 입어요(실제 경험) • 우리 교실 더럽히지 말아요 • 씨뿌리기, 꽃 심기(실제 경험) • 신체검사(신장, 체중) • 건강검진(치아 검진 포함)	• 보건기관 연계 (신체검사) (건강검진) • 옷장, 화단 점검 • 놀잇감 소독	• 건강검진 동의서 • 병의 유무조사 • 건강보고서 전달
5	• 적절하게 옷 입기 • 질병 예방하기 • 적절히 휴식하기 • 질병 예방하기	• 계절에 맞게 입어요(게임) • 예방접종을 해요 • 잠자리 정리하기(모델링) • 전문가 초빙 특강(간호사)	• 보건기관 연계 (예방접종) • 예방접종카드 관리 • 이부자리 빨래 • 소독	• 예방접종 동의서
6	• 바른 식생활하기 • 바른 식생활하기 • 적절하게 옷 입기 • 적절히 휴식하기 • 적절히 휴식하기	• 설거지 그릇 나르기(실제 경험) • 젓가락으로 옮기기(실제 경험) • 비오는 날의 옷차림(실제 경험) • 너무 놀면 안돼요(비디오 테이프) • 잠을 자기 않으면(미술활동)	• 종사자의 건강진단 • 식기 소독 • 놀잇감 정리정돈 • 낮잠자는 분위기 조성	• 건강생활습관 지도 지침
7	• 즐겁게 생활하기 • 질병예방하기 • 몸을 깨끗이 하기 • 주변을 깨끗이 하기	• 즐겁게 먹어요(노래) • 모자를 써야해요(시범) • 머리를 깨끗이 감아요(실제 경험) • 쓰레기 분류하여 버리기(실제 경험)	• 화장실 소독 • 식당 분위기 조성 • 화장실 점검	• 유아기 건강의 중요성(강연회)

8	• 질병 예방하기 • 몸을 깨끗이 하기 • 질병 예방하기	• 아이스크림을 많이 먹으면 (그림자료) • 귀를 깨끗이 하기(실제 경험) • 애완동물 목욕시키기(실제 경험)	• 침구 소독 • 실내온도 점검 (20~27.7℃)	• 부모님 역할의 중요성
9	• 몸을 깨끗이 하기 • 바른 식생활하기 • 질병 예방하기	• 실내화 빨기(실제 경험) • 바른 식당예절(모델링) • 이가 썩었어요(극화놀이)	• 놀잇감 정리정돈 • 건강관찰표 작성	• 건강관찰표 전달
10	• 바른 식생활하기 • 적절히 휴식하기 • 질병 예방하기	• 설거지 그릇 나르기(실제 경험) • 계절에 맞게 옷을 입어요(게임) • 감기에 걸리면(이야기하기)	• 보건기관 연계 (예방접종)	• 예방접종 동의서
11	• 적절히 휴식하기 • 몸을 깨끗이 하기 • 주변을 깨끗이 하기 • 즐겁게 생활하기	• TV많이 보면 해로워요(이야기하기) • 코를 깨끗이 해요(실제 경험) • 그냥 두고 나갔더니(비디오 테이프) • 좋아하고 잘하는 일(이야기하기)	• 보건기관 연계 (신체검사) (건강검진)	• 건강보고서 전달
12	• 적절하게 옷입기 • 질병 예방하기 • 질병 예방하기	• 장갑의 종류, 장갑을 끼는 이유 • 신선한 공기를 마셔요(노래) • 일찍 자고 일찍 일어나요(도서)	• 습도조절(가습기) • 공기 환기시키기 • 놀잇감 정리정돈	
1	• 바른 식생활하기 • 몸을 깨끗이 하기 • 몸을 깨끗이 하기 • 즐겁게 생활하기 • 질병 예방하기	• 음식마다 먹는 법이 달라요 (그림자료) • 손톱 자르기(실제 경험) • 이닦기 게임(게임) • 친구와의 즐거운 신체적 접촉 (게임) • 술, 담배는 싫어요(그림 자료)	• 습도조절(가습기) • 공기 환기시키기 • 실내온도 점검 (18.3~23.8℃)	• 시설운영 의사결정 참여
2	• 즐겁게 생활하기 • 즐겁게 생활하기 • 질병 예방하기	• 클래식 음악 감상 • 밀가루 반죽으로 감정표현하기 (실제경험) • 건강한 똥, 건강한 배설(그림)	• 음악감상 준비 • 보온을 위한 여분 옷 준비 • 환풍기 점검	• 부모 일일교사

2) 역할놀이를 통한 건강교육

역할놀이는 유아가 관심이나 흥미 있는 주제를 중심으로 가상적인 상황에서 역할을 맡아 놀이하는 것이다. 특정 역할을 맡아 놀이하는 동안 유아는 여러 다른 상황에서 자신의 직접 또는 간접 경험을 토대로 다양한 문제를 경험하고 그 문제에 대한 대처방법을 찾아보거나 자발적인 문제해결력을 기를 수 있게 된다(김혜경, 2012).

건강교육은 바람직한 환경과 건강한 성인들의 행동을 통해 가장 효과적으로 이루어지며, 특정한 단원이나 수업만을 통해서보다 전체적인 교육환경, 일과 생활, 성인의 모델링과 적절한 지도를 통해 이루어짐을 고려할 때 건강교육은 구체적이고 실제적인 상황에서 이루어져야 한다. 이러한 관점에서 많은 학자들은 유아에게는 실제 상황과 유사한 모의 상황과 역할놀이를 건강이나 안전교육에 활용하는 것이 가장 효과적임을 강조한다.

역할놀이를 통한 교육은 가르치고자 하는 정보나 기술, 태도를 반복적으로 학습할 수 있게 하므로, 적절한 보조 자료를 활용한다면 가상적 상황에서 보다 극적이고 현실감 있는 경험을 할 수 있다.

3) 상황에 근거한 건강교육

상황에 근거한 건강교육이란 유아교육기관에서 정기적인 신체검사를 실시하거나 주변 사회에서 식중독 사고가 발생했을 때, 유치원에서 사고가 났을 때 또는 간식이나 점심시간 등과 같은 실제 상황을 이용하여 건강교육을 실시하는 것이다. 이러한 방법은 유아들이 직접 또는 간접적으로 경험하거나 곧 경험하게 될 상황에 기초하므로 동기 유발이 용이하고, 실제와 직접 연결된다는 장점은 있으나 유아들에게 필요한 건강교육의 내용을 모두 포함시킬 수 없다는 한계도 있다.

4) 현장 학습을 통한 건강교육

현장 학습이란 유아교육기관 밖의 장소를 방문하여 유아가 직접 감각을 통한 실제 경험을 할 수 있게 함으로써 학습의 효과를 높이기 위한 방법이다. 예를 들어, 질병에 대해 이야기하는 경우 가까운 병원이나 보건소 등을 견학하여 사람들이 병원에 오는 이유가 무엇이며, 병원에는 어떤 사람들이 일을 하고 있는지, 질병에 걸리지 않기 위해 우리가 해야 할 일은 무엇인지 등을 직접 이해하는 것이 좋다. 또한 식품의 가공에 대해서도 목장이나 우유 공장을 직접 견학하여 목장에서는 우유를 어떻게 얻으며, 이러한 우유가 공장에서 어떻게 살균되고 가공되는지 직접 볼 수 있다.

그러나 유아의 현장 학습을 효과적으로 진행하기 위해서는 사전에 현장 학습을 나갈 장소와 일정 및 그 과정에 대한 교사의 치밀한 계획이 선행되어야 하며, 현장 학습을 다녀온 후 현장에서의 경험을 확장시켜 보는 다양한 활동을 전개하는 것이 필요할 것이다.

5) 부모를 통한 건강교육

유아는 주로 부모를 통해 건강 또는 안전에 대한 습관이나 신념을 형성한다. 또한 유아가 가정에서 배우게 되는 건강이나 안전에 관한 습관이나 태도는 대부분 우연한 기회를 통해 학습하게 된다. 따라서 부모는 건강이나 안전을 유지하기 위해 필요한 정보나 태도를 풍부히 알고 있을 뿐 아니라 생활 속에서 이를 실천할 수 있어야 한다. 유아교육기관에서는 가정통신문이나 부모회, 관찰 등의 기회를 통해 부모에게 건강에 관한 정보를 제공할 수 있으며 부모가 직접 유아의 활동에 참여할 수 있는 기회를 주는 것도 좋다(홍길회 외, 2019).

유아를 위한 건강교육에 부모가 참여하고 협동하는 것은 우선 유치원과 가정교육의 일관성과 연계성을 도모할 수 있다는 측면에서 매우 중요하다. 그 외에도 부모들의 유아 발달과 요구에 대한 이해를 할 수 있게 되며, 이를 통해 아동 발달 및 학습에 대한 부모의 지식이 확장되고 유아의 학습을 강화해 줄 수 있게 된다. 또한 바람직한 부모 기술을 형성해 줄 수 있으며 부모의 자긍심을 증진해 주고 가정과 유아교육기관 간의 교류를 개선할 수 있을 것이다.

3. 유아의 건강을 위한 유아교육기관의 역할

1) 영유아의 특성파악 역할

유아교사는 유아 개개인의 특별한 능력과 흥미를 인식하고 격려하는 것이 필요하다. 즉, 영유아의 연령에 따라 차이는 있으나 3세 이하 영아의 경우는 특히 언어발달의 기초단계를 이해하고 도와주며, 감각 · 운동적 경험을 제공하고 기초적인 생활습관을 위해 배려해야 한다.

2) 교육적 프로그램의 구성 역할

매일 프로그램 구성 시 유아에 대한 이해를 기반으로 교육적 프로그램을 구성할 수 있어야 한다. 즉, 유아에게 적절한 활동과 자료, 시설을 제공하고 건강, 안전 및 프로그램 절차를 잘 수행해야 한다.

3) 수탁아동과 부모에 대한 사실발견과 보육사업에 대한 설명의 역할

가장 기본적인 것으로 수탁을 원하는 모든 신청인(아동과 부모)을 면접하여 수탁동기와 가정배경과 아동의 생육사와 아동이 처한 지역사회의 특성에 대하여 조사하여 아동보육에 활용하여야 한다. 그리고 보육시설에서 제공되는 서비스에 대해서 설명을 해야 한다.

부모에게 적절한 보육시설을 소개하고, 보육시설에 입소하기 위한 조건, 보육시설에서 하는 일, 바람직한 부모역할 등을 소개하고 아울러 부모 및 보육시설의 책임의 한계, 시간규정에 대하여 설명해야 한다.

4) 상담자로서의 역할

유아교사는 아동의 가족문제를 발견하여 상담서비스를 제공함으로써 문제해결을 도와 건전한 성장발달을 궁극적으로 도모할 수 있으며, 아동학대, 무관심, 영양실조, 실업, 질병 그리고 부부파단 등 여러 문제들에 관한 소기개입 상담서비스와 타 사회복지기관에 의뢰하거나 지역사회자원과의 연결 등의 전문적 지도 계획을 세우는 역할을 해야 한다.

5) 가족기능의 평가와 그에 따른 역할

상담자의 역할과 연관된 것으로 유아교사는 수탁아동 가정의 가족기능을 항상 평가해야 한다. 만약 가족과 부모-자녀의 관계가 부부갈등이나 부모-자녀 갈등의 결과로 구조적으로 손상되거나 긴장상태가 야기되면 부모-자녀관계의 긴장을 완화하는 지원·강화 서비스의 역할이 필요하다.

또한 경제적으로 어려운 상황이라면 공적 부조의 도움을 받도록 보육교사는 도와주고 아울러 소득향상 사업에 참여하도록 지역사회의 자원을 동원하여 직장을 알선해 주는 역할을 해야 한다. 이는 아동복지서비스 중 보와·보상 서비스의 방법이기도 하다.

6) 아동의 욕구에 맞는 프로그램 개발을 위한 역할

정상아는 물론이고 신체장애아, 정신장애아, 정서장애아 등 특수한 아동에 맞는 프로그램을 개발하여야 한다. 이를 위해 아동과 부모의 욕구를 알아야 할 필요가 있다.

4. 영유아건강교육의 중요성에 대한 접근

유아기는 신체적, 정신적, 사회적 발달영역의 결정적 시기이며 전인적 건강의 기초를 형성하는 시기일 뿐 아니라 질병예방과 건강증진에 대한 습관을 형성하는 중요한 시기라 할 수 있다. 이에 유아기 건강교육의 필요성과 중요성을 살펴보면 다음과 같다(김은심 외, 2012).

1) 기초적 발달

세 살 버릇 여든까지 간다라는 속담처럼 이 시기의 바람직한 식생활습관, 규칙적인 운동, 건전한 몸가짐 등과 같은 건강교육은 한 인간의 생애 전체 삶에 영향을 미치는 생활습관의 기초를 형성하는 만큼 모든 교육에 앞서 우선적으로 이루어져야 한다. 의학과 과학의 학문적 발전은 성인기에 발병하는 여러 만성질환의 위험요인들이 상당 부분 유아기의 잠재적 위험요인으로부터 기인하고 있음을 밝히고 있다.

기초적 발달이 바람직하지 못한 생활습관이 형성되기 이전에 올바른 생활습관을 습득시키는 것이 중요하다는 것이다. 더욱이 성인이 된 후 건강하지 못한 행동패턴을 변화시키는 것보다 생애 초기에 건강한 생활습관을 형성시키는 것이 효과적이며 경제적이라는 점에서도 생애 초기 영유아 건강교육의 높은 교육효과를 기대할 수 있다.

2) 정서와 사회적 발달

결정적 시기 동안 환경적 경험에 의해 획득된 특성은 영유아의 전 생애에 걸쳐 영향을 미치기 때문에 풍부한 환경적 경험이 결정적 시기 동안 제공되어야 한다. 청각의 경우, 유전적 요인이나 임신 중 산모가 풍진이나 매독에 감염된 경우 신생아 난청이 나타날 수 있다. 신생아 난청 중 50%는 정상 신생아에서도 나타난다. 이러한 신생아 난청은 조기 진단하여 치료할 경우 정상에 가까운 언어, 청각 발달을 기대할 수 있다.

생후 6개월이 지나면 치료가 어려워지고 18개월이 지나면 정상적인 청각이나 언어생활을 할 수 없다. 이러한 사실을 고려해 볼 때 청각과 관련된 결정적 시기는 생의 초기라 할 수 있다. 이러한 점을 감안할 때 유아 건강에 따라 조기 진단과 예방에 도움을 주는 건강교육은 생애 어느 단계보다 중요하다 할 수 있다.

3) 발달의 교정

임신 중 태내 호르몬의 영향으로 생식기가 불분명하게 형성되면 남아가 여아로, 여아가 남아로 잘못 양육된 경우가 있다. 이러한 잘못된 성 구별이 18개월 이전에 밝혀져서 생물학적인 성에 따라 양육된 유아는 심리적 성정체성 형성에 큰 문제가 없는 것으로 알려지고 있다.

그러나 새로운 성 구별이 2.5세 이후에 이루어진 유아는 이미 성전형화되어 있어 자아정체감 위기 등 심리적 건강에 위협받는 것으로 보고되고 있다. 유아 건강교육은 생의 초기에 건강에 대한 정확한 지식과 정보 습득 및 행동습관을 형성시켜 건강의 불가역성을 예방하기 위한 중요한 수단이라 할 수 있다.

4) 건강의 발달

사회적 건강과 관련하여 유아기에 어머니와의 관계에서 신뢰감을 형성하지 못하고 불신감이 형성되면 청소년기 및 성인기의 사회적 관계에 부정적 영향을 미치는 것으로 알려져 있다. 이전 발달에서 결손이 생기면 다음 시기의 발달에 좋지 못한 장애가 일어날 수 있음을 의미하는 발달의 누적성 성향은 유아기의 바람직하지 않은 건강습관이 생애 전체에 부정적 영향을 미치는 것에서도 찾아볼 수 있다.

예를 들면, 유아기에 습득된 잘못된 손 씻기와 이 닦기, 편식의 식습관은 성장과정 동안 질병이나 충치 또는 비만 등으로 연결될 수 있다. 따라서 바람직한 건강관을 형성시키기 위해 계획된 건강교육은 유아기에 필수적이다.

Chapter 3

영유아건강관리

1. 영유아 질병의 원인
2. 영유아 교육기관에서의 질병의 예방
3. 예방접종
4. 영유아기 전염병

1. 영유아 질병의 원인

1) 면역체계의 문제

유아는 일상생활에서 접하는 많은 감염성 질병에 대한 면역력을 충분히 지니고 있지 못하다. 태내에서 모체의 항체는 태반을 통하여 태아에게 전달되고 이에 의하여 생애 첫해 동안 여러 질병으로부터 보호받는다.

생후 3달까지 영아는 대부분 엄마의 면역성에 의존한다. 점차 유아들은 병원균이 몸에 들어올 때마다 면역력을 형성한다. 그러나 너무 많은 병원균에 노출되거나 방어기체가 상처, 감염으로 인해 제 기능을 못할 때 병이 날 수 있다.

2) 전염성 병원균에의 노출

이전에 집단생활의 경험이 없는 유아들은 전염성 병원균에 노출될 기회가 적었기 때문에 방어를 위한 항체 생성의 기회도 적었다. 이로 인해 질환을 야기하는 병원균에 보다 취약하다.

전염성 질병은 한 사람에게서 또 다른 사람에게로 전파된다. 종종 질병을 퍼뜨린 사람은 누구인지 알 수 없거나 병을 느끼지도 못한다. 병원균은 직접적인 접촉이나, 기침이나 재채기에 의하거나 변이나 피로부터 나온 병원균에 의하여 전파된다.

3) 신체적 특징

유아기 어린이의 신체는 성인보다 작다. 따라서 신체 부위들 간의 간격이 짧아서 어떤 부위에는 해를 끼치지 않는 인자가 어떤 부위에는 질병을 일으킬 수 있다. 예를 들어, 중이는 코와 목의 박테리아에 의해 쉽게 감염되는데, 이는 중이와 코와 목을 연결하는 유스타키오관이 아주 작고 짧기 때문이다.

4) 유아의 행동 특성으로 인한 위생상의 문제

유아에게서 흔히 나타나는 청결하지 않은 물건이나 씻지 않은 손가락 빨기와 같은 행동 특성, 흙과 모래 등 위생적이지 않은 데서 놀기를 좋아하는 습성, 동물의 배설물과 기생충의 알이나 벌레가 기생하는 곳에서도 기꺼이 즐겨 노는 특성은 질병에의 노출을 쉽게 한다.

유아는 콧물, 대소변 등을 위생적으로 다루지 못하고, 다른 사람의 몸에서 나오는 분비물이나 오염된 물건을 다루는 데 있어서도 그 위험성에 대한 인식이 부족하다. 이로 인해 유아들은 질병에 쉽게 노출된다.

5) 유아교육기관의 인적, 환경적 요인

유아교육기관과 같은 집단생활 환경이 질병의 전파를 조장한다. 유아교육기관에서는 일정한 공간에 많은 어린이들 사이에 신체 접촉이 이루어지기 때문이다. 유아교육기관에서 성인과 유아는 화장실 가기, 기저귀 갈기, 음식과 간식 준비, 놀이 상황 등 많은 부분에서 신체적인 상호작용을 한다. 이러한 신체적 접촉은 전염성 질병의 원인이 되는 병원균을 옮기는 기회가 된다. 친밀하고 적절한 보살핌을 행하면서도 감염의 위험을 줄이려는 교사의 노력이 필요하다.

유아교육기관의 물리적 환경에서 적절하게 고안된 시설, 설비는 유아와 성인의 질병을 줄일 수 있다. 그러나 건축 당시부터 유아의 특성을 충분히 고려하지 않은 환경이거나 부실한 관리는 건강에 위협적인 요인으로 작용한다.

유아교육기관의 교사들의 열악한 근무 여건이나 대우는 교사들에게 스트레스로 작용하여 이직률을 높게 하거나 현장에 남아 있는 경우에도 과중한 업무와 스트레스로 자신의 건강이나 유아의 건강을 위한 배려를 충분하게 할 수 없도록 한다. 즉, 교사 대 유아의 비율이 높은 것, 일의 정도에 비하여 낮은 보수 여건 등은 정신적 스트레스로 작용할 뿐 아니라 질 높은 돌봄을 어렵게 한다(좌승화, 2018).

2. 영유아 교육기관에서의 질병의 예방

1) 건강을 위한 행동습관 형성

손을 씻는 것은 유아교육기관에서 병균의 확산을 막는 가장 중요한 절차이다. 손을 씻으면 손 표면의 병균 수를 감소시켜 환경 중에 확산되는 병균의 수가 적어지며, 손으로 입, 코, 눈, 음식을 만짐으로써 신체에 침투하게 되는 병균이 더 적어지게 된다. 그러므로 교사와 유아는 손을 씻어야 할 때와 손을 씻는 적절한 방법에 따라 씻어야 한다.

그 외 기침을 할 때 손을 대지 않고, 고개를 다른 사람들로부터 돌리고 하는 것, 손이나 코를 닦은 종이를 버릴 때 발판을 눌러 뚜껑을 여닫게 되어 있는 쓰레기통을 사용하거나 쓰리기통을 만지지 않고 버리는 것, 겨울에는 환기를 위하여 창문을 열어 놓는 것 등은 건강을 돕는 행동 습관이다.

2) 위생적인 환경 관리

유아교육기관을 청결하게 유지하고 적절하게 위생적으로 유지하는 것은 감염의 발생과 확산을 감소시키는 데 효과적이다. 교구·교재와 시설을 청결하게 하는 것, 습도와 온도 관리는 적절한 환경 관리의 방법이다.

3) 충분한 영양, 휴식, 운동

좋은 영양은 건강을 유지하고 성장·발달하는 데 필요하다. 휴식과 운동은 스트레스를 조절할 수 있는 신체의 능력을 강화한다. 휴식을 취하는 동안 몸과 손상된 조직이 회복된다. 물론 피로와 불안한 상황 그 자체가 전염성 질환을 유발하지는 않지만 이들은 신체의 감염에 대한 자연적인 방어능력을 감소시킨다.

3. 예방접종

1) 예방접종

예방접종이란 전염성 질환을 예방하기 위하여 미생물 병원성을 제거하거나 약하게 하여 인체에 주사 또는 접종하여 특정 질병에 대하여 면역을 가지도록 하는 것이다. 만일 예방접종을 맞지 않은 상태에서 아동이 그 병에 걸릴 경우 중증이 될 수 있는데, 예방접종으로 인하여 병에 대한 감염을 막을 수 있다. 아동기에 발병하는 전염성 질환들은 1차 예방접종 및 추가접종으로 어느 정도 예방이 가능하므로 철저한 예방접종이 필요하다.

대한소아과학회에서는 BCG, 소아마비, 디프테리아, 백일해, 파상풍, 홍역, 유행성 이하선염(볼거리), 풍진, 일본뇌염 등 9개 예방접종을 정하고 있다. 그러나 예방접종을 하였다고 해서 그 질병에 대하여 완전히 예방되는 것은 아니며 개인위생, 환경 등에 주의를 해야 한다. 백신에 따라서 효과가 큰 것도 있고 작은 것도 있으며, 또 예방접종에 따른 부작용도 있을 수 있다.

적절한 시기에 예방접종을 실시하여 신체에 병원체가 침입하더라도 이에 대한 방어능력인 저항력을 증가시켜 아동이 질병에 걸리지 않도록 하여야 한다. 더불어 충분한 영양 공급과 적당한 휴식, 수면을 취하며 신선한 공기를 마시고 적당한 운동을 하여 건강상태를 유지, 증진시키면 전염병에 대한 저항력이 생기게 된다.

예방접종 시 주의할 점은 다음과 같다(김혜경, 2012).

① 아동에게 열이 있거나 설사를 하는 경우는 접종을 연기한다.

② 감기 증상이 있거나 현재 앓고 있는 병이 있는지 확인하고 그러한 경우 병이 다 나은 후 접종한다.

③ 예방접종 시 특정 약물에 알레르기 반응을 일으키는지 미리 체크한다.

④ 예방접종 직후에는 목욕을 삼가 한다.

⑤ 접종 후 약간의 발열이나 발진, 가벼운 붓기는 괜찮지만 그 정도가 심하거나 이상한 반응을 보이면 전문 의사와 상의 하고 지시에 따른다.

전염병 관리는 예방을 우선으로 하는데, 특히 전염병이 유행하는 시기에는 반드시 예방접종을 하여야 한다. 아동의 상태를 잘 관찰하여 전염성의 발병 여지가 있는 경우는 전염성이 있는 아동을 격리하도록 한다. 전염병에 걸린 아동은 전문 의사의 도움을 받아 적절한 치료를 받도록 하며, 완치 후 등원하도록 유도한다.

2) 아동기 예방접종의 시기와 종류

(1) 결핵 예방접종(BCG)

- **접종시기** : 출생 후 4주 이내에 실시한다. 만일 가족 중에 결핵 환자가 있으면, 출생 후 1주 이내에 투베르쿨린 반응 검사(PPD) 없이 BCG 접종을 해야 한다.
- **재접종** : 접종 후~6주 후에 투베르쿨린 반응 검사를 실시하여 음성이면 다시 접종한다.
- **접종 후 반응** : 접종 부위에 결절이 형성되고, 접종 부위에 붉은색 변화와 궤양, 국부적 염증과 임파선염이 생긴다.
- **주의사항** : 주사 부위의 흠집은 12주까지 간다. 이때 진물이 나오면 치료를 받도록 한다.

(2) 간염 예방접종

간염 예방접종은 간염자의 혈액 내 존재하는 B형 간염 표면 항원으로 생산하여 실시하고 있으나, 다량 생산에 제한을 받고 또한 동물인 침팬지를 이용하여 백신의 안전성을 검사해야 하므로 생산 단가가 높다.

- **접종시기** : 유아의 혈액을 채취하여 인체 내의 B형 간염 항원의 여부를 확인하고, 혈액 검사를 실시한 후 음성자에게 접종한다. 생후 2개월에 접종하여 1개월 간격으로 3~4회 접종한다.
- **재접종** : 5년마다 1회 접종한다.
- **접종 후 반응** : 특별한 반응은 나타나지 않는다.
- **주의사항** : 예방접종을 실시하기 전에 건강상태를 살피고, 감기나 다른 질병이 없을 때 접종한다.

(3) 소아마비 예방접종

소아마비 예방접종에는 경구용 접종과 근육 주사용 접종으로 구분되어 있으나, 근래에는 근육 주사용 접종은 거의 실시하지 않고, 대부분 경구용 접종이 사용되고 있다.

- **접종시기** : 출생 후 2개월부터 시작하여 2개월 간격으로 3회에 걸쳐 실시한다. 즉, 2차 접종은 생후 4개월, 3차 접종은 생후 6개월에서 실시한다.
- **재접종** : 출생 후 18개월과 4~6세, 11~13세 때 실시한다. 접종 후 특별한 반응은 나타나지 않는다.
- **주의사항** : 소아마비가 유행하는 계절(대개 8~10월 사이)은 피하며 열, 감기, 그 밖에 건강이 좋지 않을 때에는 접종을 연기한다.

(4) 디프테리아, 백일해 및 파상풍 예방접종(DPT)

- **접종시기** : 출생 후 2개월부터 시작하여 2개월 간격으로 3회에 걸쳐 실시한다.
- **재접종** : 출생 후 18개월과 4~6세 때 실시하며, 14~16세 때에는 백일해를 뺀 디프테리아, 파상풍(TD)만 접종한다.
- **접종 후 반응** : 접종 후 2~3일간은 약간 열이 있으며 소화 불량, 수면 장애를 일으키는 경우도 있다.

• **주의사항** : 아동이 열, 감기, 그 밖에 건강이 좋지 않을 때에는 접종을 하지 않는다. 오한, 동통, 구토, 발열, 종창 등의 전신 증세가 나타나는데, 위의 증상이 심한 경우는 의사의 지시에 따라야 한다.

(5) 홍역, 유행성 이하선염(볼거리) 및 풍진 예방접종(MMR)

• **접종시기** : 생후 15개월에 실시하며, 추가접종은 없다.
• **접종 후 반응** : 1주까지는 반응이 없으며, 1주 후 감기와 비슷한 증상이 나타난다. 그러나 대개 15일 이후면 회복된다.
• **주의사항** : 홍역이 유행하는 계절에는 금지하며 열, 감기, 백혈병, 악성종양, 알레르기가 있는 아동과 그 밖의 건강이 좋지 않을 때에는 접종을 연기한다.

(6) 장티푸스, 일본뇌염 예방접종

• **접종시기** : 생후 18~24개월 사이에 장티푸스를 실시하고, 12~24개월 사이에 일본뇌염 예방접종을 실시한다.
• **재접종** : 장티푸스는 매년 실시해야 한다. 일본뇌염은 6세, 12세에 추가 접종한다.
• **접종 후 반응** : 접종 부위에 붉은 색 변화가 생기며, 열이 2~3일간 생기는 수도 있다.
• **주의사항** : 예방접종을 실시하기 전에 건강상태를 살피고, 이상이 없을 때 실시한다.

〈표 3-1〉 예방접종 시기와 종류

구분	시기	종류
기본접종	4주 이내	BCG
	2개월	경구용 소아마비, DPT, 간염
	3개월	간염
	4개월	경구용 소아마비, DPT, 간염
	6개월	경구용 소아마비, DPT, 간염
	9개월	홍역
	15개월	MMR(홍역, 볼거리, 풍진)
	12~24개월	일본뇌염
	18~24개월	장티푸스(매년)
추가접종	18개월	경구용 소아마비, DPT
	4~6세	경구용 소아마비, DPT, 일본뇌염
	5~7세	간염(5년마다)
	12세	일본뇌염
	14~16세	성인용 TD
	10년마다	성인용 TD

4. 영유아기 전염병

1) 전염병의 개념

전염병이란 병원성 미생물이나 그 독성 산물로 인하여 감염된 사람과의 직접·간접적인 접촉, 혹은 주위 환경에서 기생 동물의 중간 숙주나 보균자, 무생물과의 접촉에 의하여 전염되는 질환이다.

아동기는 유아교육기관이나 놀이집단에서 다른 아동과 함께 여러 활동에 참여하고 접촉함으로써 전염성 질환을 일으키는 병원체에 노출되기 쉽다. 따라서 가정과 교육기관에서는 전염병 관리를 철저히 하여야 하며 여기에는 예방접종과 조기 발견 및 치료가 가장 중요하다(유미림 외, 2018).

다시 말해서, 전염병 관리를 잘 하려면 전염과정을 차단하거나 예방접종을 통하여 면역능력을 증가시키고, 전염병에 걸린 아동 등의 경우 적절한 치료를 통하여 질병을 가볍게 앓도록 도와주며 다른 아동에게 전염되지 않도록 격리시키는 등의 노력이 필요하다.

2) 우리나라 법정 전염병

우리나라에서는 1954년 2월 법률 제308호로 전염병 예방법을 처음으로 제정, 1963년과 1976년 개정되어 현재 시행중에 있다. 전염병 예방법은 전염병의 발생과 유행을 방지하여 국민 보건을 향상·증진시킴을 목적으로 하고 있다.

전염병 예방법은 제 1, 2, 3종의 법정 전염병을 지정하고 이들의 발생과 유행 방지를 위한 제반 법규가 포함되어 있어 관련 관리, 진료 의사, 환자 및 환자 가족의 의무와 불이행시의 벌칙이 제정되어 있다. 1993년 12월 수정, 결정된 법정 전염병은 모두 28종이다.

〈표 3-2〉 우리나라 법정 전염병

1종 전염병	2종 전염병	3종 전염병
콜레라, 페스트, 발진티푸스, 장티푸스, 파라티푸스, 디프테리아, 세균성 이질, 황열	폴리오, 백일해, 홍역, 일본뇌염, 공수병, 말라리아, 발진열, 유행성 이하선염, 재귀열, 성홍열, 아메바성 이질, 수막구균성 수막염, 유행성 출혈열, 파상풍, 후천성 면역결핍증, 렙토스피라증, 쓰쓰가무시병	결핵, 성병, 나병

출처: 정영진(1996). 질병의 예방과 가정간호. 에듀피아 21. 신태양사.

질병에 걸린 유아를 교육기관에서 데리고 있어야 하는지 배제시켜야 하는지 어떤 상황에서 배제시켜야 하는지는 논쟁의 대상이 될 수 있다. 전염성 질환의 초기 징후들이 유사하기 때문에 교사들이 유아를 기관에 두어도 될지 가정으로 보내 전문적 치료를 받게 해야 할지 구분하는 것이 어렵다.

유아교육기관이 아픈 유아를 돌볼 수 있는 준비가 되어 있지 않다면 일단 유아들을 기관에 나오지 않도록 하는 것이 아픈 유아나 다른 유아에게 안전하다. 기관에서는 아픈 유아에 대한 문서화된 정책이나 지침이 있어야 한다. 유아가 새로 입학하거나 신학기가 시작될 때 부모들에게 이러한 기준을 알려주어야 한다.

PART

2

건 강

Chapter 4

영유아 일상생활과 건강관리

1. 배변학습
2. 신체의 청결
3. 치아건강
4. 휴식과 낮잠

1. 배변학습

1) 의미

배변학습 과정은 영아가 신체적으로 방광과 괄약근을 조절해야 하고, 이 과정에서 영아는 실수과 좌절을 경험하며 정서적으로 불안함과 갈등, 혼란을 겪어야 하므로 영아에게 있어 어려운 과제이다. 하지만 실수를 반복하면서 이를 극복하고 스스로 자신의 신체조절력을 발휘하여 변기에 배변하는 것에 성공하게 되면 성취감과 함께 자율성이 향상되는 좋은 기회가 될 수 있다(Miller, 2005).

보통 생후 18 24개월 정도가 되면 바지를 벗고 혼자 변기에 앉을 수 있을 만큼 신체발달이 이루어지고, 대소변과 관련된 엄마의 말을 알아들을 수 있게 된다. 또한 대소변을 조절하는 괄약근이 충분히 발달하는 시기도 생후 18개월 정도이다. 대소변 조절과 관련되는 근육이 발달하면서 영아들은 대소변을 자발적으로 통제할 수 있는 능력을 갖는다. 생리적으로 볼 때, 방광이나 장이 가득 차게 되면 괄약근은 저절로 열리게 되어, 영아는 자동적으로 배설을 하게 된다.

괄약근을 통제하려면 영아는 괄약근을 열어도 되는 시간과 장소가 있다는 것을 알아야 하고, 변기에 앉혀질 때까지는 이러한 근육을 조이는 것을 배워야만 한다. 이러한 능력은 보통 생후 16개월 정도가 되어야 발달하며, 따라서 영아는 이 정도의 시기가 되어야 배설을 자발적으로 참을 수 있는 능력을 갖게 된다. 그러나 다른 발달과 마찬가지로 영아들의 방광 및 항문의 통제 능력은 개인차가 있어서 배변훈련의 시기는 다를 수 있다.

생후 5~6개월 정도에 아동을 변기에 앉혀서 대소변 훈련을 시작할 수도 있다. 그러나 이 정도의 연령에는 영아의 신경계가 아직 미성숙한 상태에 있기 때문에, 대소변 훈련을 완성시키려면 상당한 시간이 걸린다. 반면에, 영아의 대소변 조절능력이 발달한 후에 훈련을 시작하면 그 시간은 훨씬 감소된다. 18~24개월에 시작한 영아의 대소변 가리기는 대부분 만 3~4세가 되어야 완료되므로 대소변 훈련을 일찍 시작하였다고 하여 반드시 대소변을 빨리 가리는 것은 아니며, 결과적으로 영아 스스로 대소변을 가리게 되는 시기는 대소변 훈련을 일찍 시작하는 것과 늦게 시작하는 것 간에 큰 차이를 보이지 않게 된다.

영아는 일반적으로 대변 가리기를 선두로 하여, 다음으로는 낮 동안 소변을 가리게 되고, 그 후 차차 밤 시간에도 소변을 가리게 된다. 따라서 생후 24개월 경이 되면 대부분의 유아들은 적어도 낮 시간 동안에는 소변을 가리게 된다.

그러나 대소변을 잘 가리던 영아들도 신체적·심리적·환경적 요인에 따라서 실수를 할 수 있다는 것을 인식해야 한다. 더욱이 영아의 발달을 고려하지 않은 강압적인 훈련은 영아에게 스트레스로 작용하여 정신건강이나 성격 형성에 해롭기 때문에 따뜻한 격려와 함께 점진적으로 자연스럽게 접근하는 것이 좋다.

최근에는 어린 영아들이 어린이집이나 종일제 유치원 등에서 생활하게 되면서 영아들의 배변 지도는 부모뿐 아니라 교사들에게도 필요한 역할로서 자리매김하였다. 그러므로 영아들의 배변습관을 적절히 지도하기 위해서는 배설기능의 발달을 이해하여 그에 따른 적절한 지도를 실행해야 한다.

2) 배변훈련 단계

영아의 성장, 발달을 관찰하는 어린이집 교사는 배변학습에 필요한 전반적 발달 과정과 언제 어떻게 배변학습을 시켜야 하는지, 그리고 부작용은 무엇인지에 대해서 알고 있어야 한다. 또 영아의 발달 단계, 성격, 기질 등을 종합하여 가장 좋은 훈련 방법을 선택하고, 훈련과정에 큰 어려움이 없도록 부모에게 알려주고 도움을 주며 적절하게 대처할 수 있어야 한다(보건복지부, 2011).

(1) 언어적 표현 알려주기

대변과 소변을 칭하는 말을 알려주어 영아가 대소변 욕구를 느낄 때, 언어적으로 느낌을 표현하게 한다(예 : "응가", "쉬").

(2) 변기와 친해지기

처음부터 어른 변기를 이용하는 것은 영아들에게 어려우므로 영아용 변기를 이용하여 장난감처럼 편안하게 친해지게 한다.

(3) 모델 제공하기

인형 등을 활용하여 변기에서 소변이나 대변을 보는 모델을 보여준다.

(4) 시행하기

영아의 배변리듬을 파악하여 하루에 3~4번 규칙적으로 같은 시간에 변기에 앉아서 대소변을 보게 한다. 영아가 성공하면 칭찬을 하고, 성공하지 못한 경우에는 무시한다. 혼을 내거나 강요하는 것은 바람직하지 못하다.

출처 : 해피니스사랑카페 http://i1.daumcdn.net/cafeimg/cf_img2/img_blank2.gif

3) 영유아 배변습관의 문제

만 3세가 되면 대부분의 유아들은 소변을 가릴 수 있으나 아동 초기까지는 놀이에 몰두하거나, 일시적으로 스트레스를 받거나, 옷을 입고 벗기 불편한 경우에 간혹 실수를 할 수 있다. 이러한 실수는 병적인 것으로 보기 어렵다. 그러나 이러한 실수와 달리 영유아기 배변의 문제가 되는 것은 영유아의 심한 변비, 유뇨증, 유분증 등이 있다. 이를 살펴보면 다음과 같다.

(1) 변비

변비는 배변 시 무리한 힘이 필요하거나 대변이 과도하게 딱딱하게 굳은 경우, 불완전 배변감 또는 항문직장의 폐쇄감이 있는 경우, 일주일에 배변 횟수가 3번 미만인 경우 등을 말하며, 기질적 원인이 없는 원인 미상의 혹은 기능성 변비가 대부분을 차지한다.

영유아 변비는 이유식을 시작하는 아이에게 흔히 나타난다. 유아는 3~4세가 되어야 성인처럼 배변이 가능하게 되는데(1~2일에 1~2회) 1주일에 2회 미만, 배변 시 통증이나 출혈이 나타나는 경우 변비 가능성이 높다.

소아 변비는 올바르지 않은 식사량, 규칙적이지 않은 대변 습관, 배변에 대한 심리적인 거부감 등이 원인이며 소아의 변비에 대처하기 위해서는 섬유질과 수분 공급을 충분히 하고 분유의 농도를 조절하며 배변습관을 연습시킴으로써 변비를 없앨 수 있다.

(2) 유뇨증과 야뇨증

유뇨증이란 5세 이후에도 계속해서 밤과 낮에 소변을 가리지 못하는 것으로 5세 이상의 유아가 일주일에 2번 이상 소변을 참지 못하는 증상이 3개월 이상 지속 시 유뇨증이라 한다. 그런가하면 야뇨증은 밤에만 소변을 가리지 못하는 것을 뜻한다.

유뇨증 및 야뇨증은 수면장애, 유전적·심리적 요인이 원인이 될 수 있으며 소변을 참는 운동, 자기 전 방광 비우기 등을 통해 해결해 나갈 수 있다. 그 밖에도 유아에게 자신감을 심어주거나 놀이치료 등을 통해서도 해결할 수 있다.

(3) 유분증

유분증은 만 4세가 지나서 대변을 가릴 나이임에도 불구하고 가리지 못하는 경우이다. 변비와 함께 동반되어 여아보다는 남아에게, 밤보다는 낮에 잘 일어난다. 유분증의 원인으로는 유전적 요인보다 심리적 요인의 비중이 크다. 유분증인 배변훈련 및 행동치료, 심리치료 등을 통해 유아의 낮아진 자존감을 육성시키면서 해결해 나갈 수 있다.

4) 배변습관 문제 지도원칙

배변의 문제는 유아 스스로 수치심이나 죄의식 등을 느끼게 하고, 자신감을 상실하게 하는 등 정서적인 문제를 유발할 수 있다. 배변문제의 지도는 관찰결과를 기초로 다음과 같이 이루어져야 한다.

〈표 4-1〉 **배변 지도활동의 실제**

활동명	배변연습	연령	만 1세
활동목표	화장실이나 유아용 변기에 대, 소변을 가린다.		
교육과정 관련요소	기본생활 〉 건강하게 생활하기 〉 건강한 일상생활하기 〉 배설 의사를 표현한다.		
준비물	유아용 변기		
활동방법	1. 영아를 변기에 앉히기 10분 전에 우유 등의 음료를 마시게 한다. 2. 영아가 소변 볼 시간이 된 것 같으면 수돗물을 틀어주거나 영아 손을 따뜻한 물에 담가 주면서 소변보고 싶은 생각이 들게 한다. 3. 영아를 변기에 앉히고 영아 곁에 있어준다. “쉬~쉬~”라고 하거나 “응가~”라고 하여 영아가 대, 소변을 보도록 한다. 4. 변기에다 대, 소변을 봤을 때는 칭찬해주면서 영아가 변기 물을 내리도록 해준다. – 영아의 소변 간격이 두 시간 이상일 때 활동을 시작하고 대변도 일정한 시간에 보도록 매일 같은 시간에 변기에 앉힌다. 대소변의 뒤처리는 교사가 해준다.		
유의점	– 영아를 변기에 5분 이상 앉혀두지 않는다. – 영아가 변기에 앉는 것에 거부 반응을 보이면 며칠 중지했다가 다시 시작한다. – 영아가 대, 소변을 보지 않더라도 꾸짖거나 벌을 주어서는 안 된다.		

첫째, 감정적으로 안정감을 조성하는 것이다. 영아의 실수 자체가 스트레스 요인으로 작용하여 더욱 심화될 수 있으므로 실수한 경우에 야단을 치거나 민감하게 반응하는 것보다 영아를 안심시키고, 실수하지 않는 경우에 적극적으로 칭찬을 해준다.

둘째, 스트레스의 요인을 제거해준다. 동생이 생기거나, 부모에게 혼나는 등의 스트레스에 의해서 일시적으로 나타나는 배변문제의 경우 스트레스 요인을 제거시켜 주고 영아를 따뜻하게 수용해 줄 수 있어야 한다.

셋째, 규칙적으로 배변을 지도해준다. 저녁시간에 음식 및 수분 섭취를 제한하고 잠자기 전에 소변을 보게 한다. 일정한 시간에 규칙적으로 대소변을 보게 한다.

넷째, 방광이나 항문의 기질적으로 문제가 있는 경우엔 의과적인 치료가 필요하다.

마지막으로, 계속해서 배변습관에 문제가 발생하는 경우 전문가의 진단을 받아서 정확한 원인을 진단하여 지도를 한다.

2. 신체의 청결

1) 의미

사전적 의미로 청결이란 맑고 깨끗하게 올바르며 참된 길로 인도한다는 것을 의미한다. 영유아의 청결지도는 몸을 깨끗이 하는 것보다 영유아가 청결의 필요성을 알고 스스로 청결을 유지하게 하는 것이다.

출생~2세의 영아들은 왕성한 호기심으로 주위의 모든 것들을 자신의 신체감각을 이용해서 알아보려 한다. 따라서 영아를 둘러싼 실내외 환경을 청결하게 관리함은 물론 영아에게 몸을 깨끗이 하는 습관을 길러주는 것이 중요하다.

영유아들의 청결습관을 위해서 지도해야 하는 것은 청결을 유지해야 하는 이유와 언제 손을 씻고, 양치질하고, 세수하는지에 대한 것, 그리고 어떻게 씻어야 하는지에 대한 방법들이 해당된다. 또한 청결을 유지하기 위해서 필요한 도구의 적절한 사용방법에 대한 것이 포함될 수 있다. 올바른 청결습관을 기르기 위해서는 교사의 바른 모델이 제공되어야 한다.

또한 보육기관에서 감염성 질병에 걸리거나 전파시키는 것을 줄이는 감염 예방 및 관리절차에서 손 위생은 손위생의 절차를 문서화하여 갖추고 관리해야 한다. 손을 씻을 수 있는 세면대가 화장실과 기저귀 교환 장소 바로 근처에 있어야 하며, 매일 1회 이상 청소 및 소독을 시행해야 하고, 절대 음식을 준비하는 용도로 쓰지 말아야 한다. 아이들 키에 맞는 높이의 세면대, 비누, 종이 수건이 위치해야 한다(영유아 건강관리 가이드북. 유치원·어린이집용, 2017).

2) 씻는 시간과 영유아가 손씻는 방법

자신의 몸을 청결하게 유지하는 습관은 위생상 도움이 될 뿐 아니라, 질병에 대한 예방적 차원에서도 꼭 필요하다. 손과 몸을 자주 씻고 손톱과 발톱을 깨끗이 깎으며 청결한 의복을 착용하도록 하는 것이 지도 내용이며 이를 위해 부모나 교사가 먼저 모범을 보여야 한다.

하루일과 중 손씻기가 필요한 시간들을 정리해보면 다음과 같다.

- 간식이나 점심 먹기 전
- 화장실에 다녀온 후
- 요리활동 전
- 미술활동 후
- 바깥놀이나 실외활동 후
- 동·식물을 만진 후
- 기타 더러운 물건 등을 만진 후 습관적으로 손을 씻도록 한다.

올바른 손씻기

새로운 학기가 시작될 무렵 올바른 손씻기의 방법을 안내해 주어야 하는데 방법은 다음과 같이 지도한다.

[그림 4-1] 올바른 손씻는 방법

3) 청결과 관련된 소독 및 위생관리, 일반 음용수 관리, 동물 관리

청결과 관련된 위생관리 및 일반 음용수와 동물 관리는 병의 감염을 막고 건강유지를 위한 일차적인 활동이다. 청결과 관련된 위생관리를 구체적으로 살펴보면 다음과 같다.

첫째, 조리실·화장실·침구·놀잇감 등에 대하여 정기적으로 소독 실시한다.

둘째, 보육 교직원은 영유아의 위생에 영향을 미치는 다음 사항에 대해 수시로 점검한다.

- 영유아의 감기, 독감, 홍역 등 유행성 질환 감염 여부
- 영유아의 피부, 머리, 손, 발톱, 치아상태
- 보육 교직원의 의복 청결상태 및 피부상처 여부 등 업무전후 위생상태
- 보육실, 교재교구실, 조리실, 놀이터, 보육실의 청소상태

- 침구 및 기저귀의 위생상태
- 욕실, 화장실, 세면도구 등 매일 청결 및 위생상태 점검

셋째, 어린이집에서는 영유아와 보육 교직원의 건강·위생관리를 위하여 실내 공기 질을 쾌적하게 유지·관리가 있다. 460평방미터 이상의 국공립 및 860평방미터의 법인, 직장, 민간어린이집은 다중이용시설 등의 실내공기질관리법 시행규칙에 따라 실내 공기 질 유지기준, 권고관리 기준 및 교육 등에 관한 사항을 준수하고 세부사항은 해당 지자체 환경 관련부서에 문의한다.

4) 청결습관 지도단계

(1) 만 0~2세

돌이 되기까지는 더럽고 깨끗한 것을 구분할 줄 모르나, 12개월 이후에는 점차 언제 씻어야 하는지를 알게 된다. 따라서 더러운 것을 만지거나 식사 전후로 손을 닦아 주어 물과 친해지게 하고, 식후에는 잇몸을 닦아준다. 규칙적으로 손과 얼굴, 몸을 씻어주고 언제 씻는 것인지를 알려주어야 한다. 식사 후나 취침 전에 영아용 칫솔로 부드럽게 이를 닦아준다.

(2) 만 3세

어느 정도 씻는 것에 익숙해지고, 서툴지만 혼자서 양치질과 손을 닦을 수 있게 된다. 따라서 이 시기에는 스스로 씻는 것을 시도하도록 격려하고 칭찬해주어야 한다.

(3) 만 4~5세

혼자서 양치질과 세수를 할 수 있으며, 서툴더라도 혼자서 닦게 하는 것이 좋다. 이 시기의 유아는 발달단계상 자신의 물건을 분류할 수 있으므로 자신의 양치용품이나 세면도구 등을 스스로 정리하도록 한다.

3. 치아건강

1) 치아건강의 의미

건강을 유지하기 위해서는 건강한 치아를 갖는 것이 중요하다. 이를 위해서 예방하는 것이 가장 좋으며 언어발달에도 중요한 역할을 하므로 영유아기부터 적절한 치아관리가 시작한다.

영양을 섭취함에 있어 음식물을 잘게 부수는 역할을 하는 치아는 가장 중요한 신체기관 중의 하나이다. 생후 6~8개월경부터 치아가 나오기 시작하여 약 30개월이 되면 유치(젖니) 20개가 모두 형성된다. 초등학교에 다니는 연령이 되면 유치가 빠지면서 영구치가 대체되며 동시에 나머지 12개의 영구치가 새로 나오게 된다. 대체적으로 사춘기에 이르러 총32개의 완전한 영구치를 갖는다.

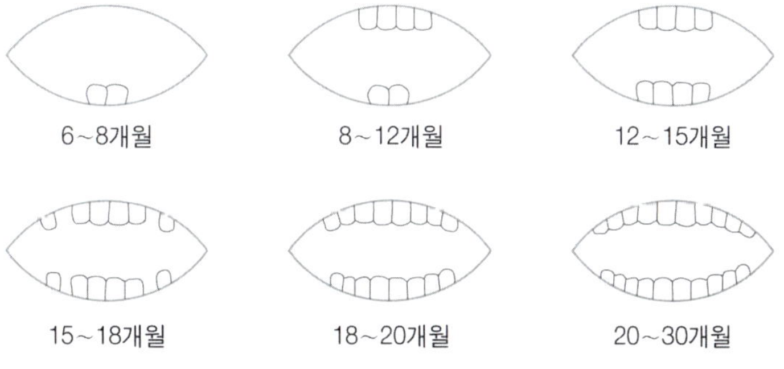

[그림 4-2] 유치의 발달과정

2) 이 닦기

일반적으로 치아의 중요성을 강조하면서 유치는 어차피 영구치로 대체되므로 썩어도 된다는 식의 소홀한 관리를 하기 쉬운데 건강한 유치의 관리는 후에 나올 영구치의 공간 확보와 미생물균 환경에 영향을 미칠 뿐 아니라 정확한 발음, 턱뼈의 형성에 깊은 관련이 있으므로 세심한 주의가 필요하며, 올바른 이

닦기, 정기적인 치과 검진을 받아야 한다. 적절한 이 닦기 방법은 다음과 같다 (조경자 · 이현숙, 1998).

- 이와 잇몸이 접히는 곳에서 칫솔의 털을 45도 각도로 향하게 한다.
- 이와 잇몸이 접히는 곳에 칫솔 털을 놓고 짧게 회전식으로 이의 안과 밖을 닦는다.
- 음식을 씹는 면을 닦는다.
- 혓바닥을 닦는다.
- 이를 닦는 일정한 순서를 각자 정하여 따르도록 돕는다.

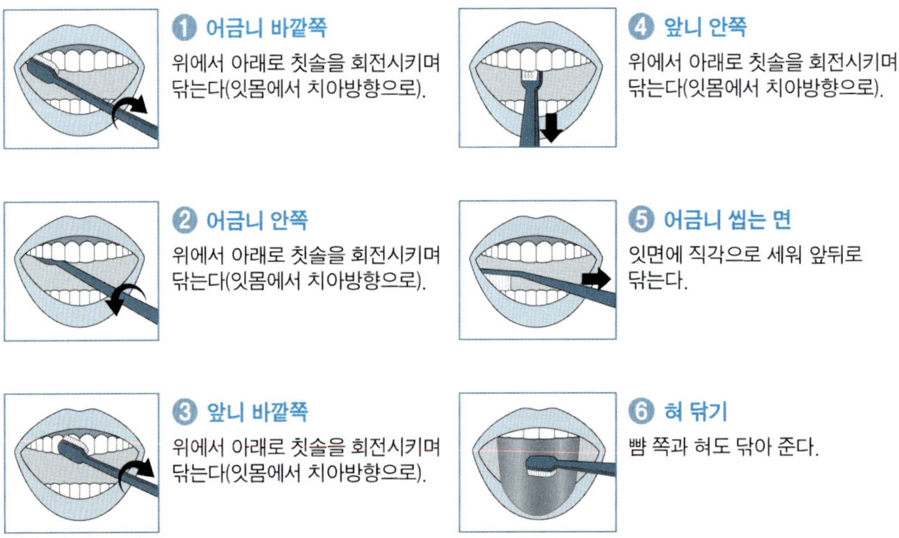

[그림 4-3] 깨끗이 이 닦는 방법

3) 충치 관리

건강한 치아를 갖기 위해서는 충치로부터의 예방이 중요하고 충치가 생기면 초기에 치료를 받아야 한다. 충치를 예방하고 건강한 치아를 유지하기 위해서는 다음 사항에 유의한다. 치아건강관련 식품은 〈표 4-2〉와 같이 치아건강에 나쁜 음식과 치아건강에 좋은 음식이 있다.

〈표 4-2〉 **치아 건강 관련 식품**

치아 건강에 나쁜 음식	치아 건강에 좋은 음식
사탕, 초콜릿, 과자, 아이스크림, 젤리, 탄산음료, 쿠키, 캐러멜, 도넛, 케이크, 비스킷, 당도 높은 빵, 설탕이 많이 함유된 식품	당근, 양배추, 오이 등 녹황색 채소, 우유, 멸치, 현미밥, 땅콩, 호두, 콩 등 견과류, 과일, 연근, 감자, 고구마 등 뿌리식품

- 당분이 높은 음식(사탕, 젤리, 음료수 등)을 가급적 줄이고, 섭취할 경우 종류와 양, 먹는 시간 등을 제한한다.
- 충분한 칼슘 섭취와 비타민 A, D는 구강 내 질환을 예방하는 데 도움이 된다.
- 불소를 첨가하여 치아 자체의 저항력을 기른다. (불소 함유 치약은 3세 이후부터)

출처 : 우주과학어린이집 구강검진 https://blog.naver.com/hiesc/220971626646

- 구강 질환이 없더라도 유치가 다 나왔을 무렵인 2.5~3세부터는 1년에 두 번 정도 치과 검진을 받는다.
- 치아 건강을 위한 교육을 실시한다.

사례

이를 닦지 않는 유아

➲ 상황

만 3세 여아가 식사 후에 이를 닦지 않고 자려고 한다. 그래서 저녁마다 부모와 실랑이를 벌인다.

➲ **원인**

- 게으름이나 불규칙적인 생활습관
- 이닦는 법이 익숙하지 못한 것

➲ **지도방법**

- 유아에게 부모나 다른 사람들이 칫솔질하는 모습을 보여 주어 자연스럽게 모방하도록 한다.
- 유아가 이를 닦지 않으려고 할 때 과장되게 꾸며서 협박하는 것은 좋지 않다.
- 칫솔과 치약은 유아가 좋아하는 것으로 선택하도록 하여 이 닦기에 관심을 갖게 해준다.

4. 휴식과 낮잠

1) 휴식영역

영유아의 기분이나 몸이 좋지 않아서 혼자 조용히 있으면서 쉬어야 할 때 활용되는 공간으로 아늑함과 부드러움을 느낄 수 있도록 한다. 교사가 언제나 영유아를 쉽게 관찰할 수 있는 곳에 마련한다. 영유아가 원할 때는 언제나 자유롭게 이용할 수 있도록 한다. 소음이 적은 곳에 베개, 푹신한 의자나 가구, 드리우는 천 캐노피나 담요, 양탄자 헝겊, 그림책, 영유아가 선호하는 인형이나 애착물을 함께 비치해 두어 영유아가 안정감을 느낄 수 있도록 한다.

2) 낮잠 및 휴식

교사는 영유아들이 낮잠 뿐 아니라 하루 중 중간 중간에 개별적 휴식을 취하도록 공간을 마련해 주어야 한다. 낮잠과 휴식은 오전의 활동으로 인해 쌓인 피로를 풀게 하고 활기차게 오후 보육활동에 참여를 도우며 면역력을 높여준다. 또한 영유아가 잠을 자는 동안 뇌 세포는 쉬게 되고 기억을 재정비하기 때문에 이 과정에서 영유아의 기억력이 강화되기도 한다.

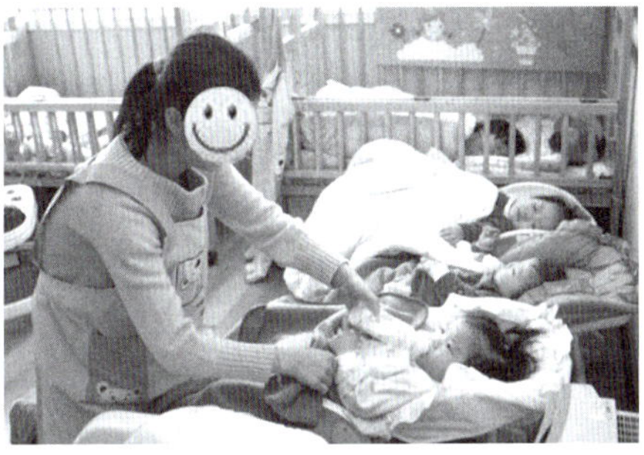
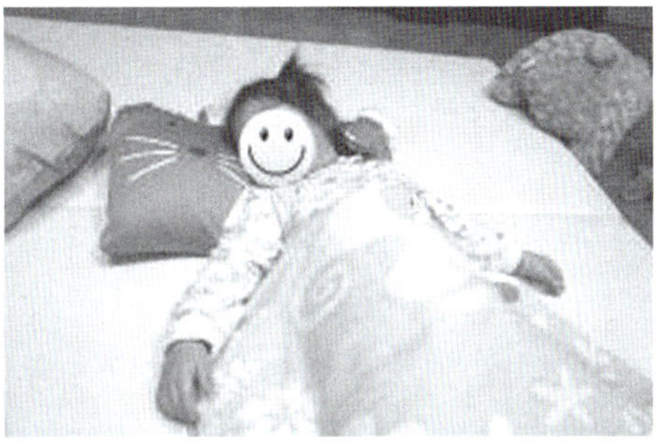

출처 : 암스홀릭-아이러브 http://cafe.naver.com/nursery119

3) 영유아의 편안한 휴식을 위해 교사가 해야 하는 일

영유아는 월령에 따른 발달차와 수면에 대한 개인차가 크기 때문에 영유아가 개별적으로 잠드는 것을 도와주고 낮잠을 자거나 휴식을 취하고자 할 때는 서로 방해하지 않도록 수면실을 따로 구성할 필요가 있다. 잠이 깬 영유아는 다른 영유아를 방해하지 않고 조용한 놀이를 하도록 미리 준비한다.

영아의 잠자기 전의 버릇 · 잠들기까지의 수면시간 · 잠버릇 등의 수면 습관을 미리 염두에 두어 편하게 수면할 수 있도록 돕고, 수면을 하고 있는 상태에서도 계속적인 주의를 기울여야 한다. 잠투정이 심한 영유아는 부드럽게 안아주고 침착해지도록 낮은 목소리로 자장가를 불러주거나 등을 토닥거려 다른 영유아와 서로 방해하지 않고 잠을 청할 수 있도록 도와주어야 한다.

매트와 이불 · 베개 등을 개별적으로 준비하고 잠자는 시간이 안락한 시간이 되도록 하며 영유아들의 정서적 안정감을 위해 개인 담요 · 베개 · 인형 등의 개인적인 물건을 허용한다. 그리고 커튼을 내리거나 조용한 음악을 틀어주는 등 영유아들이 편안하게 쉴 수 있는 환경을 조성한다.

먼저 깬 영유아들은 놀라지 않도록 달래주고 기저귀를 갈아준다. 그 후 잠자는 영유아에게 방해가 되지 않도록 조용히 다른 영역으로 데리고 가서 책을 읽어준다. 교사는 영유아가 잠에서 깨어 일어나면서 서둘러 깨우기보다 자신의 에너지를 다시 회복할 때까지 기다려준다. 영유아들이 낮잠을 자는 시간 동안에 적어도 한 명의 교사는 보육실을 떠나지 않고 항상 잠자는 영유아들의 상태나 자세들을 계속 살펴보아야 한다.

4) 휴식과 낮잠지도 시 유의점

영유아기는 기본생활습관의 기초가 형성되는 시기이므로 영유아의 건강과 관련된 기본생활습관도 충분히 형성하도록 지도해야 한다. 교사는 매일 일과를 통해 이닦기, 손씻기, 낮잠 및 휴식, 배변에 대한 기초지식과 올바른 태도를 형성할 수 있도록 지도한다. 영유아들의 휴식과 낮잠 지도 시 유의점은 다음과 같다.

첫째, 일과 운영 시 적절한 휴식과 낮잠이 이루어질 수 있도록 계획한다.

둘째, 낮잠 시간이 되면 영유아가 쉽게 잠들 수 있는 환경과 분위기를 제공하되 모든 영유아가 낮잠을 자기를 강요하기보다는 영유아의 수면습관 리듬 등을 고려하여 개별적으로 지도한다.

셋째, 낮잠 자기를 원하지 않는 영유아는 다른 영유아를 방해하지 않게 다른 영역에서 조용한 활동을 하거나 휴식을 취하도록 한다.

넷째, 영유아가 낮잠을 자는 동안 적어도 1명의 교사가 보육실을 떠나지 않고 계속해서 영유아들을 살펴보아야 한다.

Chapter 5

영유아의 질병

1. 호흡기 질병
2. 소화기 질환
3. 감염성 질환
4. 피부접촉을 통해 확산되는 질병
5. 안과적 질병
6. 질병을 확인한 다음의 조치

1. 호흡기 질병

호흡기 질환은 모두 코, 눈, 목의 미세한 감염성이 있는 작은 물방울을 통해 퍼지며, 이들 대부분은 감염된 유체와의 손 접촉을 통해 공유되며, 감염되지 않은 사람들은 병균을 직기 위해 접촉하거나 표면과 접촉하거나 대기 중의 확산을 통해 들이마시게 된다. 호흡기 질환은 약할 수도 혹은 생명을 위협할 수도 있다. 질환의 일부는 유아에서 더욱 흔하지만, 바이러스성 감기와 같은 것들은 모든 나이에 다 같이 영향을 미칠 수 있다(이상일 외, 2003).

감염된 사람이 말을 하거나 기침 또는 재채기를 하거나 코를 풀 때 전염성 물방울이 손, 장난감, 음식과 같은 물체에 닿아 다른 사람들에게 전염된다. 종종 영유아들은 그들의 코나 눈을 만진 후 손을 씻지 못하고 그들 주변의 대상과 끊임없는 신체적/구강에 의한 접촉을 하며 감염에 노출되기도 한다. 그 결과 호흡기 질환은 집단 환경에 쉽게 퍼지게 되므로 영유아의 경우 각별한 위생관리가 필요하다.

1) 감기

감기는 모든 영유아 질병 중에서 가장 흔하다. 보통 감기의 명칭을 코감기 혹은 급성 비인두염이라 부른다. 감기 바이러스는 인후를 통하여 신체로 침입하면서 통로의 점막 안에서 염증을 일으키는 원인이 되며 콧물을 흘리거나 인후통을 유발시킨다.

감기의 초기 증상으로는 38.8~40℃의 발열이 수반되면서 인후통, 보채기, 식욕감퇴가 나타난다. 그 밖의 감기 증상으로는 재채기와 콧물, 두통과 근육통, 비강폐쇄, 포유곤란과 불안정, 구토, 설사, 기침, 림프선의 증대 등을 들 수 있다.

감기에 대한 간호 방법으로는 체온을 재어 37℃ 이상의 고열이 발생하여 4~5시간 이내에 떨어지지 않으면 영유아를 침상에 눕혀 미지근한 물로 닦아 주고 열을 떨어뜨리는 것이 중요하다. 또한 상체를 높여 주어 호흡을 편안하게 하고, 코를 너무 자주 풀지 말고 콧물을 그대로 흘리게 하여 부드러운 수건이나 휴지로 닦아 준다. 건조한 공기가 코 점막을 자극하지 않도록 바셀린이나 글리세린을 발라준다. 영유아들에게는 수분을 충분히 공급해 주고 잠들기 전에는 우유나 음료수를 따뜻하게 데워 먹이도록 한다(유미림 외, 2018).

2) 기관지염

기관지염은 영유아들이 초봄이나 겨울철에 많이 발생하는 질병으로 폐로 가는 큰 기관지의 점막에 염증이 생기는 것을 말한다. 바이러스나 박테리아 감염은 기도 안쪽의 막이 붓고 점액을 증가시켜서 호흡을 어렵게 한다.

기관지염의 증상으로는 마른기침에서 시작되어 차츰 점액을 배출하게 되고, 나중에는 녹색이나 누런 가래를 배출하는 기침으로 변한다. 호흡곤란 현상으로는 씩씩거리는 소리가 나고 호흡이 거칠어지며 호흡기성 천명이 초래되어 1분에 40회 이상의 빠른 호흡으로 발전되기도 한다. 또한 체온이 상승하고, 입술과 혀에 청색증이 생기며, 포유곤란, 식욕상실이 초래되기도 한다.

기관지염의 경우 4시간마다 체온을 제어 39.5℃ 이상 열이 오르면 미지근한 물로 몸을 닦아 주거나 해열제를 투여하여 열을 떨어뜨려야 한다. 기침을 계속하고 가래가 있으면 기침하여 뱉어내도록 하고, 가래를 뱉어내지 못하는 영아는 무릎 위에 올려놓고 등을 가볍게 두드려 가래를 배출시켜 주어야 한다. 탈수 현상을 방지하고 가래를 묽게 하기 위해 수분을 충분히 공급하고 가습기를 틀어 준다. 영유아가 잠을 잘 때는 상체를 약간 높게 지지해 주어 호흡하기 쉽도록 도와주어야 한다(박성옥 외, 2003).

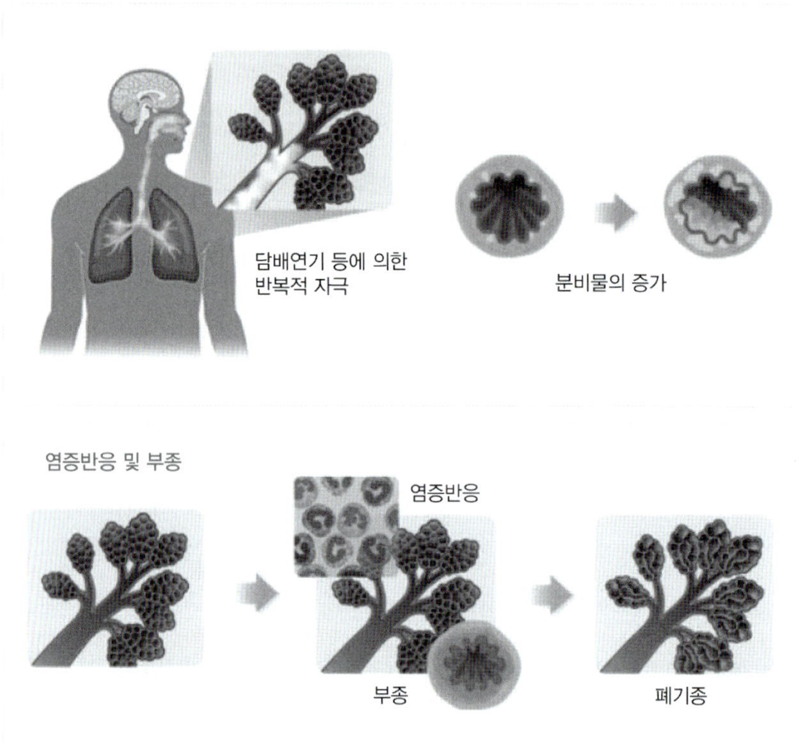

3) 편도선염

편도선염은 연쇄사상균이나 바이러스가 편도선에 침입하여 급성 감염되는 질병이다. 편도선은 목의 양쪽 옆에 있어 기도로 들어오는 병원체를 방어하는 역할을 하는 임파조직이다.

편도선에 염증이 진행되면 인후통, 열, 부종을 일으킨다. 1세 미만의 영아가 편도선염으로 고통을 받는 경우는 드물고, 보통 2세 이상의 영유아들에게 발병률이 높다. 편도선염의 증상으로는 인후통, 삼킴 곤란, 37.5℃ 이상의 발열, 목선의 부종, 코의 뒷부분까지 염증이 생기면 코를 골거나 코맹맹이 소리가 나고, 호흡 시 불쾌한 냄새가 난다(박성옥 외, 2003).

간호를 위해서는 체온을 재어 열을 확인하고, 목선을 만져 보아 부었는지 확인하고, 찬 우유나 요구르트, 아이스크림 등을 주어 인후통을 완화시킨다. 영유아가 음식을 삼키는데 힘들어하면 젤리나 수프 같은 부드러운 음식을 제공해 준다.

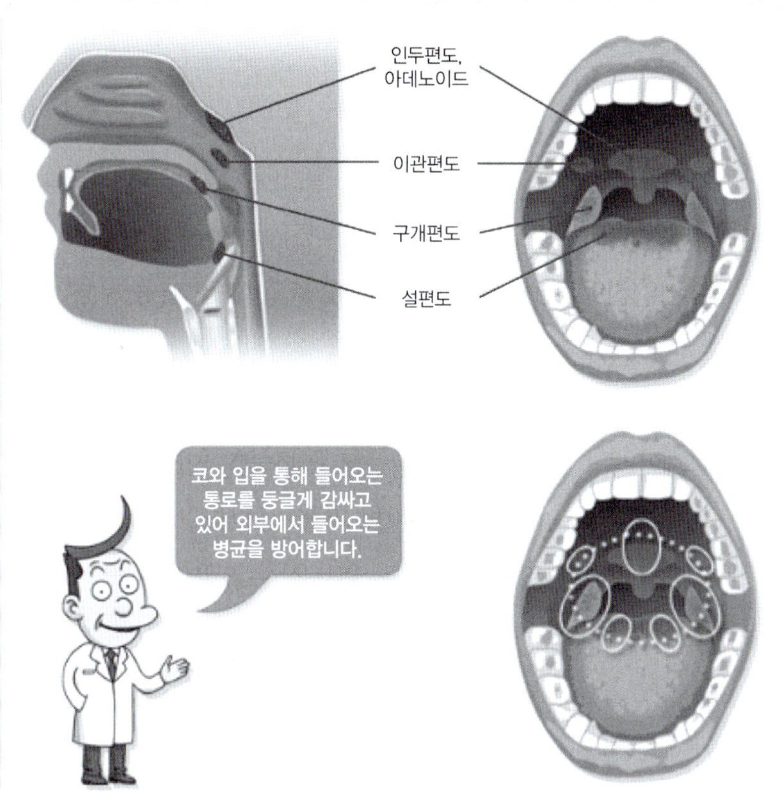

4) 폐렴

폐렴은 바이러스, 박테리아, 곰팡이의 감염, 이물질의 흡입 등으로 폐에 염증이 생긴 상태를 말한다. 2세 정도의 영아에게서 늦겨울이나 초봄에 가장 많이 발생하는 질병 중의 하나다. 대부분의 폐렴은 호흡곤란이 수반되며, 영유아의 경우에는 고열이 따르기도 한다. 폐렴은 심각한 질병이기 때문에 호흡곤란이 나타나면 즉시 의사의 진료를 받아야 한다.

폐렴의 증상으로는 호흡곤란으로 목구멍이 크르렁 소리를 내며 괴로워하고, 마른기침, 38.6℃ 이상의 열, 구토와 설사, 심호흡할 때는 가슴의 통증이 심해진다(박성옥 외, 2003).

간호 방법으로는 발열이 생길 때 절대 안정을 취하고, 실내온도를 20℃로 유지하며 습도는 60% 정도로 조절해 준다. 호흡을 돕기 위해 옆으로 눕게 하고 체위를 자주 변경시켜 준다. 또한 소화가 잘되는 영양가 높은 음식을 조금씩 여러 번으로 나누어 섭취하도록 하고 충분히 수분을 공급해 주어야한다.

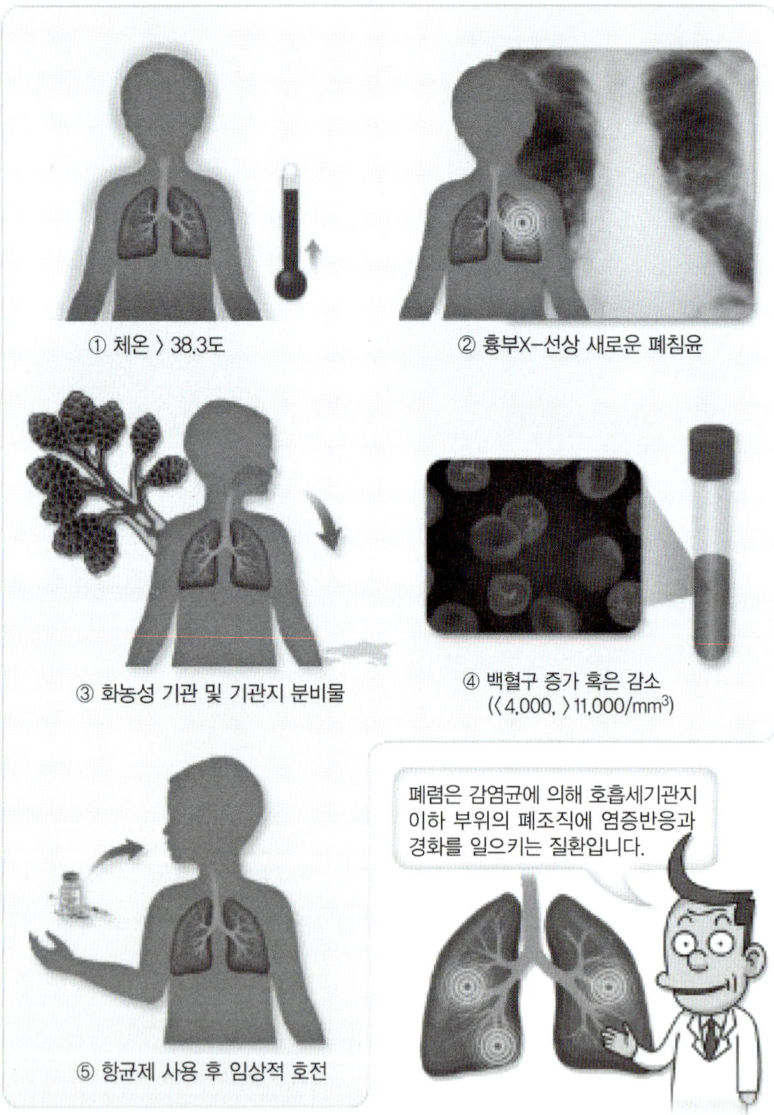

5) 천식

기관지 천식은 영유아가 숨을 쉴 때 기관지가 늘어나고 줄어드는 과정에서 호흡이 곤란하여 발작에 가까운 심한 기침을 하는 호흡기 질환이다. 식물, 꽃가루, 곰팡이, 집먼지, 동물의 비듬 또는 호흡기 감염 등이 원인이 될 수 있다. 또한 한랭한 온도, 습도, 기압의 급격한 변화, 대기 오염물질, 육체적인 운동, 정서적인 요인 등이 천식의 원인이 되기도 한다.

증상으로는 기침이나 공기 부족으로 시작될 수 있으며, 대개 밤에 갑작스럽게 발작이 일어나며, 호흡이 곤란하고 가슴 전체에 천명음이 들린다. 불안해하고 심한 발한과 심한 기침을 하며, 점액의 점도가 짙어지고 얼굴이 거칠고 창백하며, 복통과 구토가 수반되기도 하고, 땀을 너무 많이 흘려서 탈진에 이르기도 한다.

천식에 대한 일반 요법으로는 집의 먼지를 방지하기 위하여 양탄자를 쓰지 않도록 하며, 옷은 모두 옷장에 넣어 두고, 천이나 솜으로 된 완구 등을 두지 말고, 베개, 이불, 침대는 항알레르기 덮개로 된 것을 사용하도록 한다. 커튼은 쉽게 빨 수 있는 것을 선택하고, 향수, 화장품, 꽃 등을 놓지 말고, 개나 고양이 등 집안에서 가축을 키우지 않으며, 특정한 약에 과민반응을 보이는 경우에는 그 약을 피하고, 영유아의 옆에서 담배를 피우는 것을 삼가야 한다.

2. 소화기 질환

1) 설사

설사는 대변의 횟수가 하루 4회 이상이거나 물기가 많은 대변을 말한다. 설사의 원인으로는 바이러스성과 세균성으로 구분된다. 바이러스성 설사인 경우에는 흔히 구토가 수반되고, 세균성 설사인 경우에는 38℃ 이상의 열과 복통이 수반되는 경우가 많다.

증상으로는 경증인 경우 1일 대변횟수가 5~10회 정도이고, 약간의 탈수증은 있으나 산혈증은 없으며, 체온이 상승하고 구토, 안절부절못함, 불안 등이 수반된다. 중증인 경우에는 1일 대변횟수 10회 이상의 물변을 보고 탈수증과 반혼수 상태인 경우며 체중은 10% 이상이 감소된다. 그 밖에 고열, 식욕부진, 구토, 물변, 점액, 농 등의 증세가 나타난다. 영유아의 행동은 불안하고 초조하며, 허약, 피곤, 혼미, 경련을 일으키고, 얼굴이 창백해지고 호흡이 빨라진다.

치료나 간호를 위해서 경증인 경우에는 4시간 정도 젖이나 음식을 먹이지 말고 포도당 전해질 용액, 사과 주스, 설탕 · 식염 용액 등을 주는 것이 좋다.

2) 변비

변비는 대변 횟수가 아주 드물고 딱딱하여 대변보기가 힘든 상태를 말한다. 영유아들의 변비는 신체적, 정서적, 장애와 관련이 있다. 즉, 신경성 장애, 지적 발달의 지연, 갑상선 기능의 저하, 칼슘의 부족 등이 원인이 될 수 있다. 신생아는 첫 태변을 24~36시간 이내에 배출하며, 태변을 배출하지 못하는 신생아는 장폐쇄, 장협착, 선천성 거대결장, 갑상선 기능의 저하, 태변성 장폐쇄증 등의 원인이 될 수 있다.

신생아가 변비를 나타내는 경우에는 모유 수유 시 모유량이 충분한지 조사해 보고 부족 시 우유로 보충해 주고, 우유를 먹는 신생아의 경우에는 우유량을 늘리거나 수분을 증가시켜준다. 영유아가 변비를 나타내는 경우에는 곡류, 채소, 과일 등을 공급해 준다.

유아기에 변비를 나타내는 경우에는 수분의 섭취를 증가시키고, 과일이나 야채 등의 섬유질 음식을 많이 제공해 주며, 운동량을 충분히 늘려 주고, 매일 일정한 시간에 15분 정도씩 힘을 주어 대변보는 습관을 지도해 준다.

3) 탈장

(1) 서해부 탈장

서해부 탈장은 복막강 속의 소장이 아랫배의 양측과 허벅다리 사이인 서혜부 옆 고환이 들어 있는 음낭으로 탈출되어 내려오는 것을 말한다. 이와 같이 소장이 탈장하여 음낭으로 들어간 경우에는 식욕부진, 불안, 초조, 배변곤란, 동통, 국소 압통이 생기고, 장의 파열이 일어나고 구토가 나며 복부의 팽만현상이 일어나 장의 운동이 정지될 수 있다. 탈장이 발견되면 빠른 시일에 수술을 해야 한다. 수술은 생후 3주 이후가 안전하며 늦어도 아기가 걷기 시작할 때 해야 한다.

(2) 배꼽탈장

배꼽탈장은 배꼽이 불완전하게 폐쇄되어 있거나 연약할 때 나타나며, 흑인, 미숙아, 갑상선 기능이 약한 영아에게서 많이 발견된다. 때로는 영유아가 울거나 힘을 주었을 때 배꼽탈장이 나타나기도 한다. 배꼽탈장은 주로 6개월 이전에 나타났다가 자연적으로 생후 1년에는 치유되기 때문에 외과적인 교정은 필요 없다. 보통 배꼽탈장 부위를 테이프나 단추, 동전 등으로 막고 테이프로 붙이는 경우도 있지만 오히려 접촉성 피부염을 유발할 수 있기 때문에 그대로 두는 것이 바람직하다. 그러나 탈장이 1~2년까지 계속되거나 탈장이 점점 더 커지게 되면 수술하여 교정한다.

3. 감염성 질환

1) 수두

수두는 전염성이 강한 질병으로 작은 수포인 물집이 전신에 생기고 심한 가려움증과 두통과 열이 수반되는 급성 감염 질환이다. 수두 바이러스가 원인이며 공기나 직접 혹은 간접 접촉으로 전염한다. 잠복기는 보통 10~21일 정도며, 수두가 전염되는 시기는 발진 1일 전에서 6일까지다(김주성, 1998).

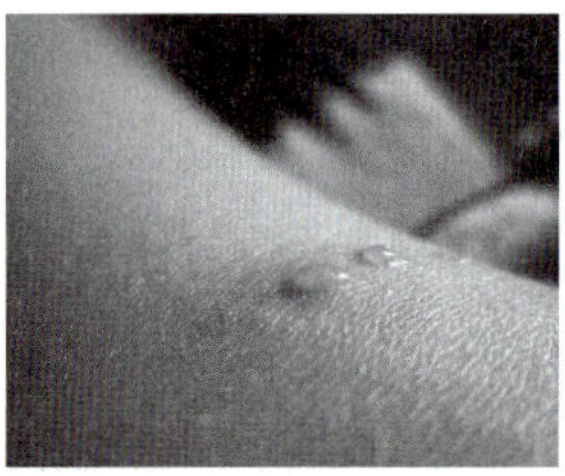
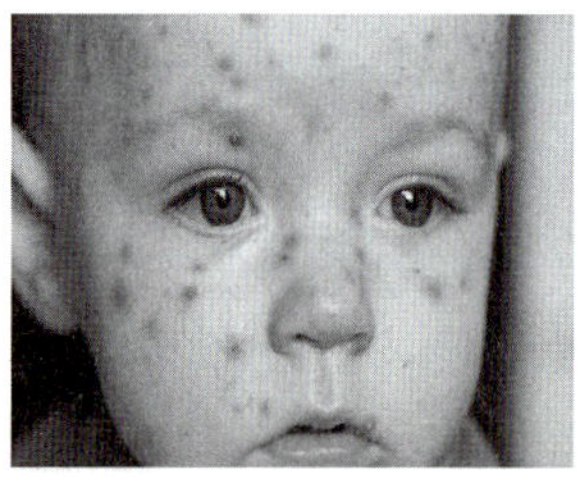
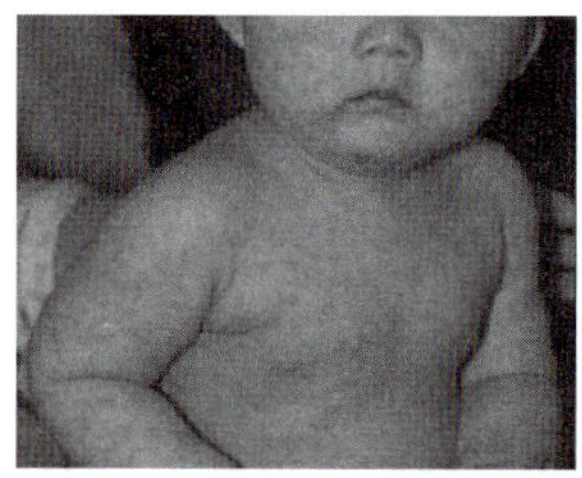

모든 연령에서 걸릴 수 있으나 보통 2~8세에 감염되기 쉽다. 처음 발진은 가슴과 배에서 시작되어 3~4일 이내에 얼굴, 어깨, 사지로 퍼져 나간다. 수포는 매우 가려우며 7~10일에는 딱지가 형성된다. 모든 반점에 딱지가 형성되면 전염성은 없어진다. 수두는 입안, 질, 요도점막에도 생길 수 있으며, 심한 경우에는 발진기에 38.3℃ 정도의 열이 생기기도 한다. 수두의 발진은 표재성이기 때문에 완치하면 자국을 남기지 않으나, 크게 생긴 발진이나 딱지는 자국을 남길 수 있다.

수두에 대한 간호는 2차 세균감염, 농양 등을 방지하기 위하여 항생제를 쓰고, 손톱으로 피부를 심하게 긁지 않도록 하고 손톱을 짧게 깎아 주고 깨끗이 유지하도록 한다. 수두에 걸린 영유아는 격리시켜 전염되는 것을 막아야 한다. 수두로 인한 가장 흔한 합병증으로는 중이염, 기관지염, 폐렴을 들 수 있다.

2) 디프테리아

디프테리아는 전염성이 매우 높은 질환으로 박테리아에 의하여 감염되는 제2군 법정전염병이다. 보통 기침을 동반한 인후통을 수반하며 기침소리는 쉰 목소리와 같다. 완전히 치료하지 않으면 폐렴으로 진행되고 심근마비로 인하여 심부전증을 유발할 수 있고, 사지근육이 허약해지거나 마비될 수도 있다.

디프테리아는 원칙적으로 생후 2개월, 4개월, 6개월, 18개월, 4~6세에 걸쳐 디프테리아·백일해·파상풍 예방접종을 함께 하도록 되어 있다. 증상으로는 피곤, 미열, 두통이 따르고, 편도선이 비대해지고 회색 반점이 생기며, 곧이어 디프테리아의 전형적인 증상으로 입안이나 편도선 주위에 백태가 형성된다. 심한 경우에는 목구멍이 점점 부어올라 호흡곤란 상태가 되어 환자가 질식할 수도 있다. 간호를 위해서는 합병증을 예방하기 위해 2~4주간 절대 안정을 취하도록 하며, 환자가 발생한 지역에서는 다른 지역으로 전염되지 않도록 경계와 보호를 철저히 해야 한다.

3) 뇌염

뇌염은 뇌에 염증이 생기는 질병이며, 주로 모기가 매개하는 원충, 진균, 세균, 바이러스 등에 의해 병이 전염된다. 뇌염의 증상으로는 고열, 심한 두통, 뇌막이나 척수 자극증상, 혼수 등을 들 수 있다. 뇌염의 후유증으로는 파킨슨씨 증후인 근육 강직으로 동작이 느리고, 동작 조절능력이 상실되며, 지능감퇴 등의 증상이 있고, 심한 경우에는 사망에 이르는 경우도 있다.

뇌염을 예방하기 위해서는 모기의 유충이 산란하는 장소를 제거하거나 살충제를 뿌리고 잠을 잘 때는 모기장을 사용한다. 야외에서는 밝은 색의 긴 바지와 긴 소매의 옷을 입어 피부노출을 최대한 줄이고 노출된 피부에 모기 기피제를 사용하는 것이 좋다. 뇌염에 걸린 영유아의 간호를 위해서는 과일즙이나 우유 등을 3~4시간 간격으로 먹여 영양을 공급해 주고, 회복기에는 고단백질과 고비타민식을 첨가해 주어야 한다.

4) 유행성 인플루엔자

유행성 인플루엔자는 급격한 열이 생기고 전신에 통증이 있으며 인후통과 허탈 상태가 따르는 급성 감염성 질환이다. 유행성 인플루엔자는 24~72시간 정도 잠복되어 있다가 급격하게 발병하는 것이 특징이다. 주요 증상으로는 발열과 오한이 있고 감염의 정도에 따라 2~4일간 계속된다. 전신증상이 따르는 것이 보통이며 두통, 요통, 하지 근육통, 식욕부진 등이 있고 불안감이 따른다. 합병증이 자주 발생하고 가장 위험한 합병증은 폐렴이며, 그 밖의 합병증으로는 중이염, 임파선염 등이 있다.

유행성 인플루엔자를 위한 간호 방법으로는 증세가 나타났을 때 우선 영유아를 격리시키고, 안정을 취하게 한다. 또한 환기가 잘되며 방 온도가 20~21℃정도를 유지하고 조용하게 한다. 발열이 있으면 영양이 풍부한 음식이나 과즙을 주고 수분을 충분히 공급하며, 열이 정상적으로 내린 후에도 며칠 동안 환자를 안정시키고 체온과 맥박을 수시로 체크한다. 오염된 물품은 소독하고 휴지는 종이봉투에 모아 태워 버린다.

5) 홍역

홍역은 바이러스 원인으로 공기나 환자의 침을 통하여 발병하는 제2군 법정 전염병으로 전염성이 매우 강하고 잠복기는 8~14일 정도다. 대부분 홍역의 초기증상은 감기와 비슷하여 열이 나면서 기침이 나거나 눈곱이 생긴다. 또한 입안이나 얼굴에 반점이 생기며 얼굴에서부터 발끝까지 3일에 걸쳐 온몸에 붉은 반점이 나타났다 사라진다. 또 콧물, 마른기침, 두통이 생기고 40℃ 이상의 고열이 발생하고, 눈이 충혈되고 아프다.

홍역에 대한 간호를 위해서는 가려움을 감소시켜 주기 위해 중조를 넣은 따뜻한 물에 목욕시키고, 발진이 생긴 후 최초 1주일 동안은 격리시킨다. 홍역이 걸리면 눈이 부서 햇볕을 보기 어려운 수명 현상이 생기기 때문에 가능한 한 직사광선을 피하는 것이 좋으며 실내를 약간 어둡게 해 준다. 폐렴의 위험을 방지하기 위해서는 맞바람을 쐬는 것을 피하고 실내를 자주 환기시켜 주어야 한다.

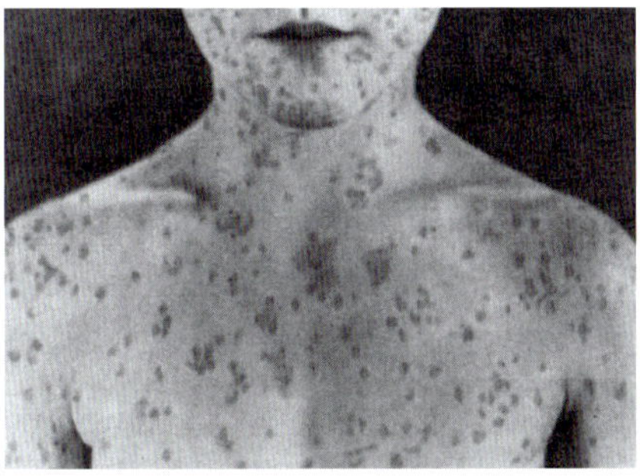

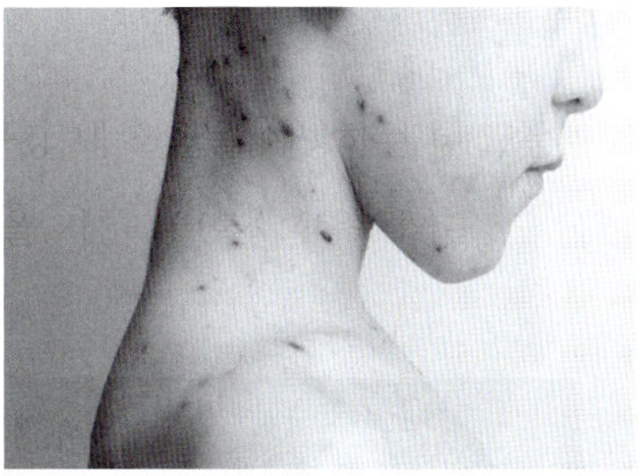

6) 풍진

풍진은 바이러스에 의해 감염되는 질병으로 영유아 질병 중에서 가장 가벼운 질병으로 볼 수 있다. 풍진의 초기 증상으로는 미열과 가벼운 기침으로 시작되어 2일 후에는 귀 뒷부분과 얼굴에 발진이 나타나 빠른 속도로 온몸에 퍼진다. 풍진의 발진은 홍색이며 대체적으로 며칠 후에는 사라진다. 그러나 합병증을 예방하기 위해서는 증상이 비록 가볍더라도 잘 치료해야 한다.

만일 임신 3개월까지의 임산부가 풍진을 앓게 되면 심각한 합병증으로 인하여 태아에게 영향을 주게 되어 선천성 시력상실, 청각상실, 심장결손, 뇌손상을 입은 상태로 태어날 수 있다. 풍진은 전염력이 강하여 집단 내 발병률이 높고, 가족 내 발생할 경우 50~60%에서 감염되므로 이를 예방하기 위해 생후 12~15개월, 4~6세에 예방접종을 실시하여야 한다.

7) 성홍열

성홍열은 보통 5~10세 유아에게 발생되는 질병으로 박테리아에 의해 전염되는 제3군 법정전염병이다. 성홍열은 직접적인 접촉이나 환자의 침에 의해서 감염된다. 성홍열의 증상으로는 갑작스러운 고열, 구토증, 두통 및 목통증이 수반되며 인두점막이 빨갛게 발열하고 편도에는 염증이 생기며, 턱의 양쪽은 임파선이 부어오르고 통증이 온다. 처음에는 혀에 백태가 없지만 차차 혀끝이 빨간 산딸기처럼 변한다.

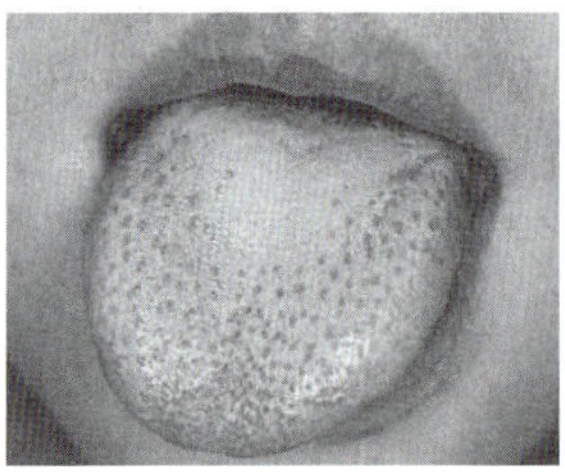
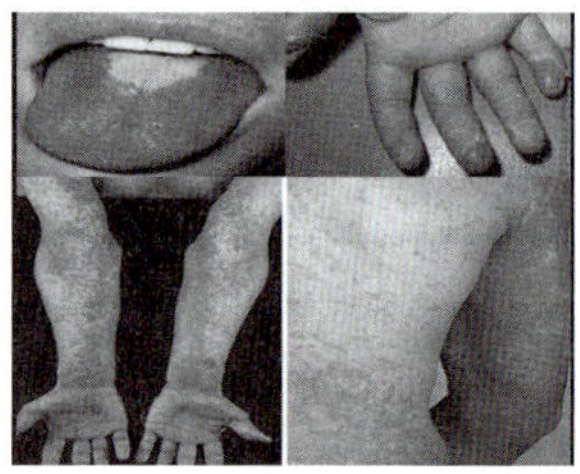
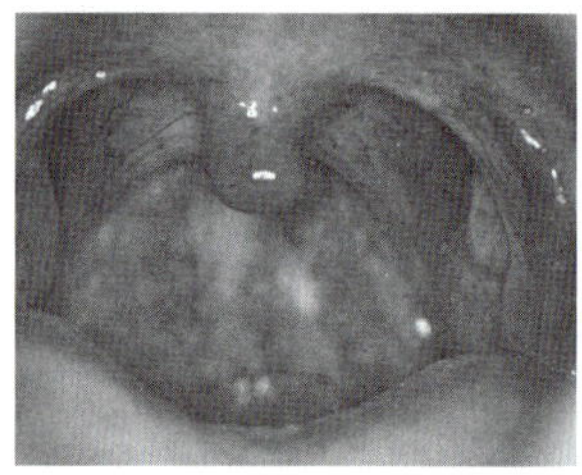

잠복기는 1~7일 정도며 급성질환으로 발열, 두통, 구토 복통, 오한, 인후염을 특징으로 한다. 발열은 갑작스럽게 시작하여 39~40℃까지 오르고 치료하지 않으면 5~7일간 지속된다. 병에 감염된 후 약 3주 동안은 전염의 위험이 높으므로 환자를 격리시켜 간호해야 한다.

8) 볼거리(유행성 이하선염)

볼거리는 유행성 이하선염이라고도 부르는 제2군 법정전염병이다. 2세 이상의 영유아에게 잘 나타나는 질병으로 기침이나 말을 통한 침의 분비로 인하여 다른 사람에게 전염된다. 보통 처음에는 얼굴의 한쪽에만 종창이 나타나지만 환자의 75% 정도는 곧 다른 쪽 얼굴에도 종창이 생겨 음식을 삼킬 때와 머리를 움직일 때 종창이 있는 쪽 귀의 통증을 유발한다. 이하선염의 경우 심각한 질병은 아니지만 심한 두통과 목의 경직증상이 10일 이상 지속되면 뇌염이나 뇌막염 같은 심각한 합병증을 유발시킬 수 있다.

유행성 이하선염의 증상으로는 전신권태, 두통, 인후통이 생기고, 얼굴의 한 쪽이나 양쪽이 부으며, 남아는 고환이 붓고 통증이 생기며 여아는 하복부에 통증이 생긴다. 볼거리의 간호를 위해서는 약 2주간 격리시켜야 하며, 얼음주머니를 이용하여 통증을 감소시키고, 타액선 종창으로 통증이 있을 때는 의사처방에 따라 어린이용 아스피린을 투여하고, 죽 종류의 부드러운 음식과 수분을 충분히 공급해 주어야 한다.

9) 백일해

백일해는 제2군 법정전염병으로 전염성이 매우 높은 호흡기 질환으로 오늘날에는 많이 약화되었고 합병증도 드물어졌다. 백일해는 보통 2~5세에 잘 걸리며 박테리아의 감염 경로는 공기나 침을 통하여 이루어진다. 백일해에 따른 위험은 나이가 어릴수록 심각하기 때문에 젖먹이 영아에게는 어떠한 종류든 기침하는 사람들의 접근을 차단해야 한다.

백일해에 대한 간호로는 의사의 처방에 따라 항생제 치료를 하고 소량의 식사를 자주 제공하고, 신선한 공기를 자주 교환해 주며, 따뜻한 물수건으로 가슴을 싸 주면 기침의 자극을 줄여 줄 수 있다.

10) 폴리오 또는 소아마비

폴리오 또는 소아마비는 예방접종으로 인하여 최근에는 드물게 나타나는 제2군 법정전염병이다. 그러나 일단 소아마비에 감염되어 병을 앓으면 심각한 결과를 초래할 수 있으므로 자주 발생되는 질병이 아니라고 해서 예방접종을 방심해서는 안 된다.

소아마비의 감염은 균이 묻어 있는 손을 만지거나 입을 통한 접촉을 통하여 이루어진다. 병에 걸린 환자는 약 3주 동안 전염성을 지니며 특히 환자의 대변은 오랫동안 감염될 수 있으므로 주의 깊게 다루어야 한다. 소아마비의 처음 증상은 감기와 비슷하게 갑자기 열이 나고 두통, 복통, 목의 통증이 야기된다. 이러한 초기 증상은 약 2~3주일 지속되다가 1~2일 동안 열이 내려가고, 그 다음에는 다시 열이 오르고 구토가 나며 목과 등이 뻣뻣해진다.

소아마비에 대한 간호로는 합병증 예방을 위해 발병 후 2주간은 절대 안정을 취하도록 하여야 한다.

11) 파상풍

파상풍은 제2군 법정전염병으로 발병 원인은 흙, 먼지, 사람이나 동물의 대변에 섞여 있는 파상풍균이 날카로운 나무 조각이나 쇠붙이 등의 물체에 의해 상처를 입을 때 파상풍에 대한 면역이 없는 영유아나 어른이 파상풍에 걸릴 수 있다. 파상풍은 균이 인체에 침투하여 5~15일 정도의 잠복기를 거쳐 발병하는 질환이다.

파상풍에 걸렸을 때의 증상으로는 불면증, 두통, 불안, 때로는 창상 부위의 통증, 우울 등이 있다. 발병 처음에는 목과 턱의 근육이 뻣뻣하게 경직되어 차차 입을 열지 못하고 삼키지 못하게 된다. 독소가 퍼지면서 안면근육이 수축되어 입이 바깥쪽으로 끌려 비웃는 듯한 표정을 짓는 냉소증이 나타나며, 사소한 소리나 햇볕 자극에도 경련이 생기며 심하면 전신경련이 일어난다.

파상풍을 예방하기 위해서는 오염된 상처를 적절히 처치해야 하고, 특히 오염된 창상이 있었던 사람으로서 과거에 예방접종을 받은 경우에도 추가로 접종해야 한다. 생후 2, 4, 6, 18개월에 각각 한 번씩 D.P.T 주사를 맞아야 하고, 4~6세경에는 파상풍 예방접종을 디프테리아와 백일해 예방주사와 함께 추가로 맞혀야 한다.

12) 소아 결핵

결핵은 감염자의 객담과 비말이 기침, 재채기, 말을 할 때 배출되어 다른 사람의 호흡기를 통하여 흡입되며 입맞춤, 구강 대 구강 호흡법을 통하여 전염되는 제3군 법정전염병이다. 선천성 결핵의 경우에는 산모의 혈액 속에 존재하는 결핵균이 태반에 침투하여 감염되기도 한다. 결핵은 나이가 어릴수록 질병의 전파가 빠르고, 사춘기에 이르면 결핵의 빈도가 다시 높아진다.

홍역이나 백일해를 앓게 되면 결핵이 훨씬 더 악화된다. 결핵의 증상으로는 피로감, 식욕감퇴로 인한 체중의 감소, 미열, 잠잘 때의 식은땀을 들 수 있다. 또한 결핵에 감염되면 가래에 혈액이나 농이 섞여 나오고, 지속적으로 마른기침이 난다. 결핵이 뇌막에 감염되면 두통, 열, 혼수상태에 빠질 수 있다.

이를 간호하기 위해서는 규칙적으로 정확한 용량의 약을 복용하는 것이 가장 중요하다. 결핵은 다른 질병과는 달리 수개월 또는 수년간에 걸친 노력이 있어야 완전히 치료할 수 있다. 영유아들에게 일단 약물치료를 시작하면 더 이상의 전염성은 없기 때문에 안전하게 친구와 놀 수 있다.

13) 뇌수막염

뇌수막염은 뇌와 척수를 덮고 있는 막에 염증이 생기는 병으로 주로 바이러스나 박테리아에 의하여 감염된다. 여아보다는 남아에게서 더 많이 발생되며 보통 10세 이하의 아동에게 잘 발생한다. 뇌수막염의 증상으로는 39.9℃ 이상의 고열, 놀라는 듯 울면서 하는 구토, 경직된 목, 두통, 밝은 빛을 잘 보지 못하는 증상, 식욕이 저하되고, 불안하며, 전신에 붉은 보라색 반점이 나타난다.

뇌수막염에 대한 간호를 위해서는 절대적인 안정이 필요하고, 매일 더운 물로 목욕을 시켜 주어야 하며, 수분을 충분히 공급하고, 두통을 줄여 주기 위해서는 머리를 높이고 얼음주머니를 대어 준다. 사용한 기구, 의류 등은 증기소독을 하고 철저한 위생관리를 한다.

14) 장티푸스

장티푸스는 여름과 가을에 주로 발생하는 제1군 법정전염병으로 비위생적인 생활, 불결한 음식, 오염된 음료수 등에 의해서 전염되며 빈민계층에서 많이 발생하는 질병이다. 장티푸스균은 오염된 식품, 물, 우유, 파리, 갑각류 등을 통하여 사람의 몸에 침입하며, 7~30일 정도의 잠복기를 거쳐 병을 일으킨다.

원인 불명의 고열이 몇일간 계속되면서 간이나 비장이 커져 있을 때에는 장티푸스의 가능성이 언제나 존재한다. 장티푸스의 발병 시에는 열과 함께 두통, 느린 맥박, 헛소리, 혀의 백태 현상이 생기고 심하면 혈변을 보는 경우도 있다. 가장 위험한 것은 장출혈이 생기는 경우다.

환자가 발생했을 때에는 격리시켜야 하며 배설물에 대한 소독이 가장 중요하다. 전염원을 발견하고 매개 음식물을 찾아내야 하며 보균자를 찾아 치료하고 음식물을 취급하는 일에 종사하지 못하도록 해야 한다.

15) 이질

(1) 세균성 이질

세균성 이질은 단간균이라 부르는 병원체에 의해 발병하며 장티푸스균에 비하여 인체 바깥에서는 생존력이 약하며 특히 태양이나 열에 약한 특징인 제1군 법정전염병이다.

세균성 이질의 전염은 환자나 보균자의 대변을 통하여 배설된 균이 물, 우유, 식품 등에 오염되어 사람의 몸에 전염된다. 환자의 대변에 정액, 고름, 혈액이 섞이고, 대장의 염증으로 인하여 뒤가 무겁고 빈번한 설사로 탈장되어 온몸이 몹시 쇠약해진다.

(2) 아메바성 이질

아메바성 이질은 엔타메바 히스토리티카라는 병원체의 감염에 의해 발병되며 환자의 대변에 섞여 있는 병균을 파리가 음식물과 물에 전파하여 매개되는 전염병이다. 성인보다 어린이가 걸리기 쉽고, 영아나 노인이 걸리면 위험하다. 증상으로는 발열, 복통이 따르는 설사, 원인불명의 설사, 복부 불쾌감, 혈이 섞인 대변, 혈액이 혼합된 물 같은 대변을 자주 배설한다.

예방대책으로는 환자를 격리하고, 대변을 철저히 소독하며 특히 식품을 다루는 사람들에 대한 정기적인 검사를 해야 한다. 식품 위생의 강화, 파리의 구제, 식사 전에 깨끗이 손 씻기 등을 생활화하는 등 환경위생을 향상시켜야 한다.

사례

"서울 어린이집 이질 발생"

YTN TV | 2015-10-17

[앵커멘트]
서울 망원동 어린이집에서 이질이 발생해 어린이 6명이 국립의료원에서 치료를 받고 있습니다. 서울에서 세균성 이질이 집단으로 발생한 것은 올들어 이번이 처음인데다 주변 초등학교에서 유사 증세를 보이는 어린이들이 추가로 발견돼 이질 확산이 우려되고 있습니다.
전준형 기자의 보도입니다.

[리포트]
지난달 26일 이 어린이집에서 방과후 수업활동을 하던 8살 여자 어린이와 4살 남자 어린이가 설사와 복통 증세를 보였습니다. 설사증세를 보이는 어린이는 계속 늘었고 먼저 3살 어린이 한 명이 이질로 판명됐습니다. 인근 초등학교 학생 2명을 포함해 지금까지 모두 10명의 어린이가 국립의료원에서 입원치료를 받았으며 이 가운데 4명이 이질로 판명됐습니다. 지난 7일에야 신고를 받은 보건당국은 이질의심 어린이들의 가검물을 수거해 원인을 조사하는 한편 주변 지역에 대한 방역작업에 들어갔습니다. 또 지난 13일, 어린이집 주변 초등학교에 대한 조사를 벌인 결과 어린이 17명이 설사증세를 보여 가택 격리 조치 했습니다.

[인터뷰: 권광남, 마포구 보건소 방역담당]
"10월 7일 당일에 어린이집에 나가 역학조사를 실시했고 역학조사 실시하는 과정에서 인근 초등학교에도 관련이 있다는 사실을 알고 역학조사 및 방역조치를 실시했습니다."
보건당국은 일단 이질이 서울 시내 전체로 확산된 것으로는 보고 있지 않다고 밝혔습니다. 그러나 이질이 발생한 뒤 열흘이 넘도록 어떤 조치도 취해지지 않은 채 면역력이 약한 어린이들이 집단생활을 계속해 왔다는 점이 문제입니다.

[인터뷰: 전영옥, 학부모]
"어린이원 운영하는 원장님들이 병에 대한 지식이 좀 있었으면 처음에 증상을 좀 보면 금방 알 수 있잖아요. 그래가지고 조치를 좀 빨리했으면 좋을텐데 조금 아쉬운 것 같아요."
어린이집 원장은 진단을 제대로 하지 못한 병원에 문제가 있다는 입장입니다.

[인터뷰: 어린이집 원장]
"병원에서도 이런 이질이란 얘기는 전혀 없었고 감기로 인한 일반 바이러스 장염이라고 해서 저도 그런 줄만 알았구요..."
전문가들은 면역력이 약한 어린이들이 이질에 걸릴 경우 심하게는 목숨을 잃을 수도 있다며 항상 위생에 주의를 기울여야 한다고 강조합니다.

[인터뷰: 김재윤, 국립의료원 소아과장]
"음식과 물에 대해서 철저한 신경과 주의를 써야 하겠고 깨끗하게 먹고 마시고 손발 잘 씻고 그런 우리 잘 아는 감기 때처럼 관리가 필요하겠습니다."
국립의료원은 마포구내 지역에서 계속 이질환자가 발생하고 있다며 주의를 기울여줄 것을 당부했습니다.
보건당국은 마포구내 다른 초등학교로 조사와 방역활동을 확대하기로 했습니다.

16) 공수병(광견병)

공수병(광견병)은 래비스 바이러스에 의해 감염되어 있는 개, 여우, 늑대, 박쥐, 고양이 등의 동물에 물렸을 때 동물의 침 속에 있던 바이러스가 피부를 거쳐 몸에 침투하여 신경경로를 통하여 대뇌로 침입하여 3~7주의 잠복기를 거쳐 병을 일으키는 제3군 법정전염병이다.

증상으로는 동물에게 물린 상처 부위가 몹시 아프고 근육에 경련이 일어나며, 인후 근육의 경련으로 음식물 섭취가 어렵다. 환자는 흥분하고 불안해하는 특유한 행동을 하며, 다량의 끈끈하고 점도 높은 타액을 입으로 흘리며, 목에 경련을 일으키고 심해지면 사망할 가능성이 높다. 다음과 같은 경우에는 반드시 공수병 예방백신을 접종해야 한다.

- 확실히 광견병 바이러스를 가지고 있는 동물에게 물렸다고 판단될 때
- 물은 개의 주인이나 보호자가 확실하지 않거나 찾을 수 없을 때
- 머리 부위에 물렸거나 다른 부위라도 상처가 클 때
- 물은 개를 도살하여 뇌에서 병원체가 발견되었을 때

17) 유행성 출혈열

유행성 출혈열은 제3군 법정전염병이다. 집쥐, 들쥐, 흰쥐가 병을 일으키는 바이러스를 옮기는 것으로 알려져 있다. 병에 감염된 쥐의 배설물인 오줌이나 똥이 마르면서 여기에 섞여 있던 바이러스가 공기 중에 떠돌다가 사람의 호흡기를 통하여 체내로 침입하며, 때로는 피부의 상처를 통해 전염되는 경우도 있다.

유행성 출혈열의 증상은 오한, 전율, 무기력, 염증 등 감기와 비슷하다. 발병 4~5일이 지나면 심한 두통, 관절통에 시달리고 온몸에 출혈성 반점이 나타나며, 코와 귀에서 피가 나오기도 한다. 합병증으로는 고혈압, 폐렴, 빈혈, 뇌출혈 등이 있다. 열이 내리고 혈압, 소변양이 정상화되면서 서서히 회복되지만 완전 회복까지는 3~4개월이 걸린다.

따라서 다음 사항을 유의해야 할 것이다.

- 들판이나 잔디밭에 눕거나 옷을 벗어 놓지 않는다.
- 야외에서 활동을 할 때 장갑과 장화 등을 착용한다.
- 야영할 때에 음식물은 잠자는 곳과 멀리 떨어진 곳에 둔다.
- 야외 학습활동 후 귀가 시에는 반드시 옷에 묻은 먼지를 털고 목욕을 한다.

18) 살모넬라균 감염

살모넬라균은 위경련, 통증 및 발열을 동반한 설사를 유발하는 일종의 박테리아이다. 이러한 증상들은 보통 박테리아를 삼킨 후 24시간 이내에 나타나지만, 72시간이 될 때까지 나타나지 않을 수도 있으며, 2~5일 내로 치료되지 않을 수도 있다.

살모넬라균은 5세 미만 아이들과 70세 이상의 어른들에게 가장 흔히 감염된다. 오염된 식품이나 음료에 의해서도 전염될 수 있고, 흔히 달걀껍질이나 요리되지 않은 고기에서 발견된다. 따라서 모든 음식, 특히 달걀, 쇠고기 등은 완전히 요리하도록 하고, 남은 음식은 냉장 보관하도록 한다. 저온 살균하지 않은 우유나 날계란은 먹지 않도록 한다. 왜냐하면 이들은 자주 살모넬라균에 감염되기 때문이다. 애완 거북이도 살모넬라균의 보균자가 될 수 있다.

어떤 영유아나 교직원에서 살모넬라균이 확인되면 그 사람은 연속 대변 배양이 음성으로 나오고 증상이 사라질 때까지 격리되어야 한다. 살모넬라균에 감염된 사람과 접촉한 가족이나 세대원이 만일 음식을 다루거나 요리에 가담한 경우에는 박테리아에 노출되었을 가능성을 인식해야 한다. 만일 그들이 설사를 호소하면 즉시 주치의를 찾아가 대변 배양을 해야 한다.

사례

"보기에는 귀엽지만...살모넬라균 조심"

mbn TV | 2017-08-14

최근 가정에서 많이 기르는 애완용 거북이 일부에서 살모넬라균이 검출됐습니다. 면역력이 약한 아이들에게는 위험할 수도 있는데 거북이를 만진 후에는 반드시 비누로 손을 씻어야 한다는 조언입니다.
보도에 차민아 기자입니다.

서울의 한 대형마트
수족관 속 귀여운 거북이에 아이들이 눈을 떼지 못합니다.
세 아이가 있는 이 가정에서도 몇달 전부터 애완용 거북이를 키우고 있습니다.
아이들은 어느새 친구가 됐습니다.

인터뷰 : 이현주 / 초등학교 2학년
"거북이 씻겨주고 같이 놀면 재밌어요."
이 애완용 거북이에는 병원성 세균인 살모넬라균이 검출되는 경우가 많습니다.
하지만 구입 당시 수족관에서 살모넬라균에 대한 아무 설명도 듣지 못했습니다.

인터뷰 : 김은지 / 어머니
"살 때는 얘기를 안해줘서 몰랐는데 알아보니깐 손만 씻으면 괜찮다고 해서 구매하게 됐습니다."
소비자원이 시중에서 팔고 있는 애완용 거북이 23마리를 조사해봤더니 13%에서 살모넬라균이 나왔습니다.
살모넬라균에 감염되면 열이 나고 설사, 구토 등의 증상이 나타납니다.
특히 면역력이 약한 아이들은 사망에까지 이를 수도 있습니다.

인터뷰 : 김명수 / 영동세브란스 감염내과 교수
"정상적인 면역을 가진 사람은 크게 문제가 안되겠지만 어린이나 임산부, 나이가 많은 분 등 면역력이 약한 사람은 심하면 사망할 수도 있습니다."

실제로 미국에서는 얼마 전 4주된 영아가 살모넬라균에 감염돼 사망하기도 했습니다.
미국에서는 이전부터 애완용 거북이의 상업적 판매가 엄격히 금지되고 있습니다. 하지만 우리나라의 경우는 손쉽게 거북이를 살 수 있고 수입량도 해마다 크게 늘고 있습니다.

인터뷰 : 윤준식 / 소비자원 리콜제도팀
"애완용 거북이로 인한 인체 질병 감염의 가능성이 있음에도 불구하고 이를 규제할 만한 법령이 없어서 관련 규정의 정비를 건의할 예정입니다."

소비자원은 맨 손으로 애완용 거북이를 만진 후에는 손을 비누로 깨끗이 씻고, 5세 미만 어린이가 있는 가정에서는 가급적 키우지 말 것을 조언하고 있습니다.

19) 요충감염

요충은 사람들을 감염시키고, 아래 창자에 살고 있는 작은 기생충이다. 요충 기생충은 밤에 항문을 통해 밖으로 나와 입구 근처에 극히 미세한 알을 낳는다. 어떤 사람들에게는 이것이 항문과 때로는 질/외음부의 심한 가려움증을 유발하지만 아무 증상이 없는 사람들도 있다.

요충을 발견하는 가장 쉬운 방법은 아이가 잠든 약 1시간 후 유아의 항문 근처의 1인치 둥근 부위를 검사하는 것이다. 부모는 항문 주위에 투명 테이프의 끈적이는 부분을 가져가도록 하여, 이때 피부의 알들이 테이프에 붙게 함으로써 진단을 할 수 있다.

요충 감염의 예방법으로는 손 씻기와 청결 절차 이외에도 모든 영유아가 자신의 침대와 시트가 있는 매트를 가지고 있도록 해야 한다. 그리고 모든 영유아의 옷은 비닐봉지에 별도로 보관되어 세탁을 위해 집으로 보내야 한다.

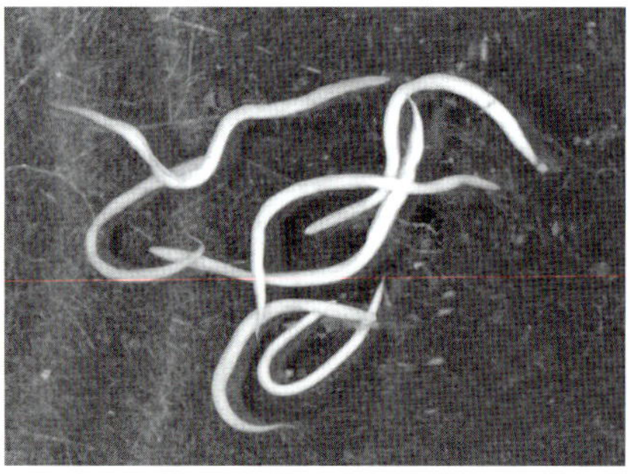

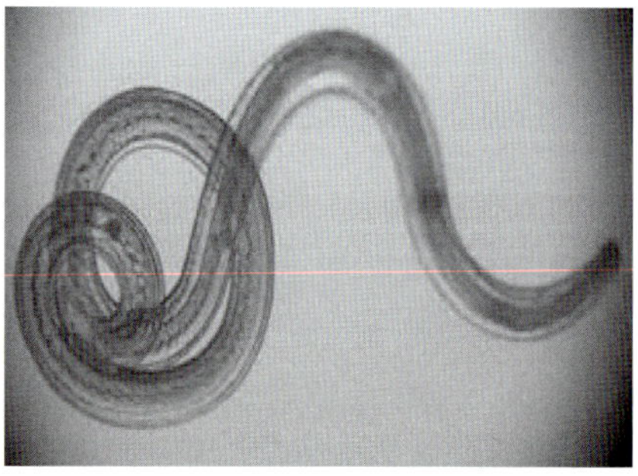

4. 피부접촉을 통해 확산되는 질병

농가진, 백선, 옴, 이 기생충에 의한 질병들은 박테리아나 바이러스에 의한 피부감염 혹은 기생충의 침입에 의해 발병한다. 흔한 병이지만 심각한 것은 아니다. 감염된 피부 또는 감염된 물품과의 직접접촉에 의한 전파된다. 영유아들은 끊임없이 주위 환경과 주변 사람과 접촉을 하기 때문에 다른 영유아와 교직원을 통해 쉽게 퍼지게 되므로 위생적 관리가 요구된다.

1) 농가진

농가진은 연쇄 구균이나 포도상 구균에 의해 발생하는 아주 흔한 피부감염이다. 이 감염은 상처가 난 피부에서 진물이 흘러나오면서 시작되어 쉽게 타인에게 퍼진다. 그 발진 부위는 빨간 원형이며 진물이 흘러나온다.

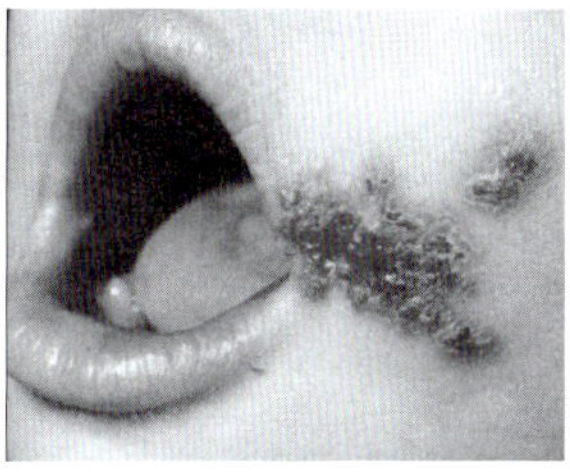
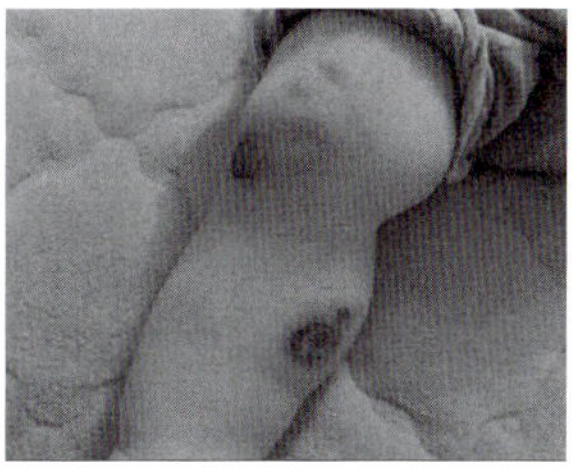
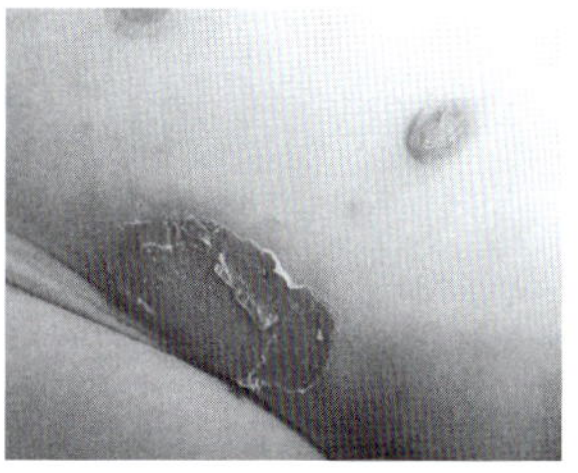

농가진의 치료는 보통 특수한 비누, 항 박테리아 연고 그리고 때론 경구용 항 박네리아제 등의 복합치료가 행해진다. 아이의 발진 부위를 비누로 씻은 다음 덮어 준다. 이 치료 뒤에 자신의 손과 어린이의 손을 반드시 씻어야 한다. 영유아의 피부를 항상 청결히 유지하는 것이 중요하며 농가진이 발생한 경우 전염성이 매우 강하므로 다른 영유아와 분리시키고 아이 옷이나 수건 등을 분리 소독하여야 한다.

2) 백선(버짐)

백선은 몇 개의 다른 균류에 의해 손톱이나 피부에 발생하는 감염병이다. 특징은 피부 상에 납작한 점점 커지는 반지모양의 발진이 보인다. 백선은 감염된 피부가 정상 피부에 접촉하거나 감염되어 부서진 손톱이나 피부가 마룻바닥에 떨어져 옷 등에 묻게 되어 퍼져 나가고 개나 고양이들도 백선의 전파 역할을 한다.

백선의 치료는 보통 항 백선 연고를 몇 주간 감염 부위에 바른다. 진단결과 손톱이나 머리표피 백선으로 밝혀지면 항균 약물을 복용하기도 한다. 백선균은 축축하고 따뜻한 표면에서 쉽게 성장하므로 백선의 확산 방지를 위해서는 환경을 청결하고 건조하며 선선하게 유지하도록 한다.

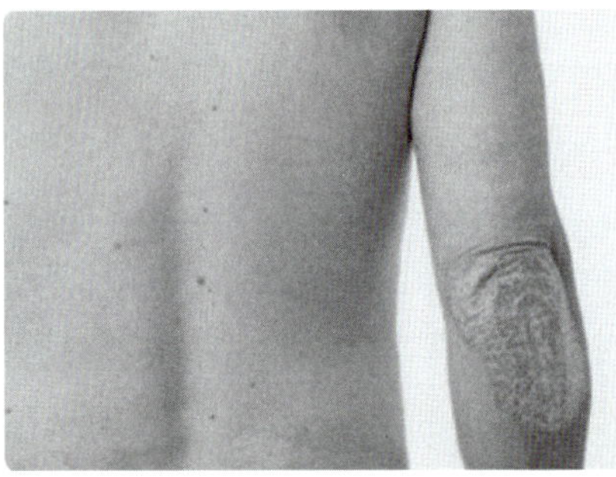

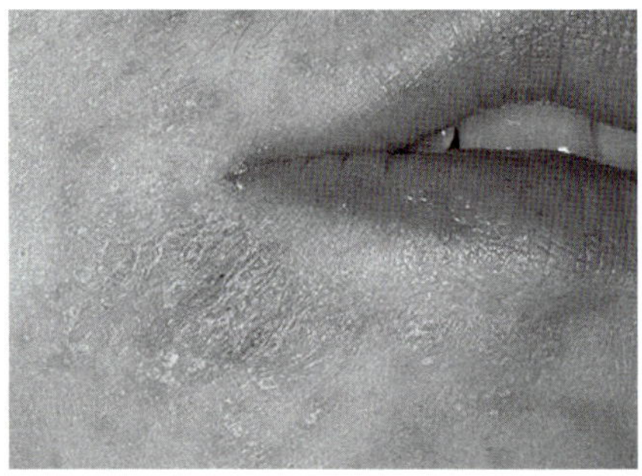

3) 머릿니

머릿니는 오직 인간의 머리 표피와 머리카락 속에서만 사는 조그만 기생충이다. 그들은 머리 표피에 가까운 머리카락에 단단히 부착되어 쉽게 떨어지지 않은 유충이라 불리는 조그마한 알에서 부화한다. 유충은 주로 머리 표피 중에서 뒷부분이나 귀 뒤쪽 정수리 부분에 위치하고 있다.

머리에 이가 발견된 아이는 다른 아이들로부터 격리되어야 하고 부모에게 아이를 치료한 후에 보내도록 알린다.

4) 발진

피부발진은 수두, 풍진, 홍역 등의 전염병을 앓는 영유아에게 나타나는 주요한 증상이다. 또한 피부나 신체의 다른 곳에 감염되었을 때 나타나는 하나의 증상일 수도 있고, 알레르기 반응, 물리적인 손상, 화학물질의 자극으로 발진이 일어나기도 한다. 보통 피부발진 자체가 심각한 것은 아니지만 원인에 따라서는 잠재적인 질병을 나타내므로 심각할 수 있다.

발진에 대한 간호를 위해서는 열을 확인하고 가려움증이 있는지를 살펴보고, 가려워하면 카라드라민로션을 발라 주며, 항상 손을 깨끗이 유지하고 손톱으로 긁어서 피부를 손상시키는 것을 방지하기 위하여 손톱을 짧게 깎아 준다.

5) 아토피성 피부염 또는 영아습진

아토피성 피부염 또는 영아습진은 영아에게 가장 흔한 알레르기성 증세며 아토피성 피부는 얼굴에 붉은 점이 생기고, 피부가 건조하며, 가려움증이 따르는 일종의 피부염증이다. 영유아에게 가장 흔한 습진은 아토피성 습진으로 생후 2~5개월에 많이 발생한다. 또한 습진은 달걀, 우유, 밀가루 등 음식물이나 애완동물의 털이나 모직에 의한 피부자극 물질, 스트레스나 정서적 불안감으로 나타날 수 있다.

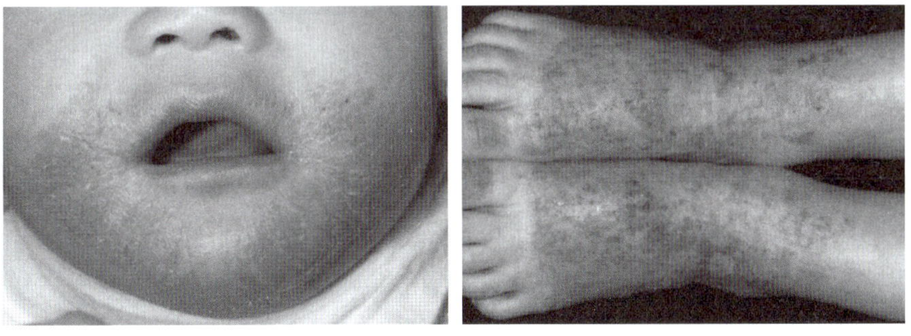

증상으로는 피부가 건조하고 붉은 형태의 좁쌀 같은 것이 생기며, 매우 가렵고, 발진 부분은 피부 바로 아래 작은 진주 모양으로 물집을 형성하며, 가려움증이 심할 경우에는 불면증이 초래되기도 한다. 영아습진이 가장 잘 나타나는 부위는 얼굴의 뺨, 앞이마, 두피, 귀 뒤, 목, 팔, 다리의 굴절 부분, 복부 등이며,

홍반성, 구진성, 수포성으로 분비물과 딱지가 형성된다. 영아습진이 생긴 피부는 건조하며, 가려움증이 약하거나 심하며 긁을 경우에는 피부가 벗겨진다. 심한 가려움증은 불안, 불면, 신경과민을 유발하고, 심하게 긁으면 염증, 찰과성, 출혈, 2차 감염이 일어날 수 있다.

일반적인 간호 방법으로는 가려움증을 경감시키기 위해 피부자극이나 과도한 열을 피하고, 피부를 진정시키고 자극을 감소시키기 위해 카라민로션이나 스테로이드연고를 가볍게 발라 주며, 손톱을 깎아 주고 옷소매를 길게 하여 손이 나오지 못하도록 한다. 옷이나 이불을 조절하여 땀이 나지 않도록 하고, 필요하면 에어컨을 사용하는 것이 좋다.

영유아의 내의는 순면 종류로 입히고, 이유식을 시작한 영아의 경우에는 의사의 지시가 있을 때까지 다시 모유를 주며, 목욕 시에는 자극성이 강한 알카리성 비누사용을 금해야 한다. 그리고 구용성 전분과 증조로 물에 타서 목욕시키며, 목욕물의 온도는 35℃로 유지하여 15~20분 동안 목욕 후 피부가 수분을 유지할 수 있도록 오일을 발라준다.

5. 안과적 질병

1) 사시

영유아기의 안과적으로 쉽게 발견할 수 있는 것은 사시다. 사시는 전 인구의 2~4%에서 나타나며 대부분 소아기에 발생한다. 신생아나 생후 8~10주경에 사시 증상이 나타나는 것은 정상이지만, 생후 3개월 이후까지 한쪽 혹은 양쪽 눈이 각자 움직이는 사시 현상이 계속적으로 지속된다면 전문의와 상의하여 치료를 해야 한다. 사시의 원인은 안구근육의 불균형으로 발생하며, 근시나 원시 같은 시력장애를 초래하기도 한다.

사시의 증상은 두 눈이 서로 다른 방향으로 보는 것처럼 눈동자가 안쪽으로 모이거나 바깥쪽으로 치우치는 현상으로 흔히 사팔뜨기라고 불려왔다. 사시에 대한 간호로는 손가락이나 색깔이 있는 물체를 영유아의 눈앞에서 움직여 눈이 따라 움직이는지는 살펴보아 사시가 발견된다면 안과 전문의에게 상담한다.

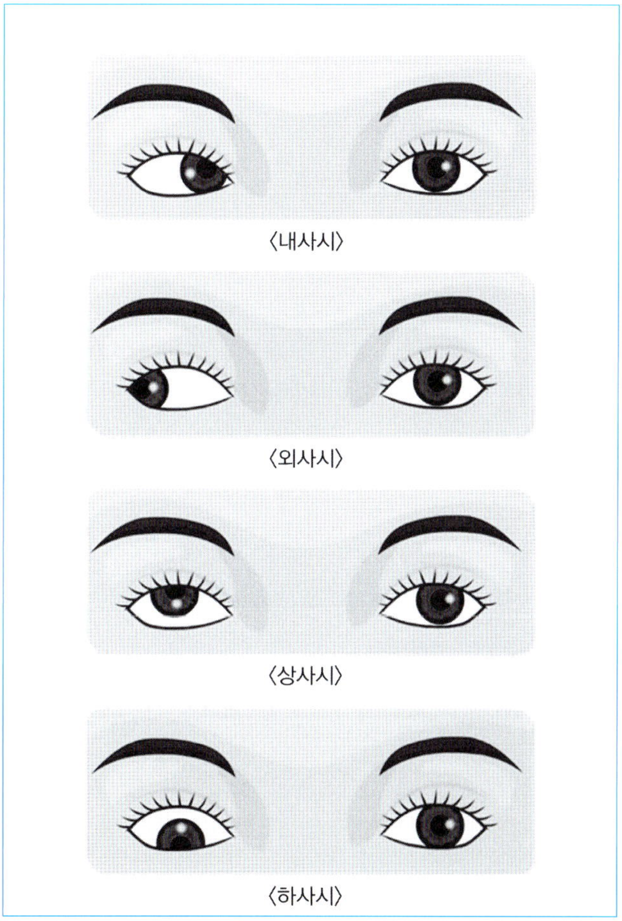

[그림 5-1] 사시의 종류(대한의학회)

2) 결막염

결막염은 바이러스나 박테리아에 의해서 자주 야기되는 눈병이다. 감염이 되면 많은 눈물과 분비물이 발생한다. 분비물은 맑기도 하며 노란 혹은 연두색의 고름이 발생하는 경우가 있는데 이때는 박테리아에 의한 것일 가능성이 많다. 결막염은 심각한 질병은 아니기 때문에 바이러스성 결막염은 1~3주 지나면 스스로 치유되기도 한다. 아이들은 자주 결막염에 걸리며 또한 자기를 돌보는 주변 사람들에게 전염시킨다.

결막염이 있는 아이는 전염을 막기 위해 때론 항 박테리아 안약을 이용해서 눈을 헹구어 내는 식으로 치료 받도록 권고하기도 한다. 맑은 혹은 노란색 눈 분비물이 있는 결막염에 걸린 아이의 경우 24시간 동안 항 박테리아 치료를 받은 후 복귀시킨다.

바이러스성 결막염의 경우 전염성이 강하므로 사람들이 많이 모이는 곳에 가지 않도록 하며 필히 수건, 비누, 침구 등을 따로 사용하도록 하고 직접적 신체 접촉도 피하도록 주의를 기울인다.

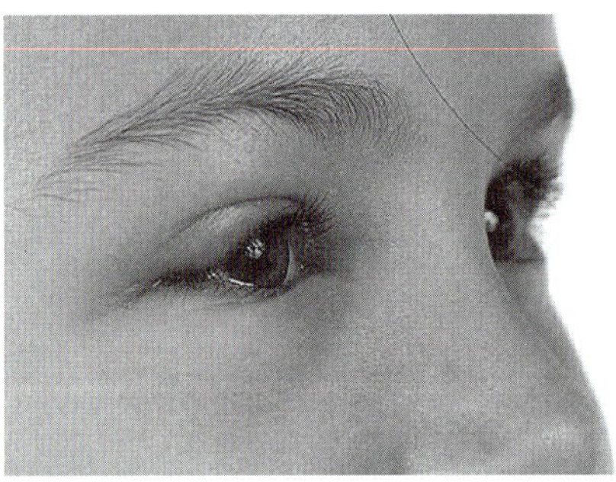

6. 질병을 확인한 다음의 조치

유아교육기관에서 아픈 영유아를 계속해서 보살필 것인지의 여부를 결정하는 데에는 영유아의 상황, 부모의 상황, 필요한 보살핌을 제공할 수 있는 교사진의 능력과 여건 등의 여러 측면을 고려하여 결정하여야 한다(임미혜 외, 2005).

1) 영유아의 상황

조금만 특별한 관심을 기울이면 평상의 일과를 수행할 수 있을 정도로 질병의 상태가 가벼운 영유아는 유아교육기관의 규칙적인 일과 속에서 보살핌을 받을 수 있고 또 그러는 것이 바람직하다. 심하게 아프지만 않으면 대부분의 영유아들은 자신들의 주변에서 정상적인 활동이 진행되는 가운데 책을 보며 누워 있거나 조용히 쉬고 있는 것에서 행복을 느끼게 된다.

경우에 따라서 조용한 곳에서 빛을 차단하여 어둡게 해주고 쉬게 할 필요가 있다. 물론 집단 내의 다른 영유아들의 건강과 안전 또한 함께 배려 받도록 해야 한다. 아픈 정도가 심하거나 다른 영유아들에게 질병을 퍼뜨릴 염려가 있는 영유아는 집단에서 분리하고 전문가로부터 도움을 받아야 한다.

2) 교사의 상황

전염성이든 아니든 아픈 영유아는 건강한 영유아보다 더 많은 관심을 요한다. 영유아에게는 자신을 잘 아는 성인, 즉 간호사나 담임교사 또는 다른 교사로부터 돌봄을 받는 것이 가장 바람직하지만 교사가 학급에 1명인 경우 아픈 유아에게 특별한 배려를 하기가 어려울 수 있다.

교사가 2명일지라도 학급 영유아의 연령, 교사의 경력에 따라 정상적 학급활동을 진행하면서 아픈 영유아를 돌보기에는 한계가 있을 수 있다. 따라서 어린이집에 아프거나 다친 환아가 발생할 시에는 적절한 보호와 관리를 위한 절차와 방안이 마련되어야 한다.

3) 부모의 상황

아픈 유아를 유아교육기관 내에서 돌볼지의 여부를 결정하는 데 있어 부모의 상황 또한 고려되어야 한다. 부모가 모두 직장을 다니는 경우 아픈 자녀를 가정에서 돌보기가 어렵다. 물론 영유아가 많이 아프다면 병원에 입원시키거나 가정에서 돌보아야 하겠지만 증세가 가벼운 경우라면 기관에서 돌보는 것이 바람직할 수 있다.

부모가 다른 대안을 갖고 있지 못한 상태에서 영유아를 유아교육기관으로부터 격리하게 되면 오히려 영유아의 상황을 더 악화시킬 수도 있기 때문이다. 유아교육기관에서는 이러한 딜레마를 조정하고 부모를 돕기 위하여 부모가 영유아를 돌볼 수 있는지, 가정에 영유아를 돌볼 사람이 있는지, 부모가 직장의 일정을 조정하거나 집에 일을 가져오는 것이 가능한지를 신중히 고려해 보아야 한다.

4) 격리기준

질병에 걸린 영유아가 있으면 다른 영유아나 성인에게 병을 옮길 것을 염려하여 격리하거나 집에 돌려보내는 것이 바람직하다고 생각하는 경향이 있다. 그러나 연구들은 어떠한 질병이 건강에 위협적이지 않은지 또한 가벼운 질병에 걸린 유아들을 집에 있게 한다고 해서 다른 유아들에게 병을 전파하는 것을 예방하는 것은 아님을 밝혀주고 있다. 어떤 질병은 증상이 나타나기 전에 이미 바이러스를 퍼뜨리며 심지어 완전히 나아보이는 다음에도 전염성이 있다.

물론 심각한 질병에 걸린 영유아들은 집단 속에 포함시키지 않아야 한다. 그러나 가벼운 질병에 걸린 영유아나 치료를 받는 영유아는 학급에서의 활동에 참여할 수 있다. 기관에서 영유아에게 일시적으로 등원하지 않도록 조처해야 하는 상황은 다음과 같다.

① 영유아가 활동에 편안하게 참여하지 못할 때

② 교사진이 병이 난 영유아와 다른 영유아들을 모두 잘 돌보아줄 수 없을 때

③ 경구 체온이 38.3℃ 이상, 직장 체온이 38.5℃ 이상, 겨드랑이 체온이 37.8℃ 이상일 때

④ 유아가 심각한 질병의 신호나 증상을 나타낼 때

- 무기력, 과민, 계속적인 울음, 호흡 곤란, 계속되는 기침 등
- 설사가 멈추지 않을 때
- 지난 24시간 이내에 구토가 2회 이상일 때
- 입이 아프고 침, 분비물을 흘릴 때
- 열이나 행동의 변화와 함께 발진이 있을 때
- 눈이 빨갛고 하얗거나 노란 분비물이 있을 때 치료가 시작된 후 24시간까지
- 옴, 머릿니, 또는 다른 곤충 감염이 있을 때 치료가 시작된 후 24시간까지

⑤ 다음과 같은 전염성 질병일 때

- **결핵** : 의사가 비감염성이라고 진단할 때까지
- **농가진** : 치료가 시작되고 나서 24시간까지
- **백선** : 치료가 시작되고서 24시간 후까지
- **수두** : 발진이 시작되고 6일이 지날 때까지 또는 모든 외상이 마르고 딱지가 앉을 때까지
- **대상포진** : 상처가 옷이나 감싸는 것으로 가려지지 않을 때만 제외시킴. 상처에 딱지가 앉을 때까지
- **백일해** : 노출되고 7일부터 기침이 시작된 뒤 3주까지
- **A형 간염** : 질병이 시작되고 일주일까지 또는 면역 혈청 글로블린이 유

아와 교사진에게 적절히 제공된 후까지

- 홍역 : 발진이 나타난 후 6일까지, 즉 발진이 없어질 때까지
- 풍진 : 발진이 나타난 후 6일까지, 즉 발진이 없어질 때까지

〈표 5-1〉 휴원을 요하는 법정전염병

병명	증상	잠복기간	격리기간
농가진	얼굴이나 손발에 쌀알 크기부터 대두알 크기의 발진, 수포가 생김	2~5일	딱지가 떨어질 때까지
뇌막염	고열, 두통, 구토, 전신에 보라색 반점, 의식의 혼돈이 옴	14~21일	증상이 사라질 때까지
홍역	발열, 재치기, 결막염, 발진	9~13일	귀밑 부기가 다 빠질 때까지
수두	발열, 발진, 물집이 생김	10~21일	발진이 없어질 때까지 (발진 후 5일간)
유행성 이하선염 (볼거리)	발열 귀밑이 부어오름	7~21일	딱지가 떨어질 때까지 (발진 후 7일간)
풍진	가벼운 감기 같은 증세, 발열, 발진	10~21일	귀밑 부기가 다 빠질 때까지 (3주 혹은 그 이상)
백일해	열은 없고 밤에 기침이 심함	7~14일	증상이 없어질 때까지 (발병 후 5일간)
유행성 감기	발열, 기침, 목이 아픔, 뼈마디 아픔	1~3일	특유의 기침이 없어질 때까지 (발병 후 약 3~4주)
유행성 결막염	눈이 붓고 흰자위가 충혈, 눈곱이 많이 낌	7일	주요 증상이 사라질 때까지
콜레라	열, 구토, 흰색 물설사, 탈수 증세 있음	6시간~ 5일	주요 증상이 사라질 때까지
장티푸스	두통, 헛소리, 혀의 백태, 혈변, 장출혈이 발생	1~3주	완치될 때까지
수족구병	38℃ 정도의 고열, 1~2일간 입속, 손바닥, 발바닥에 수포가 생김	3~6일	완치될 때까지
전염성 설사	설사의 횟수가 많고 변이 물같고 열이 나고, 감기 증상을 동반함	2~4일	주요 증상이 사라질 때까지
전염성 홍반	열은 별로 없으나 때로는 37℃의 열이 나고, 얼굴과 뺨에 발진이 생김	7~14일	주요 증상이 사라질 때까지
간염(A형)	식욕부진, 두통, 열, 황달, 관절통	10~15일	급성 증상이 없어질 때까지
디프테리아	미열, 인후통, 기침, 쉰목소리, 두통, 편도선 비대, 회색반점	2~4일	주요 증상이 사라질 때까지

Chapter 6

영유아 정신건강

1. 영유아 정신건강의 의미
2. 영유아 정신건강 문제의 발생요인
3. 영유아기에 흔한 정신건강문제
4. 아동기의 흔한 정신건강문제
5. 아동 정신건강을 위한 방안

1. 영유아 정신건강의 의미

1) 정신건강의 개념

'정신건강'이라는 용어는 원래 정신질환의 유무를 지칭하기 위한 정신병리학적 개념으로부터 출발하였으나, 현재는 정상적인 한 개인의 정신상태를 나타내기 위한 보편화된 용어로써 그 개념을 정의내리고 있다(임규혁, 1996).

장연집 외(2008)에 따르면 정신건강이라는 단어는 본래 정신이란 단어와 건강이란 단어의 합성어이다. 사전에 따르면 '정신'이란 사고나 감정의 작용을 다스리는 인간의 마음이라고 되어 있는데, 이는 사람의 순수한 대뇌기능의 이상을 의미하는 것으로 사람의 정서상태와 그가 수립한 다른 사람과의 관계, 사회 문화적 맥락 내에서 평형이라고 부를 수 있는 아주 일반적인 자질의 의미를 포함하고 있다. 그리고 '건강'이란 육체가 아무 탈 없이 정상적이고 튼튼하다는 것과 의식이나 사상이 바르고 건실하다는 뜻을 모두 포함하고 있다. 즉, 신체적 건강과 함께 인간의 정신적 균형이 외부환경에 적합한 사회적 기능을 한다는 의미를 함축하고 있다. 따라서 이 두 가지 낱말을 합한 정신건강이라는 용어에는 포괄적인 의미의 정신적 안녕과 함께 신체적·사회적·도덕적 건강의 개념이 모두 내포되어 있다고 하겠다.

미국정신위생위원회(National Committee for Mental Hygiene)는 '정신건강이란 다만 정신적 질병에 걸려있지 않은 상태뿐만 아니라 만족스러운 인간관계를 형성하고 그것을 유지해 나갈 수 있는 능력'으로 정의한다(이영호, 2006; 정동화, 2003). 이는 모든 종류의 개인적·사회적 적응을 포함하며 어떠한 환경에도 대처할 수 있는 건전하고, 균형 있고, 통일된 성격발달을 의미한다.

UN의 세계보건기구 WHO의 1998년 헌장에 의하면, 건강은 '단지 질병에 걸리거나 허약하지 않은 상태만이 아니라 신체적, 정신적, 사회적 그리고 영적으로 양호한 상태'라고 하였으며, 이러한 차원에서 정신건강을 '개인이 자신의 능력을 자각하고 삶에서 일어나는 보통의 스트레스에 적용하며 생산적으로 일할 수 있음으로써 지역사회에 기여할 수 있는 안녕(Well-being)상태'라고 정의하고 있다(강은정, 2007; 이영호, 2006).

우리나라에 '웰빙(Well-being)'이라는 말이 나오기 시작한 것은 대략 2002년 말부터로 파악된다(심연진, 2005). 웰빙(Well-being)은 말 그대로 건강하고, 만족스럽게 살자는 의미, 즉 삶의 질을 강조하는 신조어이다. 즉, 웰빙(Well-being)이란 물질적 가치보다는 신체와 정신이 건강한 삶을 중시하는 것을 의미하는 것으로 인간의 삶의 질 향상을 추구하는 정신건강의 비슷한 개념이라고 할 수 있다.

이러한 측면에서 정신건강이란 '행복하고 만족하며 원하는 것을 성취하는 것 등의 안녕상태(Well-being)' 또는 '정신적으로 병적인 증세가 없을 뿐 아니라 자기 능력을 최대한 발휘하고 환경에 대한 적응력이 있으며, 자주적이고 건설적으로 자기의 생활을 처리해 나갈 수 있는 성숙한 인격체를 갖추고 있는 상태'를 말한다고 할 수 있겠다(이영호, 2006).

2) 정신건강의 중요성

정신건강은 건강한 정신이란 일상생활에서 언제나 독립적, 자주적으로 처리해 나갈 수 있고, 질병에 대해 저항력이 있으며 원만한 가정생활과 사회생활을 할 수 있는 상태 그리고 정신적 성숙상태이다. 세계보건기구에서 밝힌 바에 따르면 "건강이란 단지 무병하거나 허약하지 않다는 것만을 의미하는 것이 아니라 육체적으로나 정신적으로나 사회적으로 양호한 상태를 말하는 것"이라고 하였다.

인간의 신체의 발달과 마찬가지로 아동의 인성 발달과 정신건강에 필요한 조건은 무엇일까?

첫째, 어머니와의 관계이다. 아동은 어머니의 체내에서 어머니가 취하는 영양분을 섭취하고 정신적 영향을 받으며 태어나고 또 그 어머니의 품안에서 양육되는 것은 자연스러운 일이므로 모자관계가 중요시되는 것은 당연하다. 어머니의 심리적 안정은 가족관계(부부관계나 고부관계 등)에도 큰 영향을 미친다. 아동의 인성 발달에도 가족관계가 중요하며 가정의 긍정적 분위기는 아동의 인성 발달에 기초가 된다.

둘째, 친구와의 관계이다. 3세를 전후해서 아동은 같은 또래와 놀기 시작하며 집단생활을 하기 시작하게 되므로 또래관계를 원만하게 하며 또래들로부터 인정받고 서로 사랑하며 잘 지내는 것이 정신건강에 도움이 된다.

셋째, 교사와의 관계이다. 유치원이나 어린이집과 같은 집단교육을 하는 곳에서는 교사와 아동의 관계와 아동과 아동 간의 친구관계가 아동의 정신건강에 큰 영향을 준다. 그러한 영향이 아동의 인성 발달에 큰 원동력이 된다. 그 중에서도 가장 강한 힘을 가지고 영향을 미치는 요인은 '교사'이다. 교사의 마음가짐이 아동에게 많은 영향을 끼치며 아동의 정신건강을 좌우하게 된다. 아동의 정신건강에 있어서 중요한 과제는 원만한 인간관계를 맺음으로써 건강한 성격을 형성하는 일이다. 아동이 정신적으로 건강한지 건강하지 않은지의 문제는 그 아동을 둘러싼 성인이 얼마나 그 아동을 이해하고 수용하느냐의 여부에 달려 있다. 또한 많은 아동은 그들의 가정환경이 각기 다르며 양육태도도 다르고 부모-자녀관계의 영향도 각각 다르기 때문에 한 사람한 사람의 심리적 상태도 차이가 있기 마련이다(김영숙·이경화, 1998).

아동 정신건강의 문제는 연령에 따라 연속성을 보인다. 시간이 지나면서 아동기의 문제가 표현되는 방식이나 심각한 정도가 달라질 가능성은 있지만, 상당한 많은 아동이 아동기 때 보였던 문제로부터 완전히 친어나지 못한다. 정신건강의 문제가 정신병리로 진단되지 않은 경우에서조차도, 초기발달 단계에서의 아동의 적응 실패는 후에 가족, 직업, 사회적 적응에 지속적으로 부정적 영향을 미칠 가능성이 있다. 이러한 아동의 정신병리는 전 생애에 걸쳐 상당한 경제적 타격을 주고 인간적 고통을 경험하게 해 준다.

아동 정신병리는 지역사회의 자원을 요구하고, 평생 생산적 참을 살 수 없고, 반복적이고 장기간의 초기 개입을 요구하고, 아동 자신과 가족 그리고 그들의 지역사회 구성원들에게 인간적 고통을 겪게 한다는 것을 생각해 볼 때 그 손실은 막대하다. 따라서 아동의 정신건강은 매우 중요하며 향후 아동 발달과 아동 정신건강에 대한 이론과 연구에 기초한 예방 프로그램과 초기 개입 프로그램의 개발과 평가가 요구되고 있다.

3) 아동 정신건강의 특성

아동기는 아동의 신체적 변화와 더불어 학교의 시작, 물질적·사회적 세계에 대한 지식과 이해를 넓히는 발달과제를 안고 있는 중요한 단계이다. 이때 아동의 관심은 부모와 가정에서 더 나아가 친구나 단체에서 안전감을 추구하며, 또래집단을 만들어 그들 나름대로 만든 규칙에 절대적으로 따른다. 또한 학업에 관심을 쏟고, 가족 이외의 다른 사람들에게 깊은 인간적 관심을 갖기 시작하며, 인생에 필요한 기술을 익히고 적응능력을 기르게 된다(이영호, 2006). 다시 말해서, 이 시기는 신체와 신경계의 급속한 성장과 더불어 심리사회적 환경의 변화와 함께 현저한 정신적 발달이 이루어지는 시기라고 할 수 있다.

아동의 정신건강은 기본적으로 성인과 같은 개념이 적용되기는 하지만 아동의 경우 성인과 달리 정신적으로 건강한가 아니면 정신적 장애가 있는가를 결정하는 데에는 그 아동의 나이와 성, 그가 처한 발달단계를 고려하여야 한다. 즉, 신체적·행동적·정서적으로 자기가 처한 발달단계에 맞는, 대부분의 또래가 보이는 행동을 보이고 또 계속적인 발전을 방해할 다른 요소가 없으며, 발달할 능력을 가지고 있다면 이를 정신적으로 건강한 아동이라고 할 수 있다(Achenbach, 1982).

아동의 정신적으로 건강치 않은 아동이란 그 나이와 성, 발달단계에 맞지 않는 생각, 행동, 감정을 보이고 그 단계에 적합한 발달과제를 이루지 못하고, 발달이 정지 또는 지연되거나 왜곡되는 경우라고 할 수 있다(홍강의, 2005). 다시 말해서, 아동의 정신장애는 정신적으로 건강한 상태와 질적인 차이를 보이기보다는 양적인 차이를 보인다고 할 수 있다. 즉, 한두 가지의 특정한 증상은 아동이 성장하는 과정에서 일시적으로 일어날 수 있고 임상적으로 별 의미가 없는 경우가 많기 때문에 아동의 정신건강과 정신장애를 구분할 때에는 아동의 나이, 발달단계, 환경 등을 고려해야 한다는 것이다(이정균, 1990).

아동의 정신건강 문제를 적절하게 치료하지 않았을 때는 학업 중단, 가정불화, 약물 중독, 폭력, 자살 등의 심각한 결과를 초래할 수 있다는 점에서 아동의 정신건강 문제는 중요하며, 이런 문제들이 아동기뿐만 아니라 성인기까지 영향을 미칠 수 있다는 점에서 특별한 관심이 요구된다.

2. 영유아 정신건강 문제의 발생요인

정신건강 문제는 다양한 요인으로 발생하지만 한 가지 공통점은 주 양육자 특히 어머니와의 관계나 아동의 양육환경에서 기인한다고 할 수 있다. 또한 여기서 어머니와 아동과의 관계는 어머니가 아동을 임신했을 때부터 시작된다. 즉, 임신상태에서 부적절한 약물의 오・남용이나 건강관리의 소홀이 아동의 정신건강 문제를 일으킬 수 있다. 뿐만 아니라 아동을 둘러싼 가정환경이 부적절하거나 지나치게 폭력적이고 자극이 없거나 방임적이라면 아동의 정신건강 문제가 발생할 가능성이 높다. 아동 정신건강 문제의 구체적 발생요인은 다음과 같다.

1) 생리적 손상 혹은 유전적 비정상

임산부가 약물남용의 문제가 있을 경우, 임신기간 동안 태아의 의료보호에 소홀할 수 있을 뿐만 아니라 아동이 영구적 손상을 가진 채 태어날 위험을 매우 증가시킨다. 또한 어머니가 임신기간 동안 섭취한 알코올에 기인한 태아알코올증후군은 아동의 정신지체를 유발하는 주요 원인이 되고 있다. 또한 담배나 알코올, 코카인 및 기타 중독성 있는 약물에 임산부가 중독되어 있을 경우 그들의 건강에도 해로울 뿐만 아니라 저체중 아동 출산과 발달의 이상 증세 및 정신병리를 초래할 확률이 높다(Bels, 1987).

또한 사고나 충격과 같은 대뇌 손상, 내분비선 기능 장애와 화학적 불균형으로 인한 생리적 손상이나 대뇌와 감각기능에 영향을 주는 질병으로 인하여 아동의 정신건강 문제는 발생 가능하다. 또한 발달을 제한하고, 지체시키며 비정상적 발달을 가져오는 유전자로 인해 아동의 정신병리가 나타날 수 있다.

2) 아동학대 및 가정폭력

가족구성원 누군가에 의해 다른 가족구성원에게 가해지는 폭력은 인간에 대한 기본적 신뢰와 인간성을 파괴하고 그러한 폭력이 중단된 이후에도 피해자에게 심각한 정신적 후유증을 남기는 가혹 행위이다. 가정폭력의 희생자들은 대부분 여성과 아동이다. 이들은 우울과 불안, 공포, 모멸감으로 인해 일상생활을 하는 데 있어서 극심한 정신적 어려움을 겪는다. 그리고 가정폭력은 그 원인과 형태가 어떠하든 피해자에게 건전한 사회적 기능 수행을 방해한다. 아동의 학대의 빈도나 심각성의 정도에 따라 여러 가지 신체장애나 정신장애, 그리고 존속 살인과 같은 치명적 결과를 초래하기도 한다.

구체적으로, 가정폭력이나 아동학대의 피해자인 아동의 경우 두통, 복통, 천식, 위궤양, 말더듬, 야뇨증, 불면증 같은 정신 신체 증상과 우울증, 자살, 정신질환, 공포증 등의 심리적 증상, 그리고 등교 거부, 성적 저하, 공격적이고 파괴적인 행동, 도벽, 가출 등의 행동장애를 보인다(김영숙·이경화, 1998).

3) 열악한 양육환경

아동이 물리적으로 열악하거나 정서적 자극이 없는 양육환경에서 자라면 여러 가지 개인 내적 문제를 갖게 되는데 이는 욕구가 지속적으로 충족되지 못하는 환경에서 생활하는 것과 같은 문제를 포함하기 때문이다. 이러한 양육환경은 아동이 즉각적 만족을 얻지 못할 때 이를 수용할 수 있는 능력 발달을 저해하게 된다.

나아가 이러한 방임적 양육환경은 아동에게 의사결정 기술이나 문제해결 기술과 같은 것을 가르치지 않기 때문에 아동은 이러한 기술을 실천해 볼 수 있는 기회마저 가질 수 없게 된다. 방임적 환경에서 성장한 아동은 자신의 감정이나 행동을 조절할 수 있는 능력을 완전히 발달시키지 못한다. 다시 말해, 방임 피해 아동은 자신의 행동을 조절할 수 있는 방법을 전혀 배우지 못하는 것이다.

또한 물리적으로 매우 열악한 환경에서 정서적 자극을 받지 못한 아동은 타인과의 관계에 있어 자신의 위치를 상실하는 경험을 한다. 이러한 경험은 위축, 우울증, 상황 판단의 착오, 혹은 혼돈감과 같은 증상으로 나타난다. 방임을 경험하는 아동은 무기력해지고 소극적이게 되며, 부모로부터 일시적으로 분리되어 다른 상황에 놓이게 될 때 목적 없이 방황하는 경향이 있다.

4) 부모와의 부적절한 애착관계

아동과의 애착 형성에는 부모의 애정이 주된 요인이 된다. 애착관계는 애정의 양과 질이 동시에 작용하는데, 부모가 영아에게 자극을 주고 또 영아가 울거나 주의나 관심을 요구하는 신호를 알 때 신속한 반응을 보임으로써 형성된다. 애착 형성에는 아동과 어머니의 1 : 1의 관계가 반드시 필요한 것은 아니며, 영아와 함께 있는 시간이 길어야만 좋은 것도 아니다. 특히 영아기의 애착 형성은 자극을 주고 반응을 하는 애정의 질에 더 좌우된다.

어머니 자신이 정신적으로 불안하고 양육에 일관성이 없으며 자신도 없고 긴장과 불안이 개입되는 경우 불완전 애착이 발생할 수 있다. 임상적으로 애착에 관한 구분은 중요한 의미를 가질 수 있는데, 불완전 애착을 이루는 유아는 안전한 애착을 이룬 유아보다 훨씬 정신적 · 행동적 문제를 가질 확률이 높다. 그리고 정신적으로 불안증이나 우울, 자폐증, 공포증 등의 신경증이나 발달장애, 기타 대인관계에서의 장애도 불안전한 애착을 가진 아동에게 많이 나타나고 있는 증상이다(조은숙, 1995).

한편 애착이 부족한 요인으로는 어머니의 아동기 동안 발생한 신체적·정서적 박탈, 임신기 동안의 어려움으로 인한 조산이나 아동 출산 때의 어려움으로 인한 아동의 선천적 결함, 어머니나 영아의 심각한 질병, 현재 생활상의 스트레스 등을 들 수 있다(Mayhall & Noreard, 1983).

3. 영유아기에 흔한 정신건강문제

1) 영유아기의 발달과제

(1) 영유아기(0~18개월) : 애착과 기본신뢰감 형성시기

영유아들은 애착과 기본 신뢰감을 형성한다. 애착이란 아이와 양육자 사이의 사랑의 끈 혹은 정서적 유대가 맺어지는 것을 의미한다. 젖을 빠는 행동, 울음, 엄마의 눈을 쳐다보는 것과 같은 행동은 엄마의 사랑과 보호 본능을 불러일으킨다.

반대로 엄마가 아기에게 애정을 가지고 관심을 기울이면서 아이의 신호에 적절하게 반응을 보일 때 아기는 엄마에게 사랑을 느낀다. 이런 점에서 애착은 짝사랑이 아니라 엄마와 아기 간의 적극적인 상호작용에 의해 형성된다고 볼 수 있다. 어머니로부터의 보호와 사랑, 접촉을 통하여 자기 자신과 어머니에 대한 기본적인 신뢰감과 안정감이 형성된다.

(2) 걸음마기(18개월~3세) : 자율성과 독립심, 개별화의 시기

걸음마를 시작하고 대소변을 통제하며 언어를 획득하게 된다. 사물에 대한 개념이 발달하고 부모가 자기 옆에 없어도 어딘가에 있을 것이라는 확신을 통해서 부모로부터 떨어져 혼자서 행동할 수 있게 된다. 이러한 개별화 과정을 통해서 자율적인 개체로서 존재가 가능해진다. 고집이 세고 부정적이며 부모 말을 안 듣는 경향이 생기며 자기 뜻대로 되지 않으면 공격적인 행동을 할 수도 있다.

(3) 학령전기(3~6세) : 주도성 시기

학령전기에는 성에 대하여 관심을 보이게 된다. 부모의 원만한 결혼 생활을 관찰하여 동일시하므로 이 시기의 부부의 역할이 매우 중요하다. 부모나 가족 이외 또래와도 접촉을 하게 되어 협조적인 놀이를 함으로써 친구관계가 형성되고 사회성이 생겨난다.

인지 및 운동 능력이 급성장하고 자기 위생관리를 하는 능력이 생긴다. 자기가 원하는 바를 솔선하여 추구하기 시작하며 초자아가 발달하여 양심, 죄의식 등에 대한 개념이 생기기 시작한다.

2) 영유아기의 흔한 정신건강문제

(1) 영유아기(0~18개월)

① 감각박탈

아이에게 신체감각적인 자극을 주지 않으면 태어날 때 대뇌가 정상적이더라도 후에 지능 박약이 된다. 문제는 이러한 감각박탈의 조기 발견이 힘들기 때문에 나이가 들어서 설사 진단이 되더라도 시기가 늦을수록 치료가 불가능해진다.

② 발달지연

감각박탈 아동은 전반적인 발달지연을 보이며 가급적 빨리 적절한 자극을 제공해 주어야 하고, 기질적인 원인이 있는 아이는 교정 가능한 원인인지를 진단

받아야 한다. 교정이 불가능하거나 원인 불명인 경우는 소아 정신과에서 주기적인 점검과 특수 교육 지침을 받아야 한다.

③ 급성 격리반응

애착관계가 형성된 혹은 낯익은 존재와 격리될 때 이에 저항하는 것을 말한다. 저항하는데도 격리를 시키면 아이는 일정시간 후에 상황을 변화시키는 것을 포기하게 되고 잠잠해지는 데 흔히 어른들은 '이제 됐다.'라고 생각하지만 사실은 아이에게는 정신적인 상처가 생긴 상태이다. 아이가 이런 반응을 보일 때에는 즉시 아이에게 가서 안아주고 달래 주어야 한다.

④ 잘 자라지 못하는 아이

생기발랄하고 하루하루가 다르게 변하는 게 아이들인데 그 반대의 경우를 말한다. 신체적 · 정신적인 원인을 파악해서 치료해야 한다.

⑤ 영아복통

아이의 정신적 어려움이 갑자기 우는 형태로 나타나는 것을 말한다. 이 시기의 아이들이 감기 아니면 배탈이 대부분의 병이므로 감기를 배제하고 흔히 배가 아픈 것으로 판단한다. 그러나 진찰해 보면 배에는 이상이 없는 경우를 영아복통이라 한다.

⑥ 자폐

외부와의 접촉을 꺼리고 자기만의 세계를 고집하는 병이다. 대부분의 소아자폐는 태어나면서부터 증세를 나타낸다. 자폐아 아이들은 첫째, 정상적인 대인관계가 형성되지 않는다. 둘째, 언어발달에서 특이한 현상들이 나타난다. 셋째, 반복적이고 제한적인 행동을 한다.

자폐증상을 조기에 발견하여 적절한 치료로 언어장애 등 전반적 발달장애를 최소화하는 것이 유일한 대책이다. 행동요법을 중심으로 하는 치료교육이 가장 효율적인 것으로 알려져 있고, 인지, 언어, 사회화에 가장 많은 신경을 써야 하므로 일상생활 속에서 자연스럽게 사용될 수 있도록 가르치는 것이 중요하다.

⑦ 지능지체

신체발육이나 운동기능을 제외한 정신기능에 주로 결함을 보인다. 운동기능도 다소 늦다. 발달장애 아동은 여러 가지 기능이 들쑥날쑥하면서 차이를 보이는데 비해 지능박약의 경우에는 여러 기능이 비슷비슷하게 늦다.

⑧ 반응성 애착장애와 모성결핍

긴 시간(3개월 이상)을 어머니로부터 떨어져 있거나 양육자의 잦은 교체 등 부적절한 양육을 받은 2세 이하의 아이에서 나타난다. 아이는 처음에는 이러한 분리 이별에 대해서 저항하다가 후에는 실망과 좌절 상태에 빠지고 그 후로는 애착관계의 분리를 보인다.

눈을 맞추거나, 소리를 따라 내거나 장난을 치는 것과 같은 타인과 상호적 상호작용을 보이지 않으며 환경에 대해 무관심하고 놀이, 장난감에도 흥미를 보이지 않는다. 또한 낯선 사람에 대한 지나친 친근감을 보이기도 한다. 환경의 개선과 더불어 아동에게 적절한 심리적, 소아적 돌봄을 제공하여 애착행동을 증진시키고 놀이치료가 효과적인 치료법이 될 수 있다.

(2) 걸음마기(18개월~3세)

① 수면장애

정서가 불안정한 아이는 불면증을 보인다. 편히 잠들지 않고 자주 깨거나 울거나 한다. 낮잠과 밤잠의 주기가 깨어지고 피곤해 하면서도 자지 않거나 특별한 조건하에서만 자게 된다.

② 과잉보호

과잉보호는 분리개별화 과정에 큰 해를 미친다. 아이는 정신적인 속박상태에서 지내게 되며 수동적이며 주변 환경의 변동에 매우 취약한 아이가 된다.

③ 지랄침

어른이 자신의 요구나 필요에 적절히 상응하지 못했을 때 길바닥에 드러누워 울고 버둥거리며 발악하는 것을 말한다.

④ 반항적이고 부정적인 행동

지속적으로 부모에게 반항하거나 타인에게 해가 되는 행동을 한다. 매사에 싫거나 아닌 것으로 반응한다.

⑤ 공생정신병

아이가 부모의 정신세계에서 분리 개별화, 독립하지 못하고 같은 정신세계의 테두리에서 안주하는 것을 말한다. 환경 변화에 혼자 스스로 대처하는 것이 없거나 대개는 그 어머니가 미리 해결해 주므로 할 일이 없다. 아이는 어머니 없이는 아무 것도 못하고 어머니는 아이 없이 불안해서 살 수가 없게 된다.

(3) 학령전기(3~6세)

① 미사회화된 공격행동

주변의 입장을 고려하지 않은 혹은 주변에 해가 되는 공격적인 반응행동을 말한다.

② 정신사회성 박탈

친구나 이웃 없는 환경에서 이 시기를 지내서 정신적 발달과제인 사회화를 하지 못하게 된 결과를 말한다. 사회성이 부족하거나 집 이외의 장소에서는 말을 하지 않고, 엄마와 떨어지기가 힘들어 놀이방이나 유치원에 적응하는데 어려움이 있다.

③ 유뇨증, 유분증

대소변을 가릴 나이가 지났는데도 낮이나 잠에 잠이 든 상태에서 반복적으로 또는 고의로 소변을 가리지 못하는 경우를 말한다. 유아의 발달수준에 맞지 않거나 부적절한 소변가리기 훈육방식이 원인이며 환경의 변화와 심리사회적 스트레스에 영향을 받기도 한다. 치료는 대소변 가리기 훈련, 행동치료, 약물치료, 정신치료, 부모상담 등으로 이루어진다.

④ 악몽증, 야경증

자다가 일어나서 놀란 듯이 고함치고 울고 긴장하는 것으로 깨워도 쉽게 깨어나지 못한다.

⑤ 히스테리(Hysteria)

연극적이고 과장되며 주위 사람의 관심을 끊임없이 요구하는 성격장애(히스테리성 인격)와 신체적인 이상이 없는 데도 다양한 신체 증상을 호소하는 신경증의 한 형태(신체형 장애) 등을 일컫는 말이다.

4. 아동기의 흔한 정신건강문제

아동에게 구체적으로 어떠한 유형의 정신건강문제가 있는지를 알아보기 위해서는 정신건강문제를 진단하고 분류하는 객관적 도구가 있어야 할 것이다. 현재 가장 널리 보급되어 사용되는 객관적 도구로는 국제질병분류기준(ICD-10)이나 정신장애에 대한 진단 및 통계편람(DSM-IV)이 있다. 여기서부터는 DSM-IV

에 근거한 아동의 정신건강문제의 유형을 조사하였다.

다양한 아동 정신병리를 분류하기 위해 정신과 의사, 심리학자, 교육자들이 사용해 온 공식적 또는 비공식적 분류체계는 이 영역을 정의하는 데 중요한 역할을 한다. 그러나 아동기 장애에 대한 분류체계가 필요한 것은 사실이지만, 어떤 장애가 이 체계에 포함되어야 하는지, 장애를 묶고 구조화하기 위한 가장 적절한 책략은 무엇인지, 특별한 장애를 정의하기 위해 어떤 특정한 기준이 사용되어야 하는지 등이 주로 쟁점이 되고 있다.

아동 정신병리의 진단과 분류에서 가장 빈번히 사용하는 접근방법은 임상적 정보에 주로 근거한 '범주적' 분류로서 이는 임상적 영역에서 가장 많이 사용되어 왔고, 또한 앞으로도 가장 많이 사용될 접근방법이다.

1) 자폐장애

자폐증은 전반적 발달장애의 한 종류로, 그 특징은 상호적 사회·의사소통 기술 발달의 손상, 비정상적 언어 발달, 제한된 행동양식과 관심을 보이는 것이다. DSM-IV에서 제시한 자폐증 진단기준을 토대로 하는 자폐아의 특성은 크게 언어 발달의 장애, 사회적 행동에서의 장애, 행동상의 장애로 구분할 수 있다.

(1) 언어 발달의 장애

자폐아의 경우 언어 발달이 거의 일어나지 않거나 매우 지체되어 있다. 비장애아의 경우는 언어 발달이 일어나기 전에 옹알이를 하면서 주변 사람들의 관심을 끌거나 행동으로 자신의 의사를 표현하는 능력이 있는데 자폐아에게서는 이러한 현상을 찾아보기가 어렵다.

자폐아동은 구어 발달이 지체되거나 결여되어 있다. 말을 할 수 있는 경우에도 자기 쪽에서 먼저 다른 사람과 말을 시작하거나 지속하는 능력에도 현저한 장애가 있다. 따라서 말을 할 수 있어도 의사소통이 안 되며, 의사소통을 하려는 의도도 없어서, 다른 사람이 말을 걸면 메아리처럼 말을 되받아 하고, 이전에 들은 말을 되풀이한다. 이와 같은 반향어의 사용 외에 자폐아동은 '나' 또는 '너'의 기본적 대명사를 혼동하여 사용하는 경우도 있으며, 자폐아동의 의사소통의 방식에 접근한 사람만이 이해할 수 있는 은유적 언어를 사용하는 등 언어 표현 면에서 일탈된 발달을 보인다.

(2) 사회적 행동에서의 장애

자폐증의 사회적 행동에서의 이상의 특징은 연령에 따라 변화하는 경향이 있다. 먼저, 자폐영아의 사회적 행동에서의 이상은 성인과의 관계에서 사회적 무반응을 보인다는 점이다.

비장애아는 1~2개월경에 성인의 얼굴을 보거나 목소리를 들으면 그에 대한 반응으로 웃는다. 자폐영아도 행복감과 만족감을 나타내기는 하지만 이는 성인이 자신을 돌보아 주는 것에 대한 반응으로 보이는 사회적 미소가 아니라 빛, 소리 및 각종 자극에 대한 반응으로 나타나게 된다.

자폐아동은 사회적 작용을 조절하는 데 필요한 여러 가지 비언어적 행동에서는 눈마주치기, 얼굴 표정, 몸자세와 몸짓 사용에 현저한 장애가 있다. 또한 어머니를 거의 쳐다보지 않고 눈도 잘 맞추지 않으며, 어머니가 떠날 때 울거나 다가올 때 웃는 반응을 보이지 않고, 안아주어도 몸을 밀치며 신체적 접촉을 회피하는 경향이 강하기 때문에 애착 형성이 곤란하다. 비장애아동은 6개월경에 낯선 사람에 대한 불안감을 나타내나 자폐아동은 낯선 사람과 친숙한 사람의 반응에서 차이를 나타내지 않는다.

성장하면서 대다수의 자폐아동은 성인과 관계를 형성하기 시작하는 또래와의 관계에서는 상호 호혜적인 교류가 거의 없으며, 정형화된 활동에 대부분의 시간을 소비하고, 깊이 있는 우정을 맺지 못하는 등 또래관계에서는 여전히 이상을 보인다. 더욱이 타인에 대한 감정 이입의 결여로 부적절한 사회적 행동을 하고, 모방놀이나 정교한 사회적 놀이행동을 보이지 못하기 때문에 점차 사회적으로 고립되어 간다(Howlin, 1986).

(3) 행동상의 장애

자폐아동은 지금까지 자신이 해 오던 행동을 반복적으로 하려고 하며, 변화나 제지가 있으면 매우 싫어하며, 심한 저항과 불안을 나타낸다. 놀이를 할 때도 항상 특정 놀이만을 하고 의미 없는 행동을 되풀이하며, 장난감을 가지고 놀 때도 특정 장난감만 가지고 놀거나 장난감의 일부분에만 집착하는 경향이 있다. 똑같은 것을 고집하고 사소한 변화에 저항하며, 집안의 가구의 위치 변화에 분노를 나타내기도 한다.

비합리적으로 틀에 박힌 일을 고집하여 항상 다니던 길로만 다니려고 한다. 박수, 손가락 끝으로 가볍게 쥐기 같은 손을 이용하거나 몸 흔들기, 몸 기울이기 같이 전신을 이용한 상동증적인 신체 운동을 보이기도 하고, 발끝으로 걷거나 기이한 손동작과 몸동작 같은 비정상적 자세를 취하기도 한다. 자해행위를 보이기도 하고 다른 아동에게 공격적이고 충동적인 행동을 나타내기도 한다(강문희 외, 1998).

사례

보문산 '나은이', 시신확인... "무사하길 바랐는데..."

[더 데일리, 2016.10.07]

보문산에서 실종돼 한 달여간 가족들의 애를 태운 '이나은'양(9)이 7일 오전 싸늘한 주검으로 발견됐다. 나은양이 무사히 집으로 돌아오길 한 마음으로 바랐던 대전 시민들은 안타까움을 감추지 못하고 있다.

대전 서구 둔산동에 거주하는 최모씨(42·여)는 "각종 언론매체를 통해 나은이 실종 소식을 들어 이 사건에 관심이 많았는데, 사망한 채 발견됐다니 너무 가슴이 아프다"며 "나 역시 비슷한 또래의 딸 아이가 있어 정말 남 일 같지가 않다"고 말을 잇지 못했다. 또 대전 서구 가장동에 거주하는 김모씨(51)는 "나은양이 보문산에서 발견됐다는 소식에 깜짝 놀랐다"며 "경찰이 대대적인 수색작업을 펼쳤다고 들었는데, 정말 최선을 다한 것인지 의문스럽다"고 지적했다.

나은양의 시신이 발견된 곳은 최초 실종지점에서 반경 2㎞ 내에 있는 대전 중구 무수동 배나무골로, 경찰 관계자는 "이 양이 산속을 헤매다 실족했을 가능성이 높은 것으로 보지만, 다른 가능성도 배제하지 않고 있다"고 말했다. 실족 후 정신을 잃거나 거동할 수 없는 상태에 있던 나은양이 탈진 등으로 사망했을 가능성에 경찰은 무게를 두고 있는 것으로 알려졌다. 시신이 발견된 지점이 산책로에서 다소 떨어져 있고 경사도가 높은 지형이었다는 점도 이 같은 추측을 뒷받침하고 있다.

나은양은 자폐성향을 갖고 있었는데, 전문가들은 "자폐아동은 숲속이나 동굴 등을 선호하는 경향을 보이고, 무슨 이유든 한 방향을 잡으면 좀처럼 뒤돌아서지 않고 한 방향으로 가는 성향이 있다"고 설명했다.

한편, 나은양이 실종된 지난달 3일 이후 경찰은 앰버경보를 내리고 전단지 50만 장을 배포, 전의경을 포함한 대규모 수색인력을 투입해 보문산 일대를 수색하는 등 총력을 기울였으나 별다른 단서를 찾지 못한 것으로 알려져 왔다.

이종완기자 ljw@ithedaily.com

2) 주의력 결핍 과잉활동 장애

주의력 결핍 과잉행동 장애(ADHD)란 주의가 부족하고 행동이 충동적이며 지나치게 통제가 되지 않는 장애를 의미한다. 따라서 이 장애는 부주의와 과잉행동 혹은 충동행동으로 구성되어 있다.

(1) 부주의

부주의 문제는 아동이 같은 나이의 다른 아동만큼 주의를 유지하지 못하거나 과제나 놀이활동에 반응하지 못하고, 규칙이나 지시를 따르지 못하는 데에서 나타난다. 이 문제는 또한 아동이 같은 연령의 다른 아동보다 더 조직적이지 못하고 주의가 산만하고, 쉽게 잊는 데에서도 나타난다. 부모나 교사는 이 아동이 그 연령에서 기대되는 만큼 듣지 않고, 주의집중을 할 수 없고, 쉽게 주의가 산만해지고, 과제를 마치지 못하고, 백일몽을 꾸며, 행동을 더 자주 바꾼다고 말한다(Barrkley, 1990).

ADHD 아동은 과제로부터 다 잘 이탈하고 다른 아동만큼 일을 마치지 못하고, 자신에게 요구된 활동으로부터 더 쉽게 한눈을 팔고, 지루한 활동을 정확하게 수행하는 데 있어서 지구력이 떨어지고 일단 중단된 활동으로 돌아가는 것이 더 느릴 뿐 아니라 덜 돌아가는 특징이 있다.

(2) 충동행동

ADHD 아동은 다른 아동보다 더 돌아다니고, 달리고, 기어 올라가고, 시끄럽게 놀고, 지나치게 말을 많이 하고, 다른 사람의 활동을 방해하고, 줄을 서서 기다리거나 순서대로 게임을 할 수 없는 데에서 분명하게 나타난다. 부모와 교사는 ADHD 아동이 끊임없이 움직이고 활동하고, 어떤 사건이 일어나는 것을 기다리지 못한다고 말한다.

ADHD 아동은 다른 아동보다 더 활동적이고 운동을 통제하는 데 있어서 덜 성숙하고 진행 중인 활동을 중지하는 것이 아주 어렵고 다른 사람보다 말을 더 많이 하고 다른 사람들의 대화를 방해하며 즉각적 유혹과 만족을 이기지 못하며 어떤 사건이 일어나는지 기다리는 것이 필요할 때에도 지나치게 빠르게 반응하는 편이다.

사례

주의력결핍과잉행동장애(ADHD) 아동 치료교육

[아시아경제, 2015.09.01]

광진구, 바우처지원금 9만6000원과 본인부담금 월 2만4000원으로 언어, 미술, 인지치료 월4회 이용...9월부터 각 동주민센터에서 접수.. 15일까지 접수분에 한해 다음달부터 서비스 제공

이유없이 심하게 떼를 쓰거나 활동성이 지나치게 강해 잠시도 가만히 있지 못하는 아이. 단순히 문제아이로 치부해버리기 쉽지만 이럴 경우엔 주의력결핍과잉행동장애(ADHD)를 한 번 의심해봐야 한다고 전문가들은 말한다.

주의력결핍과잉행동장애(Attention Deficit Hyperactivity Disorder, ADHD)는 지나치게 산만하고 과잉행동을 나타내는 정신장애로 학급당 3~4명의 학생이 겪고 있을 정도로 흔하다. 이 증상들을 치료하지 않고 방치할 경우에는 아동기 내내 여러 방면에서 어려움을 겪게 될 뿐 아니라 일부는 청소년기와 성인기가 돼서도 증상이 남는다. 하지만 조기에 개입해 적극적으로 치료할 경우에는 완치도 가능하다.

이에 광진구(구청장 정송학)는 건강한 지역사회와 주민복지를 위해 ADHD 아동 조기개입서비스를 추진, 오는 10월부터 ADHD로 판명된 저소득 가정의 비장애 아동들에게 치료서비스를 제공하는 바우처 사업을 실시한다. 이 바우처 사업은 전국 가구평균소득 100% 이하 가구의 만 2~14세 이하 문제행동 판정아동을 대상으로 바우처 지원액으로 월 9만6,000원 지급한다. 본인이 2만4,000원만 부담하면 주 1회씩 월 4회 제공하는 언어, 미술, 인지치료 등을 받을 수 있다. 구는 광장종합사회복지관 중곡종합사회복지관, 광진청소년수련관 등 3개소와 서비스공급계약을 맺고 오는 10월부터 치료서비스를 제공할 계획이다.

병원진단서 또는 의사소견서와 건강보험납부영수증 등을 구비해 매월 15일까지 동 주민센터 바우처신청서를 제출하면 21일까지 대상자 선정을 마치고 다음달 1일부터 서비스를 받을

수 있다. 4인가구의 경우 전국가구 월평균소득 기준인 391만1,000원 또는 직장가입자의 건강보험료 기준인 10만280원을 넘지 않아야 한다. 자세한 사항은 구청 주민생활지원과(☎ 450-7494)로 문의하면 된다.

정송학 광진구청장은 "저소득 가정의 아동들이 경제적인 부담 때문에 적절한 치료를 받는 기회와 시기를 놓치는 안타까운 일이 일어나서는 안된다"며 "우리의 미래가 될 꿈나무들이 신체 뿐 아니라 정신적으로도 건강하게 성장할 수 있도록 돕는 것은 무엇보다도 중요한 일"이라고 말했다.

박종일 기자

3) 틱장애

아이가 자신도 모르게 몸의 일부분을 움직이거나 이상한 소리를 내는 것을 말한다. 틱은 잠을 잘 때는 멈추지만, 긴장하거나 하지 말라고 야단치거나 벌을 줄 때에는 더 심해질 수 있다고 한다. 또한 대부분의 틱 장애는 일시적인 것으로 1년 이상 지속되지는 않으나, 오래갈 때는 1년 이상 틱이 지속되어 만성이 되기도 하고, 아이들이 이렇게 이상한 행동을 보일 때, 틱이 아니고 간질이나 결막염 등 눈을 깜빡이게 되는 원인이 될 수도 있으므로 틱 관찰은 중요하다.

틱 장애의 증상은 눈을 깜박, 얼굴을 씰룩, 어깨를 으쓱, 코를 벌렁이기도 하고 머리카락을 자꾸 쓰다듬는 등 몸의 한 부분을 자꾸 만지기도 하며, 경우에 따라서는 자꾸 목청 가다듬는 소리를 내기도 한다. 자신의 의지로 억제할 수가 없는 것이 특징 중의 하나이다.

만성 틱으로 발전할 경우, 운동 틱과 음성 틱의 증상으로 나누어 살펴볼 수 있다. 운동 틱의 증상은 초기에는 눈을 깜빡거리고 습관적으로 눈알을 굴리거나 코를 실룩거리는 행위 등 개인적으로 몸을 움직이지만, 여기서 좀 더 발전하면 자신을 치거나 물건 또는 다른 사람을 건드리는 행동, 무례하거나 음란한 동작을 하게 된다.

음성 틱은 단순히 기침소리, 코를 훌쩍거리는 소리, 빠는 소리, 가래 뱉는 소리를 내는 것에서부터 '옳아', '입닥쳐', '그만해' 등 주변상황과 관계없이 반복적으로 무의미한 말을 내뱉는 증상을 보인다.

틱 장애의 원인으로 유전적 요인이 중요한 역할을 한다는 다수의 근거가 있지만, 일과성 틱 장애는 심리적 원인 등 복합적 원인이 있다고 추정된다. 틱 장애는 스트레스를 받으면 그 스트레스를 해소하는 행동으로 생각되어진다. 특히 부모의 욕심이 넘치면 아이들이 심한 스트레스를 받아 틱이 생길 수가 있다고 한다. 또한 감수성이 예민한 아이와 스트레스를 많이 받는 아이에게 많이 생기는 것으로도 유추할 수도 있다.

4) 소아기 불안장애

불안장애는 아동 및 청소년기의 정신병리 가운데 가장 흔한 장애로 널리 알려져 있다. 아동기의 불안은 학교나 교우관계, 그리고 자유활동 등에 대한 회피로부터 심한 장애를 나타내는 것에 이르기까지 기능상의 심각한 문제와도 관련이 있다. 아동 및 청소년기의 여러 가지 불안장애의 유형과 증상, 그리고 발달양상 등을 살펴보고자 한다.

(1) 분리불안장애

분리불안장애란 집이나 주요 애착대상으로부터 분리되는 데 대한 과도한 불안이다. 분리에 대한 불안은 아동의 연령과 발달수준에 비추어 반드시 부적절한 것이어야 장애로 진단될 것이다. 분리불안장애아동이 갖고 있는 기본적 인지 왜곡은 주요 애착대상을 갑자기 상실하게 될지 모른다거나 그 애착대상으로부터 분리될지 모른다는 데 대한 강한 불안이다.

분리불안장애 아동은 또한 여러 가지 회피행동을 나타낸다. 경증의 회피행동은 학교에 있는 동안 부모가 전화 받기를 원한다든지 혹은 집 밖에 있는 동안 부모에게 쉽게 접근할 수 있기를 원하는 특징을 갖는다. 중간 정도의 회피 행동은 친구네 집에 가서 잔다거나 장시간 집을 떠나 부모와 떨어져 있어야 할 때 이를 거부하는 것으로 특징된다. 어린 아동은 부모에게 달라붙고 이 방 저 방으로 부모를 따라다니는 행동을 하게 되는 반면, 큰 아동은 집 밖으로 나가거나 부모가 없는 곳에서 친구들과 노는 것을 꺼려하게 된다. 심한 회피행동을 나타내는 아동은 등교를 거부하거나 자기 방에서 혼자 자는 것을 싫어하며, 종일 부모에게 달라붙어 부모의 그림자처럼 따라 다니는 경향이 있다.

한편 신체화 증상을 보이기도 하는데, 복통이나 두통과 같은 일반적 호소로부터 시작해서 분리 시에 토하거나 공황발작을 경험하는 것으로 점점 발전하게 된다. 분리불안장애 아동을 관찰해 보면 예외없이 이와 같은 양상을 나타내는데, 휴일이나 주말에는 그렇지 않지만 주중에는 상당히 정기적으로 증상을 나타낸다(Livingston, Taylor, & Crabrd, 1988). 분리불안장애는 어느 연령에서나 일어날 수 있지만 사춘기 이전의 아동에게서 가장 빈번하게 진단된다.

(2) 사회적 공포증

사회적 공포증의 필수적 특징은 불안을 느끼는 한 가지 혹은 그 이상의 사회적 상황 혹은 수행 상황에 대한 현저하고 지속적인 불안이다. 사회적 수행 상황에 노출되면, 대부분의 환자들은 공황의 형태로 나타날 수도 있는 즉각적 불안 반응을 경험하게 된다. 사회적 공포증 환자는 이러한 상황들을 피하려 하거나 극도의 스트레스를 느끼며 참아 낼 것이다. 아동과 청소년들은 인지적·발달적 제한으로 인해 이러한 공포가 불합리하며 지나치다는 것을 인식하지 못할 수도 있다.

사회적 공포증 아동과 청소년은 친구가 거의 없으며 집단활동에 참여하기를 꺼린다. 또한 학교에서도 교우 앞에서 소리 내어 책을 읽거나 말하기, 교사에게 도움 청하기, 체육활동, 집단활동, 시험, 학교 식당에서 식사하기와 같은 또래들과의 접촉 등 다양한 상황에 대해 두려움을 느낀다. 이러한 아동은 학급 일정 동안 흔히 따로 떨어져 있거나, 특정 친구 한 명과 함께 짝을 이루는 경우가 많다. 사회적 공포증 아동 및 청소년은 집단 미팅이나 학교 파티 등에 참석하는 것도 꺼린다. 이들을 파혀나 그와 유사한 사회적 활동에 참여하도록 하기 위해서는 많은 격려가 필요하다. 사회적 공포증 아동은 가족 모임에 빠지려 한다든지, 전화나 초인종 소리에 응답하기를 피하려고 하며, 친구나 가족들을 만날 때 말없이 조용히 있는 경우가 많다.

사회적 공포증 아동은 두려움을 느끼는 상황에서 수치심과 부정적 평가, 그리고 거절 등에 대한 심한 염려를 나타낸다. 발표하는 동안 얼굴이 붉어지거나 손이 떨린다든지, 또래 앞에서 말할 때 목소리가 떨린다든지, 다른 사람들이 눈치를 챌 만큼 땀을 흘리는 반응을 보인다(이현진 외, 2003).

(3) 강박장애

강박장애의 주요 특징은 아동에게 현저한 스트레스가 기능 손상을 야기하는 강박적 사고 및 충동적 행동이 하루에 1시간 이상 반복되는 것이다. 강박장애 아동은 세균 감염에 대한 불안, 성과 관련된 내용, 신앙, 혹은 공격적·폭력적 심상을 포함한 강박적 사고를 보고할 것이다. 어떤 아동은 노래나 시구절의 일부가 지속적, 반복적으로 들리는 것을 멈출수 없다고 호소하기도 한다. 상투적 손 씻기는 강박장애 증상 가운데 가장 흔히 발견되는 증상으로서, 반복적 손 씻기, 지나치게 오래 목욕하기, 혹은 상투적 샤워 행동 등으로 표현될 수 있다. 이들은 단장하는 행동패턴을 날마다 지켜야 하며, 만일 방해를 받을 경우에는 '완벽'해질 때까지 반복하여야 한다고 말한다.

이러한 아동의 부모는 장애가 아동과 가정의 기능을 방해하기 시작할 때에서야 비로소 강박장애에 주의를 기울이게 될 수도 있다. 예를 들어, 몸단장에 시간을 너무 많이 들인다든지, 자신이 갖고 있는 모든 물건들을 만지고 배열한다든지, 자물쇠를 반복적으로 확인한다든지 하는 행동은 가족들에게 방해가 될 수 있으며, 학교 출석에도 지장을 줄 수 있다.

또한 강박장애로 진단받은 아동 중 50~60%는 전반적 기능에 있어서도 심각한 어려움을 경험한다. 취침 시에 상투적 행동을 나타내는 아동과 청소년은 친구들을 잠자리에 오라고 초대할 수 없으며, 마찬가지로 친구들이 초대를 했을 때도 거절할 수밖에 없다. 정돈하고 배열하는 행동이 점점 복잡해져 감에 따라 학교에서 급우들의 눈길을 피하기도 힘들어진다.

아동이 반복적으로 확인하고 지우는 행동에 점점 더 많은 시간을 할애함에 따라 숙제하기도 매우 부담스러워질 수 있다. 강박적 의심 때문에 아동은 단순한 형태의 사지선다형 시험에서도 끊임없이 확인을 해야 하고, 결국 주어진 시간 안에 시험을 마칠 수 없게 되기도 한다(이현진 외, 2003). 강박장애아동의 이러한 면은 아동이 사회적 부적응을 겪는 원인이자 결과가 되기도 한다.

(4) 특정 공포증

아동기에 흔히 나타나는 특정 공포증의 대상은 주로 높은 장소, 어두움, 천둥과 같은 큰소리, 주사, 벌레, 개, 그리고 다른 작은 동물들이다(이현진 외 역, 2003). 공포증 아동은 공포 자극에 노출됨과 동시에 어떤 끔찍한 일이 일어날 거라고 예측한다. 또한 공포증 아동은 "만약에……"의 형태로 앞날에 대한 불안을 상상한다. 예컨대, 천둥, 번개에 대한 공포를 갖고 있는 아동은 "학교 가는 길에 천둥이 쳐서 내가 벼락을 맞게 되면 어떻게 하지?" 하며 비탄에 빠질 수 있다.

이러한 비관적이고 걱정 가득한 생각은 아동을 압도하게 되고 결국 극심한 스트레스와 기능장애를 초래한다. 공포 아동에게서 가장 많이 나타나는 행동 반응은 회피 반응이다. 회피 반응은 공포 자극에의 직면이 예측될 때 소리를 지르거나 울거나, 화를 내거나 숨는 등의 행동 형태로 나타날 수 있다. 공포 자극에의 접촉이 불가피할 경우에는 흔히 부모에게 구출해 달라고 간청을 하거나 울며 매달리는 행동을 보이기도 한다.

공포증 아동은 공포증의 정도가 너무 심각하여 정상적 일상생활과 가정생활을 할 수 없을 때 치료기관에 의뢰된다. 상황을 바꾸거나 회피할 수 없을 때, 공포증 아동은 탈출하려는 몸부림으로 반항적이 되거나 공격적이 될 수도 있다. 특정 상황을 회피하려고 애쓰는 아동은 부모로부터 도망가 숨는다든지, 화가 나서 소리를 지른다든지, 공포 자극을 피하기 위해 때리거나 발로 차기도 한다. 이러한 행동의 정도는 곧 아동이 경험하고 있는 스트레스의 정도를 나타내며, 부모의 좌절과 무력감을 강화하기도 한다.

(5) 공황장애

공황장애는 최소 한 번 이상의 뜻하지 않은 공황 발작이 발생한 후 다음의 증상 중 한 가지 이상을 한 달 이상 나타내는 것으로 정의된다. 이러한 증상에는 미래의 발작 경험에 대한 공포라든지, 발작 자체 혹은 그 결과의 의미에 대한 걱정, 혹은 발작으로 인한 행동상의 변화 등이 포함된다.

아동기 공황장애는 아동의 인지적 제한 때문에 진단을 내리기 어려울 수도 있다. 사춘기 이전의 아동은 죽음에 대한 불안, 미치는 데 대한 불안, 혹은 생리적 증상 때문에 통제를 잃어버릴지도 모른다는 불안 등 구체적 불안을 언어로 표현하지 않는다. 대신 이런 아동은 갑자기 병이 생길지 모른다는 구체적이지 않은 불안을 보고하거나, 자신이 예측하거나 통제할 수 없는 구토에 대한 불안을 보고하곤 한다. 아동과 청소년의 공황장애 증상 가운데 가장 흔하게 보고되는 증상은 손이나 몸의 떨림, 심계항진, 어지럼증, 현기증, 호흡 곤란, 땀흘림, 그리고 죽거나 통제를 잃게 되는 데 대한 불안 등이다. 어린 아동은 대개 신체적 질병을 통해 자신의 정서상태를 나타내곤 한다.

아동의 회피는 또한 학교버스 타기, 체육시간, 혹은 등교 거부 등과 같은 학교 상황으로까지 일반화될 수 있다. 부모는 아동을 학교에 출석시키기 위해서 학교에 따라가기도 한다(이현진 외, 2003).

사례

〈신문 원문③〉

'자꾸 떠오르고 불안하고'…강박장애 환자 급증

최근 3년간 실진료환자 40% 늘어…작년 진료비 88억원 달해

[청년의사, 2015-08-27]

최근 들어 강박장애 질환으로 병원을 찾아 진료를 받는 환자가 빠르게 증가하고 있는 것으로 나타났다. 27일 국민건강보험공단 건강보험정책연구원이 2001년부터 2008년까지 건강보험 진료비 지급자료를 분석한 결과, 강박적인 사고나 강박적인 행동을 지속해 자신의 일상생활이나 직업적 활동과 사회적인 활동의 제한을 받는 '정신 및 행동장애'로 분류되는 '강박장애 질환' 실진료환자수가 2005년 1만3,000명에서 2008년 1만8,000명으로 최근 3년간 40% 이상 증가했다. 성별로 실진료환자수는 2008년 기준으로 남성이 1만1,000명, 여성은 7,000명으로 나타나 남성이 여성보다 1.4배 더 많았다. 연령대별로는 20대 실진료환자가 5,000명으로 가장 많았고, 다음으로 30대 4,000명, 10대와 40대가 각각 3,000명, 60대 이상 2,000명 등의 순이었다.

최근 3년 동안 연령대별 실진료환자수 증가율은 10대에서 가장 높았다. 10대 청소년의 실진료환자수는 2005년 1,824명에서 2008년 2,878명으로 58%의 증가율을 기록해 전체 연령대 증가율(40%)을 웃돌았다. 또 2008년 기준으로 10만명당 실진료환자수는 38명으로, 연령대별로는 20대가 62명, 30대 46명, 10대 45명, 50대 32명, 60대 31명 등의 순이었다.

강박장애로 인한 건강보험 진료비는 2001년 34억원에서 2005년 51억원, 2008년 88억원으로 이 기간 동안 2.9배 이상 증가한 것으로 집계됐다. 공단이 부담한 2008년 강박장애 급여비는 모두 60억원에 달했다.

세브란스정신건강병원 김찬형 병원장은 "10대 청소년층의 강박장애 증가는 최근 입시 경쟁에 따른 부모의 과잉통제와 공부를 잘해야 한다는 학업에 대한 스트레스 등 사회분위기와 환경적 요인이 많다"며 "결과적으로 강박장애는 방치하면 학업을 더욱 더 어렵게 하고, 우울증으로까지 발전할 수 있기 때문에 사춘기인 10대 청소년층을 가진 부모들은 조급하지 말고 인내를 가지고 아이들의 성장을 올바르게 이끄는 게 무엇보다 중요하다"고 말했다.

김상기 기자 bus19@docdocdoc.co.kr

5) 학습장애

학습장애는 동질적 장애가 아니며 몇 가지 영역 가운데 한 가지 이상에서 장애를 보이는 것을 의미한다. 이러한 영역에는 읽기장애, 산수장애, 쓰기표현장애, 수용 및 표현 언어장애가 포함된다.

(1) 구어장애

구어란 사람들의 생각을 단어나 문장으로 나타내고 서로 의사를 소통하기 위하여 사용하는 복잡한 암호이다. 인간의 언어란 광의의 의사전달체계를 지니고 있다. 그러나 구어라고 하는 것은 언어 영역 중 비언어적 요소를 배제한 언어적 의사소통수단으로 제한하기 때문에 구어라는 표현을 쓰고 있다.

인간은 언어적이거나 비언어적 방법을 통하여 대상, 사건, 관계, 사고 등을 서로 표현하는 데 구어를 도구로 하여 다른 사람의 의사를 수용하거나 통합하지 못하며 자신을 표현하지 못할 때 구어장애라고 한다. 구어장애는 구어수용장애, 구어통합 및 내적 언어장애, 구어표현장애 이들 세 가지 유형의 중복장애로 분류할 수 있다.

(2) 읽기장애

학습장애 영역 중에서 가장 많이 차지하고 있는 하위 장애로서 대개 학습장애의 60~70%가 읽기장애로 판별되고 있다. 읽기란 구어나 문어를 기초로 기록한 것을 독해하는 기능으로 사고 및 심리적·언어적 자료에 의한 정신활동을 바탕으로 이루어지는 언어의 시각적 수용 형태이며, 시청각 자극을 통합하는 과정이다. 읽기는 시·공간의 연결방법으로 즐거움, 도피 및 간접 경험의 수단이 되며 학습도구로서 학교학습의 가장 중요한 도구 중의 하나이다.

읽기에는 단어 공략, 초보의 읽기 기능 등 단순한 차원의 낮은 기능에서부터 고도의 사고력을 요구하는 고차원의 독해력 수준에 이르기까지 다양한 차원으로 이루어져 있다. 읽기장애란 이 같은 기능을 제대로 발휘하지 못하여 문자 매체를 읽고 의미를 파악하는데 곤란을 겪는 것을 말하며 대표적 읽기장애는 난독증을 들 수 있다.

(3) 쓰기장애

쓰기는 생각을 표현하는 도구인 동시에 읽기와 철자 운용을 위한 선수기능으로서 환경적 원인과 교수적 원인에 의해 발생하거나 내적 요인이나 운동기능 통제, 지각, 시 기억 및 손의 선택 등으로 인하여 쓰기가 곤란하거나 다른 사람이 읽을 수 없을 정도의 난필로 글자를 쓰는 경우를 쓰기장애라고 한다. 쓰기 영역에는 보고 쓰기, 자신의 생각을 글로 표현하기 등이 포함된다.

(4) 수학장애

기존의 산수장애라는 용어는 초등학교의 교과과정 개편에 의해 산수라는 용어 대신 수학이라는 용어를 사용하게 됨에 따라 산수장애 혹은 산수계산 장애라는 용어가 수학장애라는 용어로 통일되었다. 수학장애란 덧셈, 뺄셈, 곱셈, 나눗셈 등의 기본적 계산기능 학습과 추리력, 언어력을 요하는 수학교과 영역의 학습에 장애를 가지며 언어문제, 주의집중문제, 시·공간 변별, 감각통합문제 등이 수학장애를 일으키는 원인이 되고 있다(정대영, 1993).

사례

수성구청 난독증 치료 지원 나서...지자체 중 처음

[뉴시스, 2016.08.29.]

대구 수성구청이 전국 자치단체 가운데 처음으로 난독증 치료 지원에 나선다. 수성구청은 난독증 교정·훈련 특성화 시범사업 지원을 위해 오는 31일 대구 두산초등학교와 의료기관인 마인드앤헬스의원, 하이퍼포먼스브레인연구소와 업무협약(MOU)을 체결한다고 29일 밝혔다.

난독증(Dyslexia)은 지능과 시력, 청력 등이 모두 정상임에도 불구하고 언어와 관계되는 신경학적 정보처리 과정의 문제로 글을 원활하게 이해하지 못하는 증상이다. 난독증을 가진 학생들은 장시간 글을 읽을 때 집중력 저하, 눈의 피로, 두통을 느껴 읽기·듣기 능력이 현저히 떨어져 학습장애를 겪는다.

이에 따라 수성구청은 이들 기관과 함께 두산초등학교 3~4학년을 대상으로 난독증 진단평가를 거쳐 20명 정도의 훈련자를 선발, 다음 달부터 12월까지 난독증 치료를 위한 방과 후 학교 프로그램을 운영한다.

김윤호 기자

5. 아동 정신건강을 위한 방안

아동의 정신병리나 부적응 문제를 야기하는 수많은 문제가 우리 사회에 존재한다. 사회복지사를 포함한 아동 전문 임상가나 상담원들이 아동의 부적응 문제와 그로 인한 가족의 고통을 단시간 내에 해결할 수는 없을 것이다. 이 장에서는 정신건강상의 문제를 지닌 아동에 대한 개입방법을 간략히 살펴볼 것이다. 구체적으로 아동이 심리적 부담이나 어색함을 느끼지 않기 때문에 유용한 놀이치료, 부모나 가족상담, 행동수정을 위한 행동계약, 타 전문기관으로의 의뢰나 공조를 나누어 살펴보고자 한다.

1) 정신건강문제를 지닌 아동 이해하기

정신병리아동의 세계를 이해하기 위해서, 상담자는 장애상태에 관한 기본적 지식을 지니고 있어야 한다. 이러한 특수성을 지닌 아동의 일반적 특성이나 증상은 무엇인가? 그 아동의 제한점은 무엇인가? 그 아동의 장점이나 잠재력은 무엇인가? 모든 아동이 공통적으로 발달 및 심리적 욕구가 있지만, 특수 상태에 따라 특수하게 요구되는 것들은 무엇인가? 상담자는 특수교육의 기법을 가르치는 전문가가 될 필요는 없지만, 정서장애아동의 특성과 그들의 요구에 대한 지식을 알아야 효율적 상담을 할 수 있다.

정서장애아동을 상담하는 상담사는 가장 기본적으로 그 아동의 자아 개념에 관심을 두어야 한다. 한 개인의 자아 개념은 그 아동의 세계에 영향력 있는 사람과의 피드백을 토대로 참여하고, 초기에 형성되기 시작한다. 일상적 상호작용에서, 부모, 친구, 교사, 또래는 자신의 가치와 능력에 따라 그 아동에게 언어적이고 비언어적인 메시지를 전달한다. 장애아동의 부모는 죄의식을 느끼거나 아동을 과잉보호할 수도 있으며, 친구들과 또래들은 이러한 아동을 동정하거나 부담스럽게 느낄 수도 있다.

그리고 교사들은 그들과 함께 해야 하는 일들에 반감을 가질 수도 있다. '정상적' 사람들은 여러 가지 이유로 '차이가 있는' 아동을 불편하게 느낀다. 대부분의 정서장애아동은 많은 거부와 실패를 경험하기 때문에 부정적 자아 개념을 형성한다. 무엇보다 특별한 문제를 지닌 아동을 전문적으로 돕고 진단할 때, 검사하고 진단하고 계획을 세우는 과정에서 그 아동이 한 인간이라는 사실을 명심해야 할 것이다. 정서장애아동에 대한 상담자의 과제는 다음과 같다.

① 책임 및 한계를 잘 설정하여 아동과의 상담관계를 형성한다.

② 아동의 세계에서 중요한 사람이나 가족과의 상담을 통해 아동의 생각과 기대를 변화시키기 위해 노력한다.

③ 감정과 행동을 다루고 사회적 기술을 가르치고, 학습 수행 능력을 향상시키기 위하여 개인상담이나 집단상담을 실시한다.

④ 아동의 물리적 환경과 계획표를 작성할 때, 행동 규칙을 설정할 때, 격려와 강화를 할 때, 비정상적 행동에 관한 논리적 결과를 제공할 때 부모와 교사를 돕는 일이라고 요약할 수 있다.

2) 아동에 대한 놀이치료

'놀이'라는 것은 아동에게 있어 즐거우며 본능적으로 그 자체가 동기가 되는 것이다. 따라서 아동은 놀이를 하는 동안 결과나 성인의 평가보다 놀이 자체에서 더 관심을 보이며 열중하는 경향이 있다. 더구나 이러한 놀이는 정상 발달을 향상시키고 이상행동을 감소시키는 상당한 기능적 영향력을 갖추고 있다.

놀이치료에서 상담자는 안전하고 허용적 분위기를 형성하고, 아동으로 하여금 자유롭게 탐색하고 표현하도록 격려해야 할 것이다. 무엇보다 상담자는 치료적 과정을 서두르지 않고, 다만 아동이 개인적이고 적절한 책임감을 받아들이도록 하는 데 필요한 한계만을 사용하는 것이 바람직하다.

3) 행동제약을 통한 행동수정

아동을 위한 행동수정 전략은 정서장애아동뿐만 아니라 일반아동에게도 널리 쓰이는 교육방법 중 하나이다. 정서장애아동의 치료를 위하여 상담자는 그 아동과 기대되는 적절한 행동에 관해 이야기할 수 있다. 부적절하다고 생각되는 것과 그 행동의 결과를 글로 써 보는 활동이 때때로 도움이 된다.

상담자는 행동계약과 같은 방법을 통하여 기대행동을 도출할 수 있다. 상담자, 부모, 교사 또는 아동의 삶에 영향력 있는 사람들은 계약을 정하고 지속적으로 그 규칙을 지키도록 지도해야만 한다. 정적 강화를 강조하는 행동수정 기법들이 효과적이다. 또한 또래집단도 적절한 행동의 모델을 제공해 줄 수 있는 효율적 강화인이 될 수 있으므로 적절히 활용해 보는 것도 바람직하다.

4) 아동의 부모상담

부모가 올바른 방법으로 자녀의 상태를 수용하고 적응해 나간다. 하지만 정신건강에 문제가 있는 아동의 부모는 자녀를 사랑한다고 할지라도, 자신들의 감정이나 상황을 다루는 데 어려움을 겪는다. 부모는 슬픔, 충격, 불신, 아동의 미래에 대한 두려움과 걱정, 자신이 아동의 상황을 변화시킬 수 없다는 사실로 인한 무력감, 자녀가 그들이 기대하는 완벽한 아이가 아니라는 것에 대한 실망 등 다양한 정서를 경험한다. 그들은 자녀의 장애가 가족들에게 가져다주는 부담에 분개할 수도 있다. 그 감정이 무엇이건 간에 상담자는 부모가 그러한 감정을 훈습(work through)할 수 있도록 도와야 한다. 부모는 아동의 주요 지원자요, 아동의 성장과 발달을 도울 수 있어야만 한다.

부모는 냉담하고 무서운 사회로부터 장애아동을 과잉보호할지도 모르며, 과도하게 연민을 느낄 수도 있고, 아동의 요구를 들어주기 위한 노예가 되는 느낌도 갖게 될 수 있다. 또 다른 부모는 자신의 삶과 자신이 필요로 하는 것들을 포기하면서까지 아동에게 전적으로 헌신하게 된다. 과잉보호하는 부모의 자녀들의 경우, 부모가 아동 스스로 할 수 있는 기회를 주지 않기 때문에 아동은 자기 스스로 아무것도 할 수 없다고 생각하게 될 수 있다.

부모는 종종 그 아동의 장애에 대한 자신의 죄의식을 다루어야 할 필요가 있다. 어머니들은 종종 어떤 장애를 자신이 임신했을 때 말 타기, 테니스, 낙상 등과 같은 경험의 결과라고 여기게 된다. 부모는 아동의 문제를 자신의 잘못된 행동에 대한 벌이라고 생각할지도 모른다. 또한 아동의 장애에 대한 수치심이 부모의 주요한 반응일 수 있다. "다른 사람은 어떻게 생각할까?" 부모는 종종 다른 사람들이 소문을 내거나, 비난하거나, 비웃는 것에 대해 두려워한다. 부모는 장애의 원인에 대한 불확실한 의심을 품고, 자신의 이웃이 나쁜 유전자나 나쁜 건강문제 등으로 자신들을 비난하고 무시하지나 않을까 걱정한다.

Chapter 7

응급처치

1. 응급처치의 목적 및 필요성
2. 응급처치를 위한 기본 지침
3. 응급처치의 기본원칙
4. 응급처치의 종류와 방법

1. 응급처치의 목적 및 필요성

응급처치란 다친 사람이나 급성질환자에게 사고 현장에서 즉시 조치를 취하는 것을 말한다. 예를 들면, 급한 상황에서 전문적인 치료를 받을 수 있도록 119에 연락하는 것부터 부상이나 질병을 의학적 처치 없이도 회복될 수 있도록 도와주는 행위도 포함된다. 문제는 응급상황을 인지하지 못하여 기본 증상조차 파악하지 못하는 경우가 생각보다 많다는 것이다(이갑순, 2003).

예를 들면, 심장마비 증세가 나타났는데도 상태를 파악하지 못하고 시간을 허비하다가 병원으로 옮겨지기도 한다. 또한 많은 사람들이 응급처치 방법을 모르고 있으며 비록 교육을 통해 응급처치 방법을 아는 사람들이라도 실제 응급상황에 접하게 되었을 때는 크게 당황하게 되는 것이 사실이다. 그러므로 침착하게 응급상황을 파악하는 것이 매우 중요하다.

현대 생활에서는 누구나 예기치 못한 상황에서 피해를 입을 수 있다. 최근 우리나라는 응급처치를 요하는 순환기계, 호흡기계 및 각종 사고로 인한 사망이 전체 사망의 절반 정도를 차지하고 있다. 그러므로 갑자기 위험한 사태에 처했을 때에 즉각적인 응급처치는 누구나 알아야 할 필수적인 것이다. 물론 인명에 대한 손상 처리는 전문 의사에게 맡기는 것이 좋지만, 항상 우리 주변에 의료인이 있는 것은 아니므로 응급처치의 방법을 아는 것은 매우 중요하다.

일단 심장이 멎어 박동이 사라지게 된 채로, 5분이 경과하면 환자는 생명을 잃게 된다. 따라서 이 시간 내에 인공호흡이나 심장 마사지와 같은 응급처치를 하지 않으면 단 5분으로 뇌의 활동은 원상으로 돌아오지 못한다. 더구나 구급차가 출동해서 구급 요원이 현장에 도착하기까지 부상자나 위급 환자에게 제대로 응급처치가 이뤄진 경우는 아주 드물다. 급작스러운 사고의 1/3은 적절한 응급처치가 이루어졌다면 중증의 상처를 입거나 생명을 잃지 않을 수 있는 경우라고 한다(이은주, 2005).

응급상황은 언제 어디서나 일상생활에서 발생할 수 있다. 더구나 유아들이 있는 유아교육기관에서는 건강과 안전을 위한 모든 조치를 취할 때조차도 발생한다. 이러한 응급상황에 대처하는 처치자의 신속·정확한 행동 여부에 따라서 부상자의 삶과 죽음이 좌우되거나 회복기간이 단축되기도 하며, 사고로 인한 장애가 일시적이거나 영구적일 수도 있다.

평생 동안 우리는 위급한 상황을 고작 한두 번 정도 겪게 될 수도 있다. 하지만 나와 함께 지내고 있는 유아가 일순간의 사고로 인하여 그리고 적절한 응급처치를 받지 못하여 평생 장애를 가지고 살게 된다면, 이로 인한 엄청난 고통은 견디기 힘든 일이 될 것이다. 그러므로 유아교육기관에 근무하는 모든 교사들은 응급상황에 대처할 수 있는 능력을 가질 수 있도록 응급처치에 대한 정확한 지식과 더불어 실제로 연습이 이루어져야 한다.

응급조치를 잘 이해하고 외워두는 것도 중요하지만, 더욱 중요한 것은 항상 주변을 주의깊게 잘 살펴보고 위험에 처했을 때 침착하게 대처하는 능력이라는 것을 염두에 두어야 한다.

2. 응급처치를 위한 기본 지침

응급 사고 상황에 대비하는 기본 지침에는 사고 상황에서의 교사나 유아들의 역할과 책임, 필요한 정보 등을 명확하게 서술하여야 하며, 이러한 것을 사전에 알리고 사고 상황 시 대처방법 및 순서에 대한 부모의 동의서를 받는 것이 포함되어야 한다. 사고 상황에 대비하여 미리 준비하여야 하는 기본 지침은 다음과 같다(전국간호대학, 2003).

첫째, 사고 상황에서의 역할을 분담해 두어야 한다. 사고에 대비하는 기본 지침과 응급처치를 위한 준비로 필요한 것은 우선 교사의 역할을 분담해 두는 것이다. 사고 상황이 발생하였을 때에는 사고당한 유아를 보살피고 응급처치하는 역할, 부모와 구조대 또는 응급실에 연락하는 역할, 남은 유아를 돌보는 역할

등으로 교사의 역할이 미리 분담되어 있어야 신속하게 대처할 수 있다. 대개 안전사고는 위급한 상황을 초래하는 경우가 많으므로 사고가 일어나면 교사는 당황하여 사고를 당하지 않은 나머지 유아들에 대해 소홀하기 쉽다. 따라서 "만약 사고가 발생하면 담임교사는 사고유아를 돌보고 원감은 그 반의 남은 유아를 돌본다, 보조교사는 119나 응급실, 부모에게 연락을 한다" 하는 등의 역할 분담을 평소에 해둠으로써 빠짐없이 신속하게 사고 상황에 대처할 수 있다.

둘째, 응급상황이나 사고시 필요한 전화번호를 미리 준비해 두어야 한다. 응급상황이나 안전사고 발생시 필요한 전화번호를 쉽게 찾을 수 있도록 준비해 두는 것도 중요하다. 가까운 병원의 응급실이나 구급차를 부를 수 있는 전화번호, 119구조대, 소방서, 독극물 치료기관 등의 전화번호나 유아와 관련된 부모의 연락처, 유아 주치의 전화번호, 의료보험번호 등도 손쉽게 찾을 수 있도록 준비해 두어야 한다. 유아와 관련된 정보는 입원시 설문지를 통하여 미리 조사하여 개개 유아의 건강기록부에 기록해 두어 반별로 정리해 두면 사고시 쉽게 찾을 수 있다.

셋째, 응급처치법에 대해 평소에 알아두고 비상시 손쉽게 참고할 수 있는 자료를 준비해 둔다. 응급상황에서나 안전사고 발생시 교사가 취할 수 있는 응급처치법을 알아두고 손쉽게 참고할 수 있는 응급처치 관련 책자를 준비해 두는 것도 필요하다. 안전사고로 유아가 부상을 당했거나 급환이 생겼을 때에 즉시 의사가 오지 못할 경우라면 의사가 오는 시간까지 또는 병원에 갈 때까지의 임시조치가 필요하게 된다.

넷째, 상비의약품을 준비해 둔다. 응급상황이나 안전사고 발생시 사용할 수 있는 상비의약품과 기구를 준비해 두어야 한다. 상비의약품은 손쉽게 사용할 수 있도록 전용 상자 속에 담아 유아들의 손에 닿지 않는 시원한 곳에 보관해야 한다. 사용한 뒤에는 반드시 원래 있던 장소에 두어야 하며 정기적으로 보충하고 1년에 한 번 정도 오래된 것이 없는지를 점검하여야 한다. 또 언제 얼마나 써야 하는지를 알아보기 쉽게 정리한 의약품의 사용안내서를 반드시 함께 보관하여야 한다.

다섯째, 응급상황에서 필요한 부모의 동의를 미리 받아두고 필요한 정보를 준비해 둔다. 유아환자의 경우 대부분의 병원에서는 치료의 절차상 부모의 동의없이 치료를 시작하지 않는 것이 일반적이다. 그러므로 유아교육기관에서는 응급상황이 발생하였을 때 신속하게 부모에게 연락이 닿을 수 있도록 가정이나 직장의 전화번호, 부모 다음으로 가까운 친척이나 부모의 역할을 대신 해줄 수 있는 친지의 전화번호 등을 가지고 있어야 한다.

그리고 만약 부모와 연락이 닿지 않는 경우를 대비하여 응급상황에 대한 부모의 동의서를 받아둔다. 이 동의서는 응급상황에 필요한 다른 서류들과 함께 손쉽게 볼 수 있는 곳에 두고 견학이나 야외학습, 소풍 등을 갈 때에는 휴대용 상비의약품과 함께 반드시 가지고 가야 한다.

3. 응급처치의 기본원칙

안전사고가 발생하여 응급처치를 해야 하는 상황이 되면 우선 교사 자신이 당황하지 않는 것이 무엇보다도 중요하다. 교사가 당황하게 되면 사고를 당한 유아나 나머지 유아들이 함께 당황해 하거나 더 불안해 할 수 있기 때문이다. 차분히 사고를 당한 유아의 부상 정도를 확인하여야 하며 신속하고 정확하게 사고 상황에 적절한 조치를 취할 수 있어야 한다. 응급처치의 기본 원칙은 다음과 같다(소방방재청, 2008).

- 응급으로 119에 전화하여 도움을 요청한다.
- 응급상황이라도 침착함과 냉정을 잃지 않고 자신의 안전을 최대한 유지한다.
- 평소에 응급처치에 관심을 가지고 반복적인 지식을 쌓아야 하며, 생명유지

에 필요한 정확한 응급처치법을 인지해야 한다.

- 집안, 차안, 직장에 응급처치함을 구비하여 항상 대비한다.
- 불필요한 응급처치나 정확하지 않은 응급처치는 오히려 영유아를 더욱 악화시킬 수 있으므로 영유아를 무리하게 움직이지 않는다.
- 응급처치를 할 때는 제일 먼저 부상의 정도를 파악한다. 호흡과 맥박의 유무를 살피고 의식은 또렷한지, 생명이 위독한지의 여부를 확인한다.
- 출혈이나 상처가 있는지 확인한다.
- 약물중독의 증후가 있는지 확인한다.
- 유아를 안정시킨다.

4. 응급처치의 종류와 방법

1) 연조직 손상

조금 베이거나, 좁은 부위의 피부가 까지거나, 작은 가시가 박힌 정도의 상처를 입은 경우에는 유아교육기관에서 치료가 가능하다. 그러나 베이거나, 피부가 벗겨지거나 찔린 경우라도 상처가 크거나 깊을 때에는 응급처치를 한 후에 반드시 병원으로 데리고 가야 한다. 이러한 경우의 응급처치법은 다음과 같다(이갑순, 2003).

(1) 찰과상(긁힌 상처)

찰과상이란 넘어지거나 긁히는 등의 마찰에 의하여 피부 표면에 입는 수평적으로 생기는 외상으로, 쉽게 말하면 긁힌 상처를 말한다. 손상된 피부가 깨끗하지 않고, 다양한 깊이로 손상을 얻고 표피의 손실을 가져오는 상처이다. 성인보다는 유아가 피부두께가 얇아 흉터가 남기 쉽다.

유아가 찰과상을 입어 피가 날 경우에는 우선 지혈을 해주고 상처에 오염물이 남아 있으면 염증을 유발하므로 깨끗이 닦아내도록 한다. 딱지가 저절로 떨어질 때까지 떼지 않도록 하고, 햇빛에 상처가 노출되면 흉터질 수 있으므로 상처부위를 가려준다.

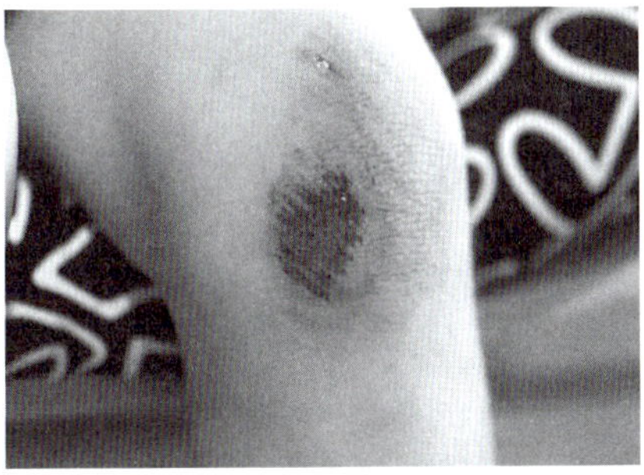
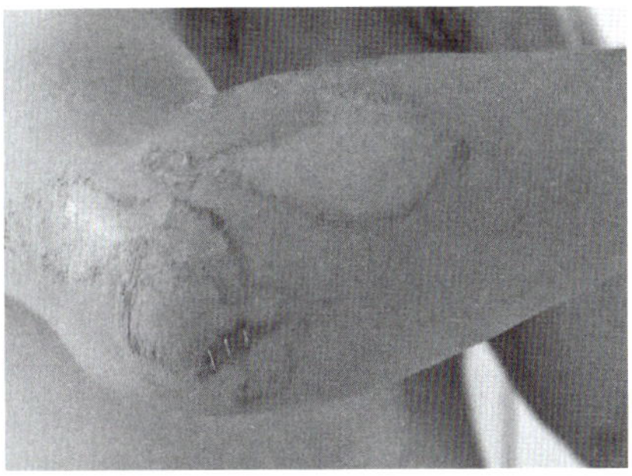

- 피가 날 때는 우선 깨끗한 거즈나 수건으로 상처부위를 10분 정도 눌러서 피를 멎게 한다.
- 상처의 부위를 흐르는 물에 비누로 씻고 헹군다. 염증이 생기지 않도록 모래 등 다친 곳의 이물질을 씻어낸다.
- 상처를 햇빛에 드러내지 않는다. 상처를 햇빛에 드러내면 검은 흉이 생길 수 있으므로 상처를 거즈나 붕대로 가린다.
- 벗겨진 피부조직을 잘라낸다. 상처 주변에 벗겨진 피부조직이 있는 경우에는 알코올로 소독한 작은 가위로 잘라낸다.
- 상처부위에 오염물이 엉겨 붙어 있을 때는 물에 적신 깨끗한 거즈로 살살 비벼 닦아낸다.
- 항생제 연고를 바른다. 소독약으로 소독을 한 후에 이물질로 염증이 생기지 않도록 항생제 연고를 발라준다.
- 일회용 밴드를 붙인다. 작은 상처에도 일회용 밴드를 붙여 외부 균이 들어가지 않게 하고 드레싱은 매일 갈아준다.

(2) 열상(베인 상처)

열상은 피부가 찢어져서 생긴 상처를 말한다. 상처의 가장자리가 울퉁불퉁하여 불규칙하게 생긴 경우가 많다. 열상은 대개 날카로운 물체에 베어 조직이 절개된 직선적인 상처로 피하조직이 다쳐서 출혈이 생긴 것을 뜻한다. 열상의 응급처치 방법을 살펴보면 다음과 같다(이갑순, 2003).

- 지혈한 뒤 흐르는 물에 상처를 씻어준다. 단, 봉합이 필요한 상처는 물로 씻지 않는다.
- 소독약으로 소독을 해주어 상처부위나 주변에 세균이 침투하는 것을 막아준다.
- 세균이 들어가지 않도록 밴드나 반창고로 상처부위를 싸주어 보호하도록 한다.
- 출혈이 10분 이상 계속되면 붕대를 단단하게 감고 부위를 높이 들어 병원에 간다.
- 햇빛에 상처를 노출하거나 자꾸 만지면 흉이 생기게 되므로 상처를 드러내지 않는다.

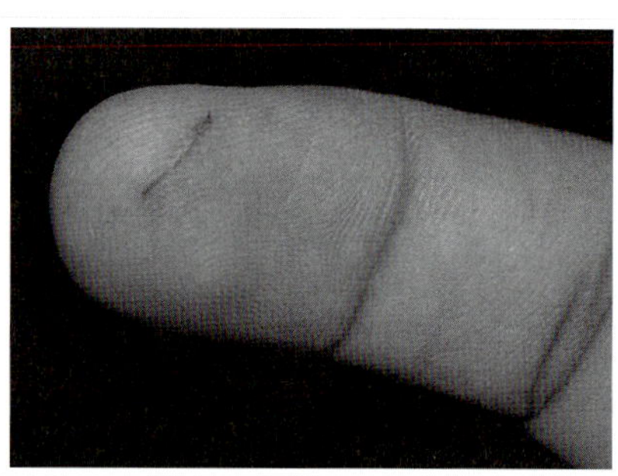
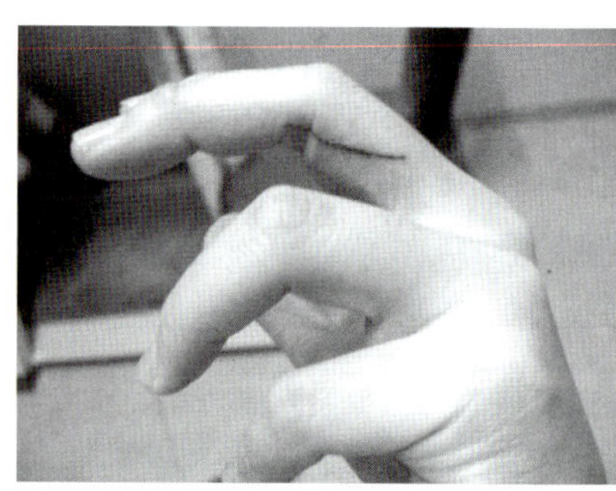

(3) 자상(찔린 상처)

자상은 칼이나 창과 같은 예리한 물체에 찔려서 생긴 상처를 말한다. 상처가 좁고 깊게 나며 유아들의 신체 일부가 뾰족한 물체에 찔려 상처를 입었을 경우에는 찔린 정도와 찔린 물체의 종류에 따라 적절한 응급처치를 하여야 한다. 자상의 응급처치 방법을 살펴보면 다음과 같다(이갑순, 2003).

- 못이나 유리조각 등에 찔린 후 찌른 물체가 피부에 박혀 있지 않으면 상처부위를 즉시 물과 비누로 깨끗이 씻고 소독한 다음 지혈하여 병원으로 데리고 간다. 상처가 작아 보이더라도 찔린 경우에는 파상풍의 위험이 있거나 상처부위가 곪을 수 있으므로 반드시 병원에 데리고 간다.
- 가늘게 쪼개진 막대기나 판자, 장미나 선인장 등에 찔린 가시는 족집게로 뽑는다. 손톱 사이에 찔린 가시는 손톱을 조금 깊게 깎은 후 제거한다.
- 가시를 뽑은 후 상처부위를 소독한다.
- 이물질이 깊이 박혔을 때는 무리하게 빼려고 하지 않는다. 찔린 물건의 주위를 청결한 천으로 덮고 붕대로 고정시킨 뒤 의사의 진찰을 받는다. 출혈이 심한 경우에는 상처에서 10cm 정도 떨어진 부분을 지혈하여 병원으로 데리고 가며 특히 박혀 있는 물체가 움직이지 않도록 조심하여 데리고 간다.

(4) 타박상(멍든 상처)

타박상은 외부의 충격이나 둔탁한 힘 등에 의해 연부 조직과 근육 등에 손상을 입어 피부에 출혈과 부종이 보이는 경우를 말한다. 주로 넘어지거나, 떨어지거나, 부딪히는 사고에 의해서 발생한다. 타박상을 입었을 때의 응급처치는 다음과 같다(이갑순, 2003).

- 상처부위를 깨끗이 하고 얼음주머니를 대준다. 방금 멍든 곳을 젖은 수건으로 얼음을 싸서 눌러주면 혈관에서 혈액이 빠져 나오는 것을 막아주기 때문에 멍이 생기는 것을 막을 수 있다. 찬찜질을 할 때에는 5~10분간 얼음주머니를 얹고 있다가 15~20분간 떼어 내는 과정을 3~5회 반복해 준다. 멍이 든 첫 날과 둘째 날에는 이러한 과정을 여러 번 되풀이 하는 것이 좋다.
- 멍든 팔 또는 다리를 심장보다 위로 올린다. 심장보다 높게 들면 손상부위로 피가 저류되는 것을 막을 수 있다.

- 만약 눈 주위가 시퍼렇게 멍이 들고 충혈이 되면 눈 속의 출혈을 의심할 수 있으므로 안과 전문의의 진단을 받도록 한다.
- 피부가 손상되지 않았다면 얼음찜질 이후에 통증완화를 위한 연고를 발라 줄 수 있으며 비타민 C의 섭취를 충분히 할 수 있도록 해준다.
- 멍이 들고난 뒤 1~2일이 지나면 따뜻한 수건을 대준다. 이는 조직 내로 빠져나온 적혈구가 분산되도록 도와주는 것이다. 약 20분간 따뜻한 천을 대고 있으면 까맣게 된 피부색이 빨리 사라진다.

(5) 교상(물리거나 쏘인 상처)

교상은 사람을 포함한 동물에 물리거나 벌에게 쏘여 생긴 상처이다. 이 상처의 특징은 감염을 일으킬 가능성이 많다는 것과 특수한 질환에 걸릴 수가 있으며 유독동물에 의한 독물의 주입을 받을 수 있기 때문에 조심해야 한다. 동물이나 곤충에 물리거나 쏘인 경우의 응급처치는 다음과 같다(이갑순, 2003).

- 물린 곳에 피가 많이 날 경우에는 깨끗하고 건조한 천으로 압박해 주고 출혈이 멈추면 비누와 흐르는 물로 깨끗하게 씻는다.
- 물린 곳은 정상적인 조직까지 손상시킬 수 있으므로 알코올이나 과산화수소로 소독하지 않는다.
- 물린 후에는 24~48시간 동안 감염의 징후가 있는지 관찰하여야 하며, 감염된 것으로 생각되면 즉시 의사에게 진찰을 받도록 한다.
- 벌에 쏘였을 때는 벌침을 제거하고 비누와 물로 씻은 후 카라민 로션을 두드려 발라준다. 유아가 만약 벌에 쏘인 후 메스꺼워하거나 심한 호흡곤란 증세를 보이면 벌에 대한 알레르기가 있는 경우이므로 유아를 안정시키고 병원에 데리고 가야 한다. 벌 알레르기가 있는 경우는 생명을 잃을 수 있으므로 서둘러 병원으로 가야 하며 거미에 물린 경우에도 곧바로 병원으로 데리고 가야 한다.

- 독사에게 물렸을 때는 유아를 안정시키고 가능한 한 움직임을 적게 하며 독액의 흐름을 감소하기 위하여 물린 부위를 심장보다 낮게 하고 물린 부위를 깨끗하고 차가운 수건으로 덮어 즉시 병원으로 후송한다. 절대로 지혈대를 사용하거나 독을 빨아내려고 해서는 안 된다.
- 개나 고양이에게 물린 경우에는 상처의 크기에 관계없이 상처부위를 비누와 물로 씻어 내고 소독된 거즈로 덮어 병원에 데리고 간다. 동시에 다른 한 사람은 유아에게 상처를 입힌 개나 고양이를 붙잡아 수의사에게 데리고 가서 광견병의 유무를 조사하게 한다. 넓은 부위에 손상을 입을 경우에는 구급차를 불러 빨리 병원으로 데리고 가야 하며, 이때에도 손상을 입힌 동물을 반드시 붙잡아 두어야 한다.

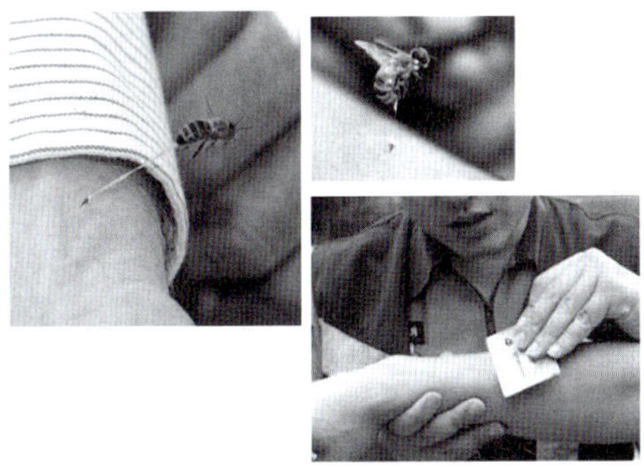

2) 뼈와 관절의 손상

(1) 골절

골절이란 뼈에 금이 가거나 뼈가 부러지는 경우를 말한다. 유아들의 뼈는 어른의 뼈에 비해 부러지는 경우는 적으나 휘어지거나 금이 가는 경우가 많다. 유아들이 가장 많이 다치는 부위는 넘어지는 순간 짚게 되는 손목, 팔꿈치, 발목 주위이다. 이 부위가 골절되면 성장판이 다칠 수 있으며 유아기의 골절은 발견되지 않고 지나쳐 적기에 치료를 못해 심각한 장애를 일으키기도 한다. 골절에 대한 응급처치는 다음과 같다(이갑순, 2003).

- 뼈가 부러져서 피부 바깥으로 나온 경우는 골절이라는 것이 쉽게 파악되므로 손상된 부분을 소독된 거즈로 넓게 덮거나 붕대로 느슨하게 감아 넓게 부목을 대어 병원을 데리고 가야 한다. 상처 주위의 모양이 이상하다고 해서 바로 잡으려 하거나 소독하려 해서는 안 된다.
- 뼈가 피부 바깥으로 나오지 않아 골절의 여부가 정확하지 않은 경우라도 몹시 아파하며, 상처 주위가 부어오르고, 멍이 들어 있으며, 움직일 수 없고, 상처 주위의 몸의 형태가 이상하면 골절을 의심할 수 있다. 이러한 경우 골절의 유무를 확인한다고 골절로 의심되는 부위를 함부로 만지거나 꺾어보다가 2차 사고를 유발할 수 있으므로 함부로 만져보거나 꺾어서는 안 된다. 이러한 상황에서는 상처를 중심으로 하여 윗부분이나 아랫부분의 관절까지를 움직이지 못하도록 부목을 대고 상처 부위를 높게 하여 병원으로 데리고 간다.
- 골절이 의심되어 병원으로 데리고 갈 때는 몸을 따뜻하게 보온해주고, 먹을 것이나 음료수는 주지 않는다. 이는 뼈가 부러진 상황에 따라 똑바로 뼈를 붙이기 위해 마취를 해야 할지도 모르기 때문이다.

[그림 7-1] 삼각건 사용법(소방방재청 http://www.nema.go.kr)

(2) 탈구

탈구는 관절 부위의 뼈가 본래의 자리를 빠져 나와 관절 주위의 조직이 손상을 입게 되는 경우를 말한다. 탈구된 부위는 힘을 주어 사용하지 않아야 하며 편안한 자세로 몸을 지지해 즉시 병원에 의뢰한다.

- 탈구된 부분은 골절이나 삔 경우와 구분이 되지 않을 수도 있다. 탈구라고 판단이 된다면 이를 바로 잡으려고 하지 말고 부상부위를 되도록 편하게 한 상태에서 찬찜질을 해주어 통증을 완화시키고 의사의 진료를 받도록 한다.
- 탈구된 부분에 힘을 주어 사용하지 않도록 한다.

(3) 염좌

염좌는 관절을 지지해주는 인대가 외부 충격 등에 의해서 늘어나거나 일부 찢어지는 경우를 주로 말하며, 근육이 충격에 의해서 늘어나거나 일부 찢어지는 경우도 염좌라고 말한다. 가벼운 증상부터 중증까지 증상이 다양하며 골절과 구별하는 것도 어렵다. 가장 흔한 것이 발목 염좌로 통증 때문에 발을 움직일 수 없이 파랗게 부어오른다(전국간호대학, 2003).

- 염좌된 부위를 높이 올린다. 손목염좌는 팔걸이를 하여 고정시키고 발목염좌는 부드러운 고임을 발목 밑에 놓아 그 부위를 높인다.
- 환자를 안정시키며 의사의 치료 전까지 상처부위에 얼음찜질을 하여 통증을 완화시킨다.

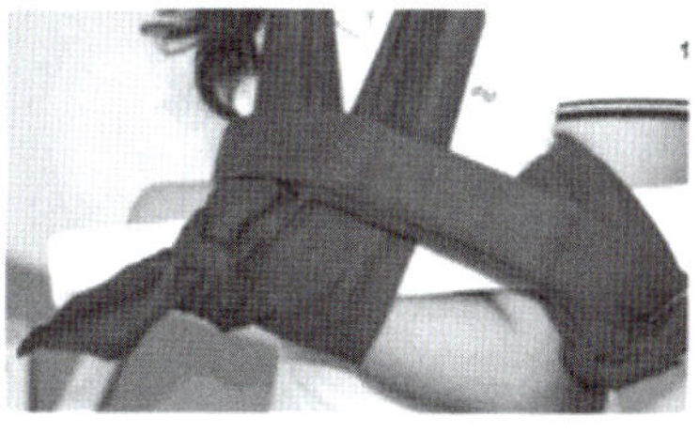

소방방재청 http://www.nema.go.kr

3) 출혈

출혈은 크게 외출혈과 내출혈로 나뉘는데, 외출혈에는 동맥출혈, 정맥출혈, 모세혈관 출혈이 있다. 동맥출혈은 가장 심한 출혈로서 선홍색의 피가 분수처럼 솟구치는 형태를 보이는 출혈이다. 워낙 다량의 피가 빠르게 나와 응고도 잘 되지 않는 지혈이 어려운 출혈이기도 하다. 정맥출혈은 어두운 색의 피가 꾸준히 흘러나오는 양상을 보이는데 동맥출혈보다는 지혈이 쉽다.

하지만 이 역시 대량 출혈이라 위험하다. 모세혈관 출혈은 우리가 흔히 접하는 출혈로 보통은 지혈이 매우 쉽고 자연적으로 응고되어 지혈이 되기도 한다. 출혈이 심할 경우에는 다음과 같은 증상이 나타난다.

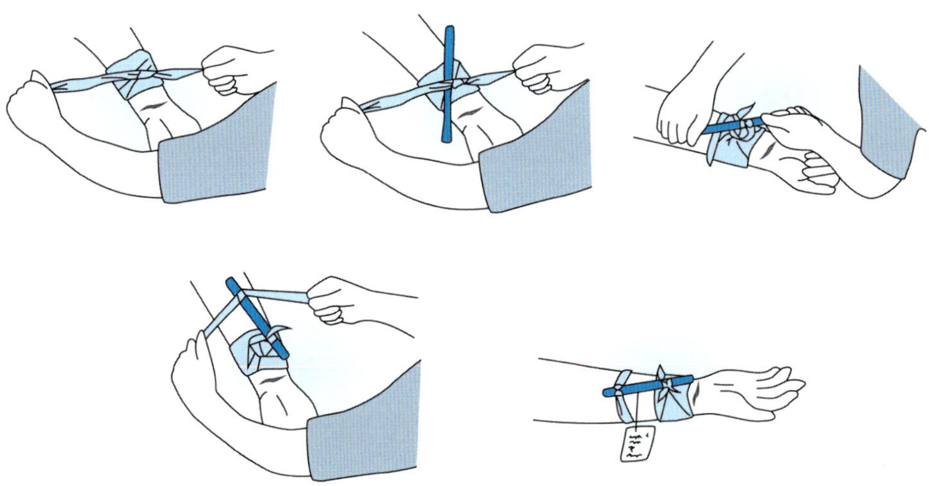

[그림 7-2] 지혈대 사용법(소방방재청 http://www.nema.go.kr)

(1) 머리출혈

귀에 피가 나오면 두개골이 다쳤다는 증거라고 생각하고 응급구조를 요청하여 즉시 치료를 받는다. 머리를 심하게 부상당했을 때에는 항상 목의 부상도 염두에 두고 목과 머리를 움직일 때 세심한 주의를 해야 한다. 지혈 시 너무 세게 누르지 말아야 하며 수술을 할지도 모르는 상황에 대비하여 음료수나 약물을 부상자에게 주지 않는다.

(2) 코피

유아들은 별 뚜렷한 이유 없이 코피를 자주 흘린다. 코 부분의 타박상에 의해 코피가 날 수도 있지만 피곤하거나 코를 후비다가 모세혈관을 자극하는 등 사소한 원인에 의하여 코피가 나기도 한다. 유아들의 코피는 콧속의 앞쪽 모세혈관이 커져 생기는 경우가 많다. 코피가 나는 경우의 응급처치는 다음과 같다.

- 유아를 의자에 앉히고 머리를 앞으로 굽히게 하여 코피가 목구멍으로 흘러 들어가 삼키지 않도록 해준다. 피가 목구멍으로 차오르면 뱉어내도록 한다.
- 엄지와 검지로 코 앞쪽을 5~10분간 꼭 누른다.
- 찬 물수건이나 얼음주머니를 코에 올려놓아 콧속의 혈관을 수축하게 하여 코피를 멈추게 해준다.
- 재출혈을 방지하기 위하여 코를 후비든지 코를 풀지 않아야 하며, 무거운 물건을 들기 위해 힘을 쓰든지 허리를 숙이는 일은 하지 않는다.
- 그래도 코피가 계속 나오거나, 출혈 때문에 다소 어지러움이나 쇠약감을 느낄 때는 병원에 데리고 가야 한다. 또한 코의 전반부보다 목의 뒤쪽으로 출혈이 있을 때, 타박상을 입어 코피가 나오는 경우에도 곧바로 병원으로 데리고 가야 한다.

(3) 내출혈

혈액이 체표의 피하나 점막 안쪽에서 신체내부로 유출되는 상태로 기침이나 토할 때, 또는 소변이나 대변에서 피가 발견된다. 출혈을 하면 피부가 차고 축축하며 창백해지고 맥박은 약해지고 빨라지며 어지러워한다. 내출혈에 대한 응급처치 방법은 다음과 같다.

- 즉시 응급구조를 요청하며 환자를 눕히고 안정시킨다.

- 침착하게 환자의 몸을 따뜻하게 해준다.
- 극히 드물기는 하지만 자신도 모르는 상처에 전염될 수 있으므로 일회용 장갑을 끼고 환자를 만지는 것이 좋다.
- 응급처치 시 피가 묻은 장갑이나 솜, 거즈 등은 비닐봉지에 담아 안전하게 버려야 한다.
- 마루나 바닥의 피도 세정용액으로 깨끗이 닦는다.
- 피가 묻은 옷은 따로 세탁한다.
- 치료를 하고 나서는 비누로 깨끗이 20초 이상 물로 씻어내야 한다.

4) 고열

고열이 나면 의사의 지시에 따르는 것이 원칙이다. 열의 형태에 따라 무슨 병인지 판단할 수 있으므로 해열제는 의사의 지시가 있을 때까지 기다린다. 유아의 몸에 열이 오를 경우 응급처치 방법은 다음과 같다.

- 온몸에 갑자기 열이 오를 경우 이마에 얼음주머니나 찬물수건을 얹고, 미지근한 물에 적신 수건으로 겨드랑이나 등을 마사지하여 식혀주고 의복은 얇게 입힌다.
- 손발이 차면서 머리와 가슴부분만 열이 나는 경우에는 해열제를 먹이고 모포를 덮어 땀이 나도록 재운다.
- 의식이 있으면 따뜻한 물을 조금씩 마시게 한다.
- 토하면 물이나 마실 것을 주는 것을 삼가고 119 응급구조 요청을 한다.

5) 경련

영유아는 경련을 일으키기 쉬운데 경련을 유발하는 일반적인 원인은 인플루엔자와 같은 바이러스 감염에 의한 체온 상승이며 뇌막염, 뇌염, 혈액 내 화학성분의 변화, 감정적 변화 등도 원인이 될 수 있다. 경련을 일으킬 때 응급처치의 목적은 경련을 멈추게 하는 것이 아니라 영유아가 경련 중에 상처를 입지 않도록 하는 것이다. 경련하는 영유아를 위한 응급처치의 방법은 다음과 같다 (조경자 외, 2004).

- 유아를 눕히고 옷을 느슨하게 하여 숨을 편히 쉴 수 있게 한다. 유아가 토를 할 수 있기 때문에 머리를 옆으로 눕혀야 한다. 또한 유아가 주변에 있는 물건에 부딪히지 않도록 한다.
- 유아의 입 속에 사탕 등이 들어있지 않은가 살핀다. 또한 경련 중에는 유아가 혀를 깨물기 쉬우므로 치아 사이에 수건을 말아 끼운다.
- 경련을 하는 동안에는 오래 붙잡는다든지 행동을 강제로 억제하지 말아야 하며 마실 것을 주지 않는다.
- 열로 인한 경련인 경우에는 얼음주머니로 머리, 목, 겨드랑이를 식힌다.
- 일반적으로 유아는 경련을 멈춘 후 수면을 취하게 되며 경련 중에 있었던 일에 대하여 기억하지 못한다. 경련을 멈추면 의사의 진찰을 받도록 한다.

6) 호흡곤란 및 기침

호흡곤란의 원인은 폐와 기관지 계통, 심장질환의 경우가 많다. 아이들의 기침의 원인은 기도에 염증을 일으키는 감기 등의 질병에 걸린 것 외에도 먼지와 점액 등이 기관의 출구에 고였을 때, 차가운 공기와 자극성인 가스를 흡입했을 때 등 일시적인 경우도 있다(조경자 외, 2004).

(1) 호흡곤란 시 응급처치

- 의복은 느슨하게 하고 편한 자세를 취하게 한다. 눕게 하는 것보다는 앉은 채 뒤에 기대게 하거나 책상에 엎드리게 하는 것이 편하다.
- 몸을 앞으로 밀 듯 문지른다. 그 리듬에 맞춰 호흡하도록 하면 편해진다.
- 호흡이 편해지더라도 병원에 가서 확인해 둔다.

- 심한 호흡곤란으로 호흡과 의식상태가 나빠진 경우에는 기도를 확보한다.
- 또한 호흡이 멈추었을 때에는 구조 호흡을 실시하는 한편 구급차를 부른다.

(2) 기침이 심할 때 응급처치

- 침구 등에 상체를 기대게 한다.
- 잠을 자다가 기침을 한다면 베개를 이용해서 머리 쪽을 높여주거나 앉고 등을 가볍게 문지른다.
- 담요 등으로 충분히 보온한다.
- 가습기나 젖은 타월을 이용하여 습도를 유지하도록 하여 목이 건조하지 않도록 한다.
- 목구멍의 자극을 줄이기 위해 뜨거운 과일주스에 꿀을 타서 마시게 한다.
- 기침약을 먹일 경우 반드시 의사와 상의해야 하며 기침이 3~4일 동안 계속되면 병원에 가보는 것이 좋다.

7) 설사

배변 횟수가 하루 4회 이상, 또는 하루 250g 이상의 묽은 변이 나올 때 설사라고 한다. 설사는 발열처럼 아기들에게 잘 일어나는 증상 중 하나로, 몸에 약간의 변화만 발생해도 설사를 일으킨다.

설사의 원인으로는 바이러스와 세균감염에 의한 설사, 식중독에 의한 설사, 알레르기 반응에 의한 설사, 신경성 설사 등이 있다. 유아들의 변은 유아가 건강하고 이상이 없다 할지라도 여러 상황에 의해 일시적으로 다양하게 나타날 수 있으므로 설사를 했다고 하더라도 유아의 기분이 좋고, 식욕이 있으면 크게 걱정하지 않고 수분공급을 충분히 해주면 된다.

그러나 발열, 구토, 복통을 수반한 설사와 혈변, 점액변, 농이 섞인 변은 감염이 될 수 있으므로 오염된 옷은 크레졸 비누액을 5배로 희석시켜 세탁하고 손도 반드시 소독한다. 유아가 설사를 일으킬 때 응급처치 방법은 다음과 같다.

- 옆으로 조용히 눕힌다.
- 끓인 물을 체온 정도로 식혀 먹이면서 수분을 공급한다.
- 설사가 심하지 않고 기운이 있거나 식욕이 있다면 소화가 잘 되는 식사를 해도 좋다.
- 설사가 며칠씩 계속되면 소아과 진료를 받아야 한다.
- 영아를 진찰 시에는 변을 본 기저귀를 가져가면 진료에 도움이 된다.

8) 이물질이 들어갔을 때

(1) 눈에 이물질이 들어갔을 때

유아들은 모래놀이를 하다가 눈에 종종 모래나 흙이 들어가는 경우가 있다. 또 가정에서 엄마가 쓰는 향수나 헤어스프레이 등을 눈에 뿌리게 되는 경우도 있다. 먼지, 모래, 향수, 또는 다른 이물질이 눈에 들어가게 되면 유아들은 아주 아파하게 된다.

눈에 이물질이 들어가게 되더라도 먼지와 같은 작은 이물질은 대부분 눈물과 함께 씻겨나가지만 그렇다고 눈을 비비거나 무리하게 이물질을 제거하려고 하면 오히려 더 큰 손상을 입힐 수 있다. 그리고 잘못하면 시력을 잃을 수 있는 위험도 있으므로 적절한 응급처치를 하면서 병원으로 데리고 가야 한다. 눈에 이물질이 들어갔을 때의 응급처치는 다음과 같다.

- 윗 눈꺼풀을 잡고 아래쪽으로 당겨 민다. 그러면 이물질이 눈물과 함께 씻겨 나간다.
- 아래 눈꺼풀을 부드럽게 아래로 누르고 이물질을 찾아 면봉으로 조심스럽게 빼낸다.
- 모래나 좀 더 큰 이물질이 눈에 들어간 경우에는 우선 문지르지 않도록 하고 눈 안의 이물질이 박혀 있지 않고 움직이고 있는지를 살펴보는 것이 중

요하다.

- 이물질이 움직이고 있을 때에는 눈을 문지르지 말고 눈을 가만히 감고 있으면 눈물이 나서 저절로 흘러나올 수 있다. 또는 맑은 물로 이물질을 씻어 내도록 하는데 이때는 눈꺼풀을 크게 벌려 눈의 안쪽에서 바깥쪽으로 약 15분간 물을 흘려 씻어 내도록 한다. 이때에는 생리 식염수나 정수된 물을 사용하는 것이 좋다.
- 향수나 스프레이를 뿌린 경우에도 비비지 말고 얼른 흐르는 정수된 물이나 생리식염수를 흘려 눈의 안쪽에서 바깥쪽을 향하여 5분 이상 헹구어 내야 한다. 안약은 함부로 사용하지 않는다.
- 눈에 뜨거운 것이 들어갔을 때에는 빨리 흐르는 물에 눈을 깜박거려 열기를 제거한 다음 깨끗한 수건으로 눈을 가리고 안과치료를 받으러 간다.
- 화학물질이 눈에 들어갔을 때에는 각막을 손상시킬 수 있고 시력에 치명적이므로 재빨리 흐르는 물에 눈을 씻어내려 희석시킨 다음 안과치료를 받으러 간다.

(2) 귀에 이물질이 들어갔을 때

유아들의 귀에 들어 갈 수 있는 가장 대표적인 이물질은 작은 장난감 조각이나 구슬 등이다. 귀에 이물질이 들어가게 되면 고막 손상, 중이염 등의 질병을 유발하므로 다음과 같이 응급처치를 하여야 한다.

- 모래, 흙, 구슬, 조그만 장난감 등의 이물질이 귀에 들어갔을 때 머리를 옆으로 기울이면 저절로 빠지는 수도 있다. 귀에 들어간 이물질이 작고 부드러운 것이면 핀셋으로 집어내는 것을 시도해 볼 수 있으나 무리하게 억지로 빼내려고 해서는 안 된다.
- 그 다음으로 시도해 볼 수 있는 안전한 방법은 미지근한 물을 귓구멍으로 넣어 세척해 내는 것이다.
- 이물질이 나오지 않으면 곧 병원으로 가야 한다. 핀이나 철사 등으로 꺼내

려고 하면 외이도나 중이 등을 찌를 수 있고 그 부위가 곪게 될 가능성이 크므로 위험하다.

- 귀에 개미, 파리, 벌 등과 같은 벌레가 귀 안으로 들어간 경우 손전등으로 귀를 비추어 나오게 하거나 기름, 물, 알코올 등을 귓속에 몇 방울 넣어 벌레를 죽인 다음 귀를 씻어내면 된다. 차가운 액체를 귀에 넣을 경우 구토가 유발될 수도 있으므로 주의해야 한다.

(3) 코에 이물질이 들어갔을 때

유아들이 코에 조그만 물체를 넣고 장난을 치다가 잘못되면 콧속으로도 이물질이 들어갈 수 있다. 코에 이물질이 들어갔을 때 응급처치 방법을 살펴보면 다음과 같다.

- 콩이나 구슬 등 동그란 이물질의 경우는 먼저 숨을 들이마신 후 숨을 참고 이물질이 들어있지 않은 코를 손가락으로 막고 힘껏 불어 낸다. 이렇게 해도 나오지 않을 경우 이비인후과나 응급실로 데리고 가야 한다.
- 날카로운 물질이 들어갔을 경우에는 코로 숨을 쉬지 않게 하고 입으로 쉬게 한 뒤 병원으로 가서 빼내야 한다.

(4) 기도에 이물질이 들어갔을 때

기도에 이물질이 들어갔으나 호흡을 할 수 있는 여유가 있으면 본능적으로 기침을 하여 나오게 할 수 있다. 그러나 대부분 기도에 이물질이 들어가 기도를 꽉 막고 있으면 호흡이 곤란하여 얼굴빛이 새파랗게 되고 마침내는 의식을 잃게 된다. 이런 경우의 응급처치는 다음과 같다.

- 기도에 이물질이 들어간 것 같으나 유아들이 기침을 하거나, 울거나, 말을 할 수 있고, 호흡곤란이 심하지 않으면 얼굴을 땅을 향해 엎드리게 하고 곧 병원으로 데리고 간다. 이러한 경우 섣불리 응급처치를 시도하기보다는 전문의의 정확한 치료를 받아야 한다.

- 호흡곤란이 심하여 얼굴이 새파랗게 되고 숨을 쉬지 못하게 되면 119에 신고하거나 구급차를 부르게 한다. 그 다음 유아의 머리와 몸의 상체를 하체보다 낮게 하고, 이물질이 나올 때까지 등을 손바닥으로 세게 친다. 유아의 몸을 함부로 움직이면 이물질이 더 깊숙이 들어가거나 기도를 막아버릴 수도 있는 위험이 있으므로 주의해야 한다.
- 하임리히법을 사용할 수도 있다. 하임리히법은 기도가 이물질로 인해 폐쇄되었을 때 사용할 수 있는 응급처치법이다. 이는 아이의 뒤에서 허리에 두 팔을 둘러 유아를 껴안는데, 이때 한 손은 엄지손가락 부분이 아이의 배꼽과 횡격막 사이의 위장 부분을 누르도록 주먹을 쥐어 대고 다른 한 손은 그 주먹을 덮듯이 꼭 잡는다. 그 다음 껴안은 두 손으로 유아의 위장을 위로 밀어 올리듯 꾹 누른다. 유아가 기침을 하거나 숨을 쉴 수 있을 때까지 이 동작을 반복한다.

❈ 상태체크 및 119 신고

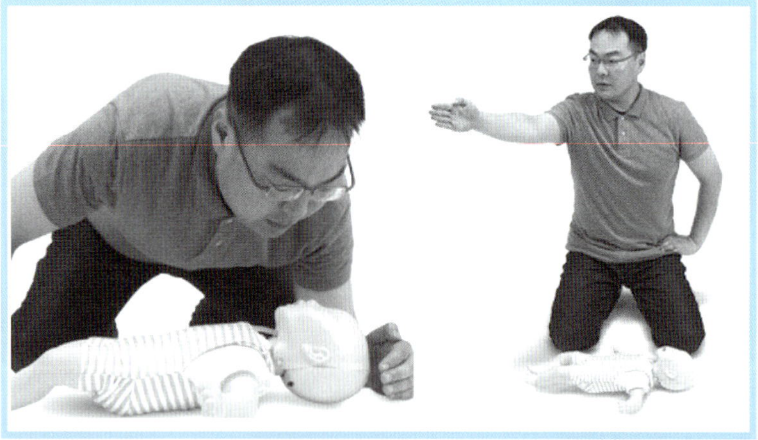

소방방재청 http://www.nema.go.kr

① 쉰 숨소리, 쉰 울음소리가 들리거나 얼굴에 청색증이 관찰될 경우 기도폐쇄로 판단한다.

② 주변 사람들에게 119를 불러달라고 요청한다.

✻ 등 압박(5회)

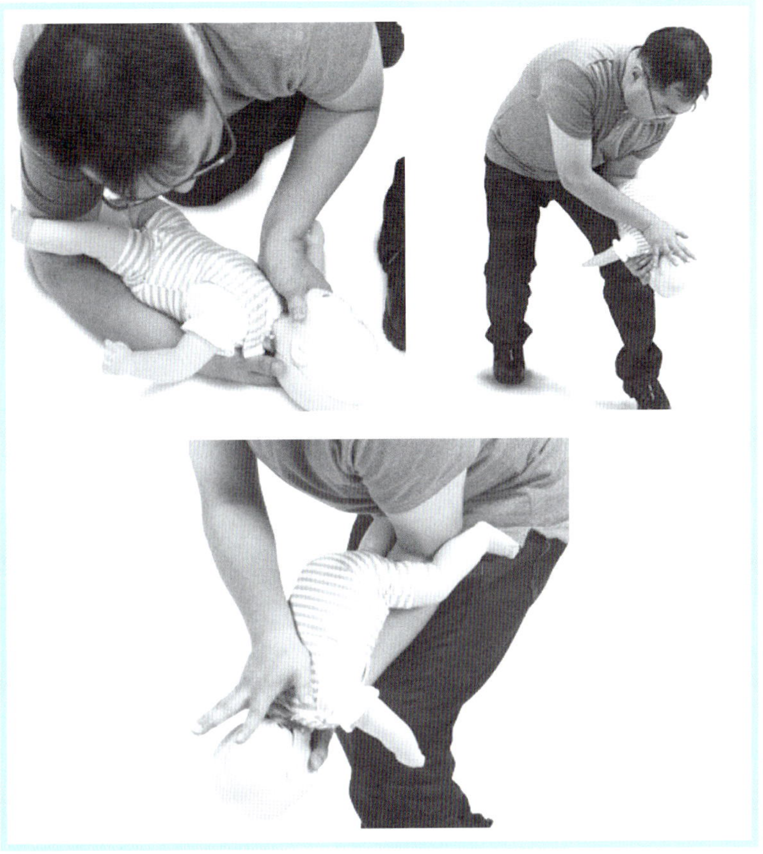

소방방재청 http://www.nema.go.kr

① 왼손으로는 환자의 턱을, 오른손으로는 환자의 뒤통수를 감싸면서 천천히 안아 올린다.

② 왼쪽 허벅지 위에 머리가 아래를 향하도록 엎드려 놓는다.

③ 손바닥 밑 부분으로 등의 중앙부를 세게 5회 두드린다.

✻ 가슴 압박 (5회)

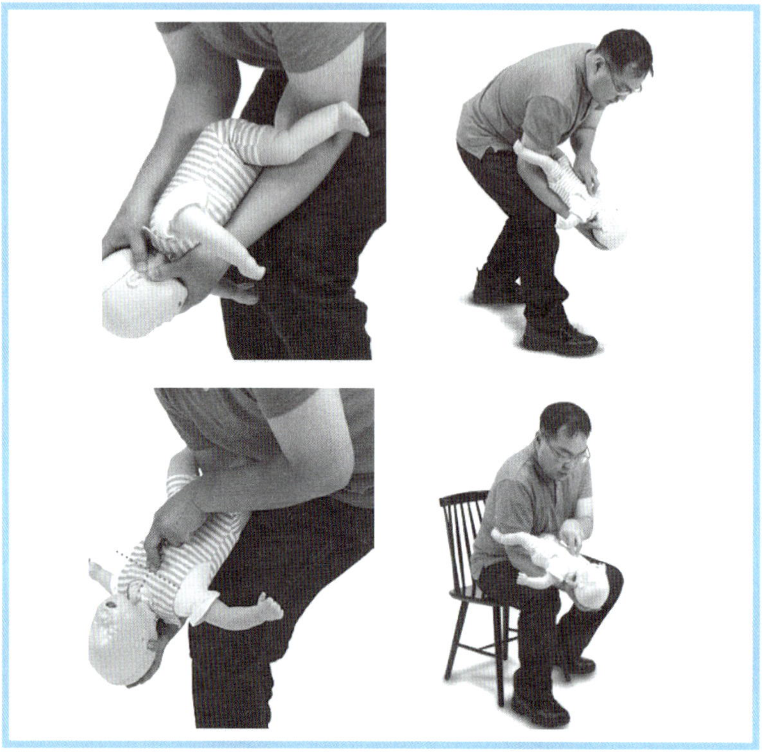

소방방재청 http://www.nema.go.kr

① 환자의 턱과 뒤통수를 다시 손으로 감싸 들어 올린다.

② 반대쪽 허벅지 위에 머리가 아래를 향하도록 바로 눕힌다.

③ 양쪽 젖꼭지를 잇는 선의 중앙 부위의 약간 아래부위에 두 개의 손가락을 위치시킨다. 4cm 정도의 깊이로 강하고 빠르게 5회 눌러준다.

TIP. 의자에 앉아서 하면 올바른 자세로 환자의 등/가슴을 보다 쉽고 정확하게 압박할 수 있다.

- 병원으로 가는 동안 계속 머리와 몸의 상체를 하체보다 낮게 하고 유아의 등을 쳐주어 이물질이 깊이 넘어가지 않도록 도와준다.
- 구급차를 기다리는 동안 유아가 의식을 잃으면 유아를 회복자세로 눕히고 만약 호흡을 멈추면 즉시 입을 통한 인공호흡을 실시한다.

- 이물질이 기도를 막은 사고 후에는 가벼웠던 것이라도 의사의 정밀검진을 받도록 한다.

9) 치아의 손상

유아기는 활동이 왕성한 시기이므로 곧잘 넘어져서 입의 상처와 함께 이에 손상을 받을 수 있다. 이가 손상을 입어 흔들리거나 이가 부러져서 잇몸에 살짝 붙어있을 때에는 함부로 손으로 만지거나 흔들면 더욱 악화된다. 또한 사고에 의해 영구치가 빠졌을 때에는 가까운 치과에서 재이식을 하는 것이 가장 좋은 방법이다. 따라서 사고가 발생하면 치아가 빠진 곳에 대한 응급처치와 함께 빠진 치아를 바르게 보관하여 재빨리 병원으로 가야 한다(이은주, 2005).

- 치아가 빠진 경우 치아의 뿌리부분이 아니라 윗부분을 잡아 들어올린다. 치아의 뿌리부분을 비비거나 만지지 않도록 하고 떨어져나간 치아를 물로 헹구거나 깨끗이 닦지 않는다.
- 유치가 빠졌을 때를 제외하고, 영구치가 빠졌을 경우 가능하면 빨리 제자리에 치아를 끼워 넣는다. 빠져나온 치아를 원위치에 넣을 수 없다면 빠진 치아는 우유나 식염수에 담가 치과까지 운반하는 것이 가장 좋다. 우유나 식염수가 없을 경우 흐르는 물에 씻어 건조하지 않도록 하여 치과에 가지고 간다.
- 치아가 빠지게 되면 출혈이 생기게 되므로 소독된 거즈를 유아에게 꼭 물게 한다.
- 빠진 치아가 어디에 어떤 상태로 떨어져 있었는지를 기억해 두었다가 의사에게 상황을 충분히 설명해 주어야 한다. 이 설명은 재이식된 치아에 의한 2차 감염을 방지하는 데 중요한 단서가 된다.
- 이가 부러지거나 조각났을 경우에는 미지근한 헹군 뒤 즉시 치과에 간다. 상처 난 치아 주변의 얼굴에는 냉찜질을 해주는 것이 좋다.

10) 화상

불이나 뜨거운 물, 화학물질 등에 의해 피부 및 조직이 손상된 것을 화상이라고 하며, 일반적으로 증상에 따라 1도에서 4도로 구분한다. 정도를 파악할 때는 화상을 입은 넓이와 깊이에 따라 중증도를 결정하며, 화상을 입은 부위와 연령적인 요소를 고려한다. 화상은 원인에 따라 또는 손상된 정도에 따라 조금씩 다른 방법으로 응급처치를 해야 한다. 화상에 대한 구체적인 응급처치의 방법은 다음과 같다(이기숙 외, 2002).

• 1도화상

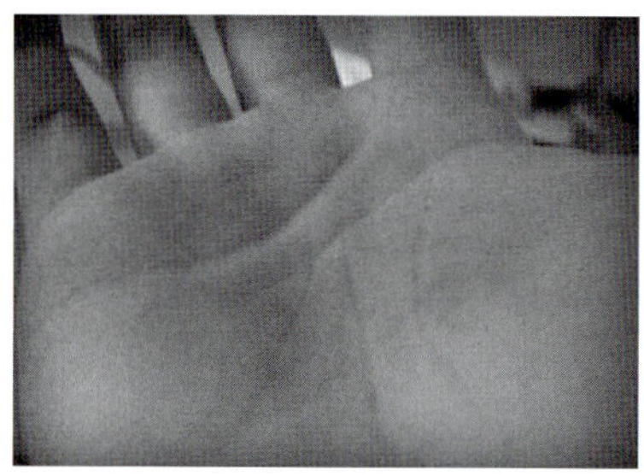

화상을 입은 다음에는 차가운 것을 바로 대는 것이 좋다. 화상을 입은 부위에 차가운 물을 대면서 증상을 늦출 수 있다. 이렇게 차가운 물을 댄 다음에는 피부조직의 전체적인 온도를 낮출 수 있기 때문에 화상에 좋다. 이물질이 있거나 하는 경우에 이런 과정을 통해서 제거할 수 있다. 이런 다음에 연고를 발라주면 좋다.

• 2도화상

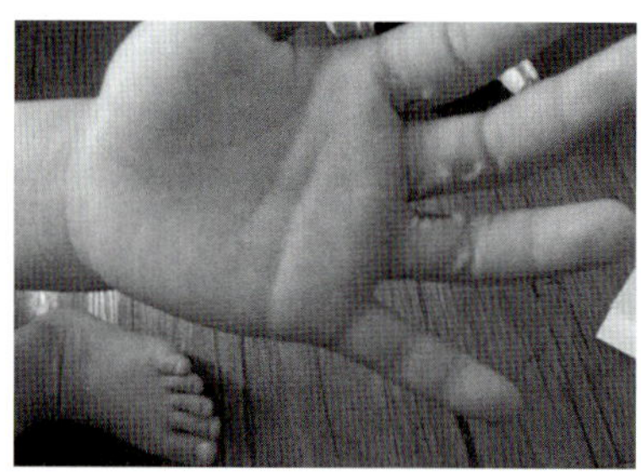

2도 화상 이상부터는 화상 흉터와 같은 후유증이 남을 수 있다. 화상 후유증에는 흉터뿐만 아니라 색소침착, 관절구축 등으로 매우 다양하게 존재하는데, 이를 예방하기 위해서는 화상 시 신속한 응급처치 및 화상 병원을 통한 치료가 이루어져야 한다.

존재하는 2도화상은 표재성 2도화상 및 심재성 2도화상으로 구분 가능한데, 우선 표재성 2도화상은 우리 피부의 진피층 중 유두층까지 손상을 입은 화상을 말한니다. 보통 치료기간은 2~3주 소요되고, 올바른 응급처치, 빠른 치료가 이루어진다면 추후 흉터가 남을 가능성이 거의 없다.

반면 심재성 2도화상은 진피층의 깊은 곳에 존재하는 망사층까지 손상을 입은 화상으로 치료기간은 3주 이상 소요되는 경우가 많다. 또한 피부 이식술이 요구될 수 있고, 일련의 화상 치료 후 화상 흉터가 남을 가능성이 높다.

- 3도화상

피부가 흰색, 붉은 체리색, 검은색을 띠고 건조하고 단단하며 가죽같아진다. 화상부위 둘레의 가피 절개를 요하는 심한 부종이 발생하고 탄력성이 감소한다. 표재성 신경말단 파괴로 통증이 없다. 재생이 불가능하며, 피부 이식만이 가능하게 된다.

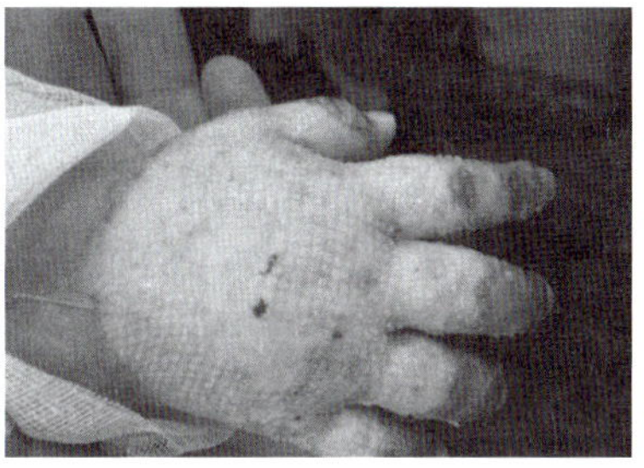

(1) 열에 의한 화상

- 데인 부위를 흐르는 차가운 물에 10~15분 정도 식혀주어야 한다. 만약 상처의 부위가 넓으면 욕조에 차가운 물을 받아 잠깐 담그거나 차가운 물에 적신 보푸라기가 일지 않는 깨끗한 면으로 된 천을 덮어 주어도 된다. 옷을 입고 있는데 벗겨야 하는 경우에는 무리해서 벗기지 말고 가위로 잘라내야 하며 떨어지지 않는 옷은 억지로 떼지 말고 그대로 식힌다.
- 다음 단계로 소독된 거즈나 손수건 등으로 상처부위를 되도록 넓게 덮어주거나 감아 준다. 이때 보푸라기가 일면 상처에 붙어 감염을 유발할 수 있으므로 거즈나 손수건은 보푸라기가 일지 않는 매끈한 것이어야 한다.
- 상처에는 크림이나 로션 등을 절대로 발라주어서는 안되며 연고도 바르지 않는 것이 가장 좋다.
- 화상을 입어 병원으로 데리고 갈 때에는 가능한 한 최대한 감염을 막기 위

해 깨끗한 이불호청 등으로 유아를 덮고 그 위에 담요를 덮어 보온해 주고 데리고 간다.

- 2도화상의 경우 절대 물집을 터뜨리지 말아야 한다. 물집이 터진 경우에는 소독된 거즈를 자주 갈아주어 감염되지 않도록 주의해야 한다.
- 화상이 심하여 의식을 잃은 경우 호흡의 여부를 확인하고 기도를 열어주며 필요한 경우 인공호흡을 실시한다.

(2) 화학약품에 의해 화상

- 화학약품에 의해 화상을 입은 경우 응급처치자가 먼저 고무장갑을 끼거나 두꺼운 타월 등으로 손을 감아 화학약품에 손상되지 않도록 한 다음 화상 입은 유아를 다루어야 한다.
- 옷을 벗겨야 하는 경우 가위로 잘라내어 옷을 벗긴 뒤 흐르는 차가운 물로 상처부위의 화학약품을 모두 씻어준다.
- 다음은 열에 의한 화상의 경우와 같이 응급처치 한다.
- 화학약품을 씻어 낸 물을 적절한 곳에 얼른 버려 그 물에 의해 또 다른 화상이 일어나지 않도록 주의한다.

(3) 전기에 의한 화상

- 감전물체의 전원을 차단한다. 만약 전원을 찾지 못하거나 전원을 차단하는 것이 불가능할 때에는 나무막대기나 플라스틱 물체 등의 절연체를 이용하여 감전된 유아를 감전 물체에서 분리시킨다.
- 전기에 의한 화상은 손상된 부위가 좁고 깊은 것이 특징이므로 화상을 입은 곳을 유심히 살펴 찾아야 하고 찾은 경우 그 부위의 몸의 반대편까지 살펴보아 화상이 이어져 있는지 확인해야 한다.
- 화상부위에 대한 처치는 열에 의한 화상에 대한 응급처치와 같으며 다른 처치는 감전되었을 때를 참고한다.

- 만약 유아가 의식이 없는 경우에는 유아가 호흡을 하는지 먼저 살피고 기도를 열어주며 필요한 경우 인공호흡을 실시한다.

11) 독극물을 먹었을 때

유아들은 색이 고운 세제나 알약, 어른이 실수로 음료수병에 넣어 둔 농약이나 세제 등의 독극물을 먹는 것으로 잘못 알고 먹는 경우가 있다. 유아가 독극물을 먹었을 경우 응급처치 방법은 다음과 같다(소방방재청, 2008).

- 유아가 독극물을 먹었거나 먹었다고 의심이 되는 상황에서 유아의 의식이 있을 경우 제일 먼저 해야 할 일은 어떤 종류의 독극물을 먹었는지 알아내는 일이다. 즉, 유아로 하여금 무엇을 먹었는지를 의식을 잃기 전에 말하게 하거나 가리켜보게 한다.
- 119 구조대나 가까운 병원의 응급실로 전화하여 유아가 먹었거나 먹었을 것으로 추정되는 독극물의 종류를 말하고 적절한 응급처치 방법을 도움 받는다.
- 만약 유아가 부식성 독극물(표백제, 제초제 등)을 먹었을 경우 절대로 토하게 해서는 안 되며 가능한 한 빨리 병원으로 데리고 가야 한다. 부식성 독극물은 식도 등의 내장기관의 조직을 손상시킬 수 있기 때문이다.
- 일반 독극물을 먹은 것이 확실한 경우 우선 119구조대나 병원 응급실 독극물 중독 치료 담당의사 등의 도움을 얻어 이페칵 시럽이나 소금물 등을 먹여 토하게 한 뒤 병원으로 데리고 갈 수도 있다.
- 유아가 독극물을 먹은 것으로 추정은 되나 유아의 의식이 없을 경우 119 구조대를 부르거나 가장 가까운 종합병원의 응급실로 데리고 가야 한다. 병원까지 가는 동안 유아를 회복자세로 눕히고 호흡의 여부 및 의식을 잃은 상태의 정도 등을 계속적으로 지켜보아야 한다. 필요하면 인공호흡을 실시한다.

12) 물에 빠졌을 때

유아들이 물속에 머리까지 빠지게 되면 물이 기관지와 폐에 들어가 질식하거나 폐의 기능이 정지되어 바로 응급처치를 하지 않으면 생명이 위험하게 된다. 물에 빠진 유아를 위한 응급처치의 방법은 다음과 같다(소방방재청, 2008).

- 물에 빠진 유아를 건져내면, 즉시 편평한 곳에 눕히고 호흡의 여부를 확인해야 한다. 호흡이 극도로 미약하거나 호흡을 하지 않으면 기도를 열어주고, 인공호흡을 시작한다.
- 물에 빠진 유아의 응급처치에는 여러 사람의 힘이 필요하다. 즉, 한 사람은 인공호흡을, 한 사람은 심장 마사지를, 한 사람은 젖은 옷을 벗기고 담요나 마른 몸을 대어 체온이 떨어지지 않게 해주어야 한다.
- 인공호흡 후 바로 병원으로 데리고 가야 하는데 병원으로 가는 도중에도 계속 인공호흡을 해주어야 한다. 호흡을 하기 시작하면 머리와 상체를 몸통보다 낮게 옆으로 눕히고 코, 목구멍, 기도에 괴어 있는 물이 흘러나오게 한다.

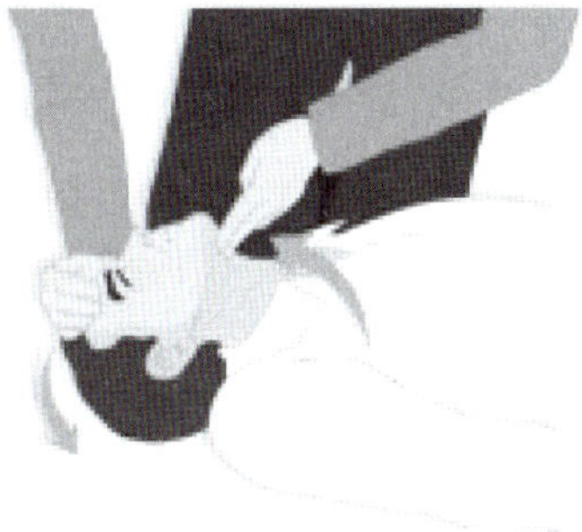

① 머리 젖히기-턱 들기법 상태

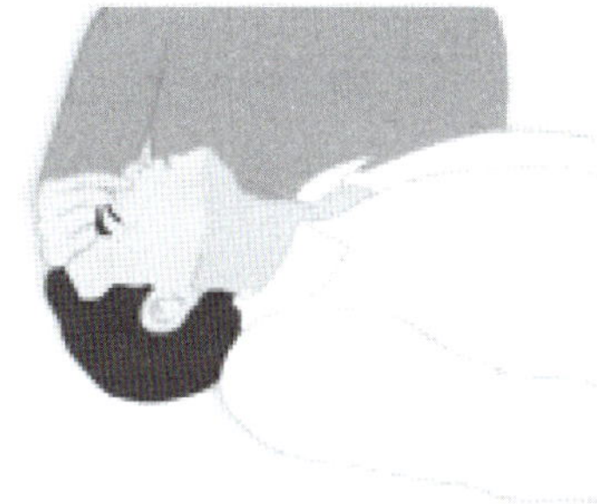

② 환자의 코를 막음

③ 환자의 가슴이 올라올 정도로 서서히 (1~2초) 공기를 불어 넣음

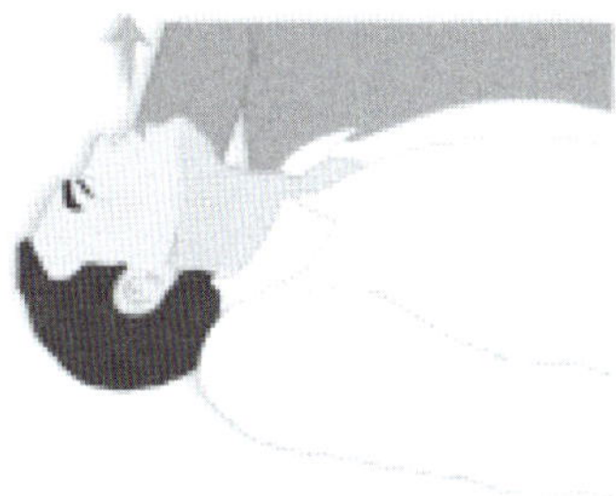

④ 저절로 공기가 배출되게 함

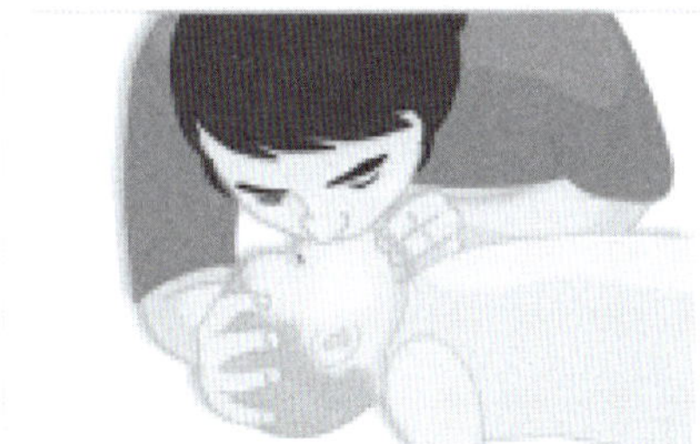

▶ 1세 이하 영아의 경우 구조자의 입으로 아이의 입과 코를 한꺼번에 막고 시행할 수도 있음

[그림 7-3] 물에 빠진 후에 인공호흡(소방방재청 http://www.nema.go.kr)

PART

3

영유아의 영양교육

Chapter 8

기본 영양소

1. 영양교육의 개념
2. 영양교육의 필요성
3. 기본 영양소의 종류와 기능
4. 기초식품군
5. 식품구성탑
6. 식품교환표

1. 영양교육의 개념

영양교육이란 건강증진을 위해 식행동을 변화시키고자 하는 계획된 교육과정이다. 단순히 영양지식의 이해가 아닌 행동의 변화를 위한 계획된 행위로, 영양지식의 이해를 통해 식행동의 잘못을 알고 이를 개선하고자 하는 의지와 태도를 갖도록 하여 이를 행동으로 옮길 수 있도록 지도하고 이 올바른 식행동이 식습관이 될 수 있도록 장애요인을 극복하는 방법에 대한 지도활동 중심의 교육체계이다.

영양교육은 정신적으로 건강을 유지하고 타고난 건강권리를 찾을 수 있도록 돕는 과정이기도 하다. 영유아기의 영양은 신체의 정상적인 성장과 발달에 중요하며 지능발달에 영향을 미치고, 이 시기에 일상생활의 기본적인 행동양식을 습득하기 때문에 올바른 식사지도 및 식습관 육성이 필요하다. 영양교육은 영유아를 대상으로만 이루어지는 것보단 이 시기 중요한 영향을 미치는 부모, 양육자, 보육자의 영양교육도 중요하다(이상일 외, 2003) .

2. 영양교육의 필요성

1) 식생활 환경의 변화에 따른 영양교육의 필요성

현대사회는 생애주기에 따른 생리적인 변화에 맞게 식생활이 변화하며, 국가의 식량공급과 선택의 식품환경이 달라지는 등 다양하고 역동적인 식생활 환경의 변화가 일어나고 있다.

영유아들의 비만, 당뇨, 암과 골다공증 등 만성질환의 유병률과 사망률이 높게 나타나고 있는데, 이러한 만성질환을 예방하고 건강을 증진시키기 위해서는 영유아기 시기부터 영양교육이 지속적으로 이루어져야 한다.

2) 생애주기와 생활양식의 변화

생애주기에 따라 신체적 환경적 여건이 변화하기 때문에 주기별로 적절한 식생활과 건강증진을 위한 영양교육이 필요하다.

3) 식품산업과 유통, 광고의 발달

가공식품과 외식산업, 새로운 식품들이 개발되면서 이용률이 증가하고 있는데, 최근 범람하고 있는 기능성 식품들로 인해 건강한 식생활을 저해하는 부작용이 나타나기도 한다. 따라서 소비자들이 올바른 식품을 택할 수 있도록 제조업자나 유통업자들의 정직한 정보 제공이 필요하다. 특히 한 가정의 식생활을 담당하는 관리자인 주부들의 영양지식이나 식품에 대한 정보는 가정의 식생활에 반영되므로 가족구성원의 건강유지 및 질병 예방에 영향을 미치게 된다.

건강기능의 경우 섭취 경험자가 선호하는 제품유형은 홍삼제품으로 홍삼이 피로회복의 기능성 이외에도 면역력을 높여주는 원료라고 널리 알려져 있고(식품의약품안정청) 또한 옛부터 우리나라의 대표적인 건강식품 소재로서 오랫동안 섭취되어 왔기 때문인 것으로 사료된다.

4) 질병구조의 변화

우리나라의 질병은 순환기계 질환, 대사성 질환, 악성 신생물 등의 만성 퇴행성 질환의 발생률이 크게 증가하고 있고 이 질환들은 주요 사망원인으로 작용하고 있다. 질환들의 대부분은 그 원인과 영양관리가 식생활과 밀접한 관련을 맺고 있기 때문에 올바른 영양교육을 통해 질환을 예방하고, 관리할 필요가 있다.

사례

대한 급식 신문

영양교육 횟수 많을수록 식습관 좋아져

2016. 05. 07
장윤진 기자

서울특별시교육청(교육감 곽노현)은 영양·식생활교육을 받은 횟수가 많을수록 식습관이 좋아진다고 밝히며 7일 '비만 예방 부모교육'을 실시했다.

최근 서울시교육청과 식품의약품안전청은 수도권 초·중학생 1,084명을 대상으로 식생활습관을 조사한 결과, 부모의 보살핌을 많이 받는 학생이 그렇지 않는 학생에 비해 식습관이 더 좋은 걸로 나타났다.
특히 과일, 채소, 우유를 먹는 비율에서도 영양·식생활교육을 받은 학생이 받지 않은 학생보다 더 높게 나타났다. 또 영양·식생활교육을 받은 학생이 받지 않은 학생의 일주일에 5일 이상 아침을 거르는 비율 17.5%보다 5.1% 낮은 12.4%였고, 일주일에 3번 이상 탄산음료 섭취비율이 2.6%, 라면이 4.7%, 튀김음식을 먹는 비율도 3.6% 낮게 나타났다.
이에 서울교육청은 식품의약품안전청, 대한소아과학회와 함께 서울시내 초등학생 중 비만율 경도 이상 학부모 1,000여 명을 대상으로 방배동 서울시교육연수원에서 진행했다.
교육내용은 소아과 전문의의 '비만 치료법과 올바른 식생활'에 대한 내용과 노래하는 아이들의 '비만예방' 운동 방법에 대한 내용으로 구성됐다.

서울시교육청은 식품의약품안전청과 대한소아과학회와 영양·식생활교육 환경을 구축할 것을 밝히며 향후, 소아청소년들의 영양불균형을 개선하고 식습관을 바꿔 점차 비만율은 감소될 것으로 기대한다고 전했다.

3. 기본 영양소의 종류와 기능

영양소란 우리가 건강을 유지하고 살아가기 위하여 외부로부터 섭취해야 하는 물질을 말한다. 영양소는 에너지원과 보조인자로 나뉘며, 우리 몸을 만들고 에너지를 제공하며 몸의 기능을 조절한다(김계자, 2003).

1) 에너지원

(1) 당질(탄수화물)

① 당질의 기능

우리 몸이 에너지를 필요로 할 때 가장 먼저 사용될 수 있는 것이 바로 당질이다. 당분과 전분이 이에 속하며 어느 영양소보다 소화율이 높아 정상적인 사태에서는 98%가 체내에서 흡수, 이용된다.

② 당질의 특징

섭취의 적정량은 총 열량의 60~65% 정도로 권장하고 있다. 아동의 경우, 모유 속 당질이 47%이므로 이 정도가 적당하다. 과잉 혹은 부족 섭취 시 질병이 발생한다. 당질을 과잉 섭취 시 발생하는 결과로는 에너지의 과잉, 충치, 식욕부진, 소아비만, 고지혈증, 비만현상, 당뇨병, 비타민 B군의 결핍증이 있다.

요즘 이슈는 소아 비만, 비만현상이다. 그리고 고지혈증이란, 필요 이상으로 많은 지방성분 물질이 혈액 내에 존재하면서 혈관벽에 쌓여 염증을 일으키고 그 결과 심혈 관계질환을 일으키는 상태이다. 누구에게나 생길 수 있는 병으로 흔히 동맥경화증(정확한 용어로는 죽상경화증)에 걸릴 확률이 높다. 혈액 속의 콜레스테롤이 많아지는 정도에 비례해 심장질환이 생길 위험도 높아진다.

당뇨병은 신체 내에서 혈당 조절에 필요한 인슐린의 분비나 기능 장애로 인해 발생된 고혈당을 특징으로 하는 대사성 질환이다. 포도당은 우리 몸이 사용하는 가장 기본적인 에너지원이다. 혈액 속의 포도당 농도를 '혈당'이라고 하는데, 혈당은 췌장(이자)에서 생산되는 인슐린(insulin)과 글루카곤(glucagon)이라는 두 가지 물질에 의해 일정한 수준으로 유지된다.

당뇨병의 발생과 경과에 대한 연구들에 의하면 혈당조절을 철저히 하면 합병증 발생률이 저하되고 또한 체중 감량이나 투약 등으로 당뇨병이 예방될 수 있는 것으로 나타났다. 식이요법으로는 개개인 마다 다르지만, 체중을 줄이기 위해 칼로리 제한이 필요하고, 지방을 적게 먹는 것이 좋다. 저지방우유 등이 대안이 될 수 있다.

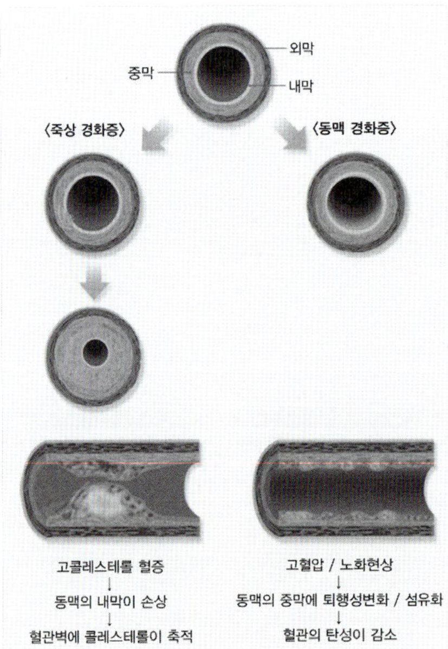

[그림 8-1] **죽상경화증과 동맥경화증 (보건복지부, 대한의학회)**

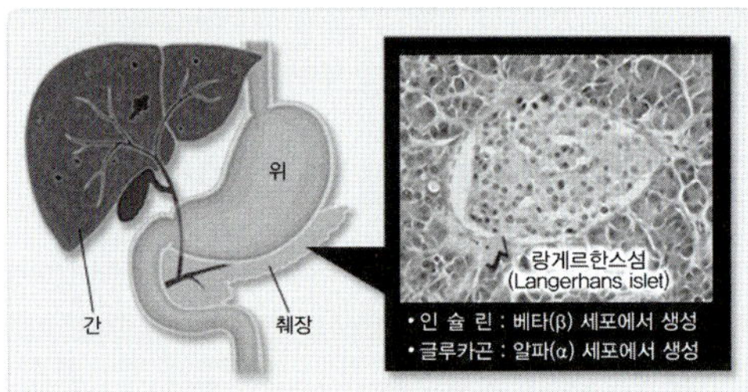

[그림 8-2] **췌장의 구조 (보건복지부, 대한의학회)**

당질을 부족 섭취 시 발생하는 결과로는 허약, 피로, 탈수현상, 격심한 체중감소, 체조직 소모로 인한 생명 위협 등이 있다. 현재 저개발국의 영아에게 성행하고 있는 마라스무스를 예로 들 수 있다.

마라스무스란 단백질 및 에너지의 결핍에 의해서 일어나는 영양 실조증의 일종으로 중증의 단백질 결핍증을 콰시오르코르증이라고 하는데 반해서 마라스무스는 특히 에너지가 부족한 경우를 가르킨다. 실제로 양자를 구별하는 것은 상당히 어렵다. 마라스무스의 증상은 극도의 저체중, 근육위축, 설사, 호흡부전 증상 및 탈수증상이다. 치료는 당초 영양소를 골고루 함유한 식사를 소량씩 여러 회로 나누어서 주고 회복기에 이르면 150kca/kg(1일당) 정도의 에너지를 준다.

(2) 지질

① 지질(지방)의 기능

당질이나 단백질에 비해 1g당 발생하는 에너지가 두 배 이상이므로 저장 에너지로서 우수하며 이러한 성질로 인해 피하지방 등의 형태로 열량이 비축된다. 또, 필수 지방산의 급원으로 중요하다.

② 지질(지방)의 특징

지질은 단백질, 당질과 함께 3대 영양소이며, 당질이 소비된 후 사용된다. 과다한 지질 섭취는 건강에 좋지 않으므로 지질의 섭취 한도에 주목해야 한다. 성장기 아동의 경우 에너지의 소비가 왕성하므로 지질섭취를 25~30%로 조절하도록 권유하고 있다. 지질을 과잉 섭취 시 발생하는 결과로는 비만증, 간경변증, 고지혈증, 관상동맥경화, 심장병 유발, 당뇨병 유발, 유방암 대장암 등이 있다.

지질이 부족 섭취 시 발생하는 결과로는 발육 저하, 피부 거칢, 지용성 비타민의 섭취 및 흡수 저해가 있는데 결핍증상은 거의 없으나 지질의 섭취가 매우 적을 시 상대적으로 당질 섭취가 증가하여 위 확장 유발의 가능성이 있다.

(3) 단백질

① 단백질의 기능

체조직의 구성성분으로 인체를 구성하는 단위인 세포의 원형질의 주성분이 단백질이다. 근육과 뼈의 조직을 구성하는데 필수 요인이며 체내의 유기 화합물 중에서 가장 많은 양을 차지하고 있다. 세포내 물질을 구성할 뿐만 아니라 세포막을 구성하는 성분으로도 작용한다. 또한, 효소와 호르몬 및 항체를 형성하고 포도당 생성과 에너지를 공급한다. 체내 대사과정을 조절해주기도 하는데 크게 두 가지 방법이 있다. 우선 조직의 삼투압과 수분균형을 조절함으로써 체작용 조절에 기여하는 것이고, 혈액과 조직 내의 산-염기 균형을 조절하는 것이다. 그리고 단백질은 혈장 단백을 형성한다.

② 단백질의 특징

단백질의 급원 식품은 육류로 소고기, 돼지고기, 닭고기와 생선, 우유, 치즈, 달걀 등이 가장 우수한 단백질을 공급해 준다. 식물성 식품 중 콩류는 좋은 단백질 급원으로 꼽히며, 세계적으로 중요 단백질 식품으로 꼽힌다. 대표적으로 두부가 있는데 이와 관련된 기사 자료이다.

단백질 필요량은 체중과 비례하며 대개 체중 1kg당 1.13g, 총 단백질의 30%이상을 동물성으로 섭취하도록 권장하고 있다.

사례

동아일보

매일 콩-두부 먹었더니…심혈관질환 사망 위험률 27% 감소

디지털 뉴스 팀
2012-05-14

콩과 두부를 꾸준히 먹으면 심혈관질환 사망 위험을 크게 줄이는 것으로 나타났다.

농림수산식품부가 14일 발표한 '한식 우수성·기능성 연구사업' 보고서는 한식의 주요 식재료인 콩, 두부를 먹으면 심근경색증·관상동맥질·뇌졸중·심부전증 등 심혈관질환의 발병 위험을 줄이는 탁월한 효과가 있다고 밝혔다.

이번 보고서에 따르면 한국 성인이 섭취하는 주요 식품이 심혈관질환 발병과 그로 인한 사망 위험에 어떤 영향을 미치는지를 분석한 백인경 국민대학교 교수팀의 '한국인 식사패턴과 만성질환의 관련성 연구'를 토대로 작성됐다.

백 교수팀은 2001년부터 구축된 한국인 유전체역학연구인 안산 · 안성코호트(인구집단)에 참여한 성인 가운데 심혈관질환이나 암 진단을 받지 않은 9026명의 식품섭취 빈도를 조사하고 한식 주재료 섭취와 심혈관질환 누적 발병(사망 포함)의 관련성을 분석했다.
안산 · 안성코호트 연구는 2001년부터 2010년까지 구축된 한국인 유전체역학연구(질병관리본부) 중 안산 · 안성 참여자 집단을 대상으로 2년마다의 추적조사를 통해 질병 진단을 확인한 연구다.

백 교수팀의 연구팀은 이들 집단의 콩, 두부 및 두유의 섭취량에 대한 설문조사 결과를 바탕으로 대상자를 4개 군으로 균등하게 나누어 심혈관질환의 발병 및 그로 인한 사망 위험을 분석했다.
콩, 두부, 두유의 1인 분량을 1주일에 1회 이하로 섭취하는 사람들을 비교 대상으로 했을 때, 주당 2~3회 혹은 4~5회에서 심혈관질환 발병 위험이 12~14% 줄었다. 거의 매일 섭취하면 발병 위험이 27%가량 감소했다.
콩에 함유된 이소플라본과 같은 생리활성 물질뿐 아니라 불포화지방산, 섬유소, 비타민, 무기질이 지질대사 개선과 항산화 · 항염증 효과를 나타낸 결과로 백 교수팀은 분석했다.

연구팀 관계자는 "외국에서 콩 및 대두 섭취에 대한 심혈관질환 발병 및 사망 위험의 관련성이 보고된 바 있으나, 대규모의 장기간 코호트 추적조사 결과를 바탕으로 한국인이 주로 섭취하는 식품과 만성 질환의 발병 관련성에 대해 분석한 경우는 이번 연구가 처음"이라고 설명했다.

2) 보조인자

(1) 무기질

무기질은 골격과 치아 및 체액 등에 필요한 구성요소이며, 또한 체내에서 특수한 생리작용을 수행하는 여러 가지 물질의 일부 성분으로서 중요한 위치를 차지하고 있다. 정상적인 식사를 할 경우에는 무기질의 결핍증은 찾아보기 힘들다.

(2) 비타민

① 비타민의 기능

비타민류의 기능은 보조효소로서 생체 내에서 일어나는 대사작용을 조절하는 것이다.

② 비타민의 특징

생명현상을 유지하기 위한 대사 작용에 극히 소량이지만 체내에서 조효소 또는 생체성분으로 중요한 생리기능을 하기 때문에 절대적으로 필요한 물질이며, 체내에서는 합성되지 않으므로 음식을 통해서 혹은 다른 공급원으로부터 공급받아야만 한다. 지용성 비타민과 수용성 비타민으로 분류되는데 특유한 결핍증이 있어 일단 결핍되면 필요량을 주어도 특별한 효과를 보기가 어렵다.

③ 비타민의 종류

현재까지 20종류의 비타민이 발견되었으며, 지용성, 수용성으로 나뉜다.

〈표 8-1〉 각 비타민이 함유된 식품

비타민	식품
비타민 A	달걀노른자, 당근, 버터, 녹황색 채소, 마가니 등
비타민 B1	돼지고기, 해바라기 씨앗, 내장육, 탕콩, 두류 및 종실류
비타민 B2	우유, 치즈, 간, 달걀류, 건조콩과 완두콩
비타민 B6	생선, 돼지고기, 닭고기, 난류, 동물의 내장 등 동물성 식품
비타민 B12	육류, 어류, 간, 굴, 신선초, 양배추, 연근
비타민 C	레몬, 키위, 귤, 감자, 딸기, 파슬리, 양배추, 피망, 무 등 신선한 채소류
비타민 D	연어, 청어, 달걀노른자, 정어리, 다랑어, 우유 및 유제품
비타민 E	옥수수유, 면실유, 대두유, 마가린, 곡류와 빵, 간, 파슬리, 시금치

ⓐ 지용성 비타민

지용성 비타민은 비타민 A, D, E, K로 유기용매에 녹으며 간이나 지방조직세포, 주로 피하지방 조직에 저장되고 대체적으로 조직에 오랫동안 보유된다. 식품 중의 지질과 같이 섭취되어 소화되기 때문에 지질이 없는 식사를 하거나 지질소화에 문제가 생기면 이들 비타민의 결핍증상이 나타날 수 있다. 반면 지나친 과잉섭취는 체내에서 축적성 지질 화학물질로 작용하게 되므로 독성을 유발할 가능성이 있다.

ⓑ 수용성 비타민

수용성 비타민은 9개로 비타민 C와 B1, B2, 나이아신, B6, B12, 판토텐산, 엽산 그리고 비오틴 등 비타민 B복합체들이다. 체내에 조직에 저장되지 않는 특징으로 인해 정규적으로 매일 혹은 수일 이내에 섭취되어야 한다. 신장을 통해 소변으로 방출되기 때문이다. 체내 주요기능과 결핍증, 과잉증을 표로 정리하면 다음과 같다.

〈표 8-2〉 지용성, 수용성 비타민의 기능 및 결핍증, 과잉증

비타민	체내 주요 기능	결핍증	과잉증
비타민 A	시홍의 구성체, 상피세포 보호, 뼈의 건강, 항암작용, 생식기능	야맹증, 시력상실, 안구건조증, 식욕감퇴, 성장정지	두통, 구토, 식욕감퇴, 근육과 뼈의 통증
비타민 D	뼈의 성장과 석회화 촉진, 칼슘의 흡수를 증진	구루병(아동) 골다공증(성인)	구토, 설사, 체중감소, 신장손상
비타민 E	세포손상을 막는 항산화제	적혈구 용혈 빈혈	거의 무독성
비타민 K	혈액응고	출혈(내출혈)	거의 무독성
비타민 B1	에너지 대사에 관련, 이산화탄소 제거반응의 조효소(TPP)	각기병, 말초신경염, 부종, 식욕부진, 허약, 심장비대	없음
비타민 B2	조효소의 구성 물질	구순구각염, 눈병	없음
나이아신	에너지 대사에 관여, 산화환원 작용에 관여	펠라그라	없음

비타민 B6	단백질 대사에 관여, 적혈구 형성에 관여	피로, 우울증, 불면증, 피부질환, 면역증 저하, 설염	없음
비타민 B12	DNA 합성에 관여	악성빈혈, 신경장애, 부정맥	없음
엽산(폴라신)	핵산대사에 관여	거대 적혈구성 빈혈, 위장장애, 설사	없음
판토텐산	조효소 A의 구성 물질	피로, 복부경련, 구토, 손과 발의 감각이상	없음
비오틴	지질, 단백질, 글리코겐 합성에 관여	피부염, 피로, 탈모	없음
비타민 C	콜라겐 합성에 관여	괴혈병, 근육 쇠약	없음

(3) 수분

① 수분의 기능

용매로서 많은 물질을 녹이고, 흡수된 영양소를 신체 각 부에 운반하며, 대사물을 체외로 배출시키고 기타 호르몬이나 효소의 운반, 체온의 조절, 삼투압의 유지, 각 장기 등의 마찰을 경감케 하는 등 인간의 생리작용에 없어서는 안 될 중요한 작용을 한다.

② 수분의 특징

우리 신체에 절대적으로 필요하며, 양적으로 체구성 성분 중 최대 부분을 차지한다. 필요량은 일괄하여 제시하기 어려우나 모유 영양아는 체중 1kg당 약 150ml의 수분을 취하고 있다. 즉, 영아기에는 체중 1kg당 125~150ml, 유아기 90~125ml, 학령기 50~90ml, 청년기 40~70ml가 적절하다. 일반적으로 하루에 필요로 하는 수분의 양은 어릴수록 많다.

4. 기초식품군

기초식품군은 균형 잡힌 식생활을 위해 매일의 식생활에서 반드시 먹어야 하는 식품들이다. 각 나라마다 국민 특유의 식생활을 감안하여 4~7개 군으로 다르며, 우리나라는 다섯 개의 기초 식품군을 정하였고, 2005년부터는 과일군과 채소군을 구분하여 다섯 가지 식품군으로 분류하였다(홍길회 외, 2019).

1) 곡류 및 전분류

곡류 및 전분류로서 밥, 빵, 국수, 감자 등 탄수화물을 주로 제공해 주는 식품들로 묶었다. 탄수화물은 우리 몸에 필요한 열량을 내 준다. 그러니까 힘을 내려면 이 식품군을 많이 먹어야 한다. 이 식품군은 우리가 주식으로 먹기 때문에 다른 식품군에 비해 비교적 많이 먹게 되므로 비타민 B군, 철분, 그리고 식이 섬유소 등도 많이 제공해준다.

2) 채소 및 과일류

채소 및 과일류로서 이 식품군에서는 여러 가지 비타민과 무기질, 식이섬유소를 제공한다. 이러한 영양소는 우리의 건강을 위해 매우 중요하므로 채소 및 과일류를 충분히 먹어야 한다. 또한 과일에는 탄수화물 중 단순당이 많이 들어 있어 달콤한 맛을 낸다.

3) 우유 및 유제품

우유 및 유제품으로서 주로 칼슘을 제공해 주는데, 칼슘 외에도 단백질, 비타민 B2 등을 제공해 준다. 칼슘은 성장기 어린이에게 매우 중요하므로 이 식품군을 빼놓지 않고 반드시 먹어야 한다.

4) 유지, 견과 및 당류

유지, 견과 및 당류로서 지방과 설탕을 제공해 준다. 그런데 지방과 설탕을 많이 먹는 것이 좋지 않기 때문에 이 식품군은 가능하면 적게 먹어야 된다.

5) 고기, 생선, 계란 및 콩류

고기, 생선, 계란 및 콩류로서 단백질과 철분을 제공해준다. 이 식품군에는 지방이 많은 것도 있으므로 잘 골라 먹어야 한다.

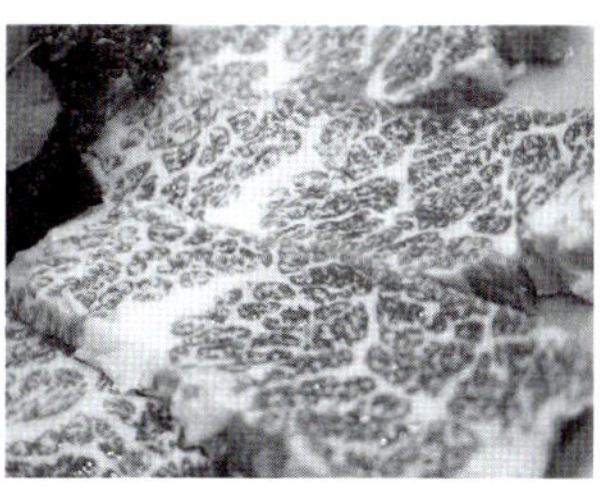

5. 식품구성탑

우리나라 고유의 아래가 넓고 위가 좁은 탑 모양을 통해 일반인들이 자연스럽게 아래에 위치한 식품군의 식품은 많이 섭취하고, 위쪽에 위치한 식품군에 속한 식품들은 적게 섭취하는 것이 바람직하다고 인식할 수 있도록 유도하고 있다. 아래에서부터 우리의 주식인 곡류 및 전분류, 다음으로 채소류와 과일류, 고기, 생선, 우유 및 유제품, 견과류, 당류가 있다.

이와 관련하여 최근에는 식사구성안이 제시되었다. 식사구성안이란 일반인에게 영양섭취 기준에 만족할 만한 식사를 제공할 수 있도록 식품군별 대표 식품과 섭취 횟수를 이용하여 식사의 기본 구성 개념을 설명한 것으로 자전거로 표현되었다.

식품구성자전거는 6개의 식품군에 권장식사패턴의 섭취횟수와 분량에 맞추어 바퀴 면적을 배분한 형태로, 기존의 식품 구성탑보다 다양한 식품 섭취를 통한 균형 잡힌 식사와 수분 섭취의 중요성 그리고 적절한 운동을 통한 비만 예방이라는 기본 개념을 나타내고 있다. 식품군별 대표식품의 1인 1회 분량을 기준으로 섭취 횟수를 활용하여 개인별 권장섭취패턴을 계획하거나 평가할 수 있다.

[그림 8-3] 식품구성자전거(한국영양학회)

6. 식품교환표

일일이 섭취한 식품을 식품성분표를 이용하여 내용을 분석하지 않고도 편리하고 정확하게 무엇을 얼마나 먹고 있는지 알 수 있도록 도와주기 위하여 대한영양사협회와 당뇨학회에 의해 공동으로 개발된 도구이다.

영양소 조성이 비슷한 것끼리 묶어 곡류, 어육류, 채소, 지방, 우유, 과일의 여섯 가지 종류로 구분한다. 같은 군에 속한 식품들은 먹고 싶은 것을 자유롭게 바꾸어 선택하여 먹음으로써 다양한 식품을 고루 섭취하고 처방된 열량범위에서 벗어나지 않게 도와주므로 간단한 교육을 통하여 쉽게 응용할 수 있다.

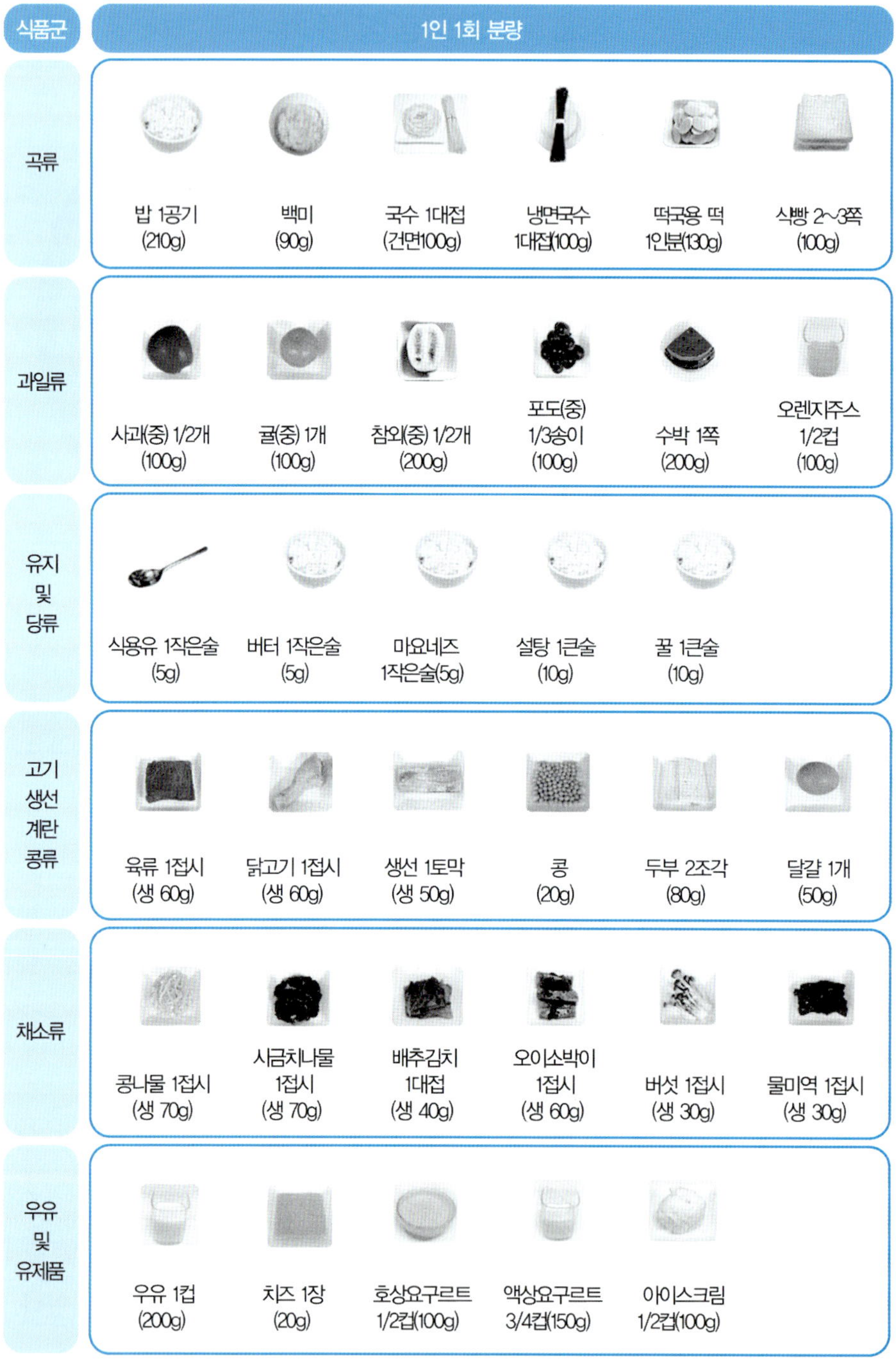

[그림 8-4] 식품군별 대표 식품의 1인 1회 분량

출처: 식품의약품 안전청 식생활안전과, 영유아 단체급식 표준

Chapter 9

영아기 영양관리

1. 영아기의 영양관리
2. 영아기에 필요한 영양소
3. 영아의 영양권장량
4. 영아 식사의 기본원칙 및 평가
5. 걸음마기의 영양관리
6. 환경구성
7. 영양문제

1. 영아기의 영양관리

영아의 영양은 신체 특성 및 활동 정도에 따라 필요량이 결정된다. 영아는 성인에 비하여 신진대사가 활발하고 단위 체중당 체표면적이 크므로 체중에 비해 다량의 영양소가 필요하다. 또한 성장발육이 왕성한 시기이므로 정상 발육을 달성하고 건강을 유지 및 증진하기 위해서 매일 적정량의 영양소를 섭취해야 한다. 영유아기는 신체의 급속한 발달속도에 맞추어 필요한 영양소의 질과 양도 다르며 운동량 또한 각기 다르므로 에너지 필요량도 개인차가 있으나 일반적인 영양관리의 기본을 살펴보면 다음과 같다(홍길회 외, 2019).

1) 수유와 이유

영아기는 출생 후 1개월부터 12개월까지를 말하며, 이 시기는 인간의 성장과 발달과정 전체에 걸쳐 발달속도가 가장 빠르기 때문에 이에 필요한 영양을 알맞게 공급해 주는 일은 중요하다. 영양은 수유(feeding)와 이유(weaning)의 과정이 원만하게 진행되어야 하고, 영아에게 적합한 영양제공 방법인지 적합성을 검토해 보아야 한다. 이유가 시작되기 전에는 모유영양, 인공영양 그리고 혼합영양을 취하면서 월령이 증가함에 따라 보충식이가 요구된다. 보충식이는 일반적으로 이유가 시작되는 5~6개월 전부터 소량씩 새로운 음식물들을 첨가하는 방식이 좋다.

2) 건강유지 및 증진

영아기 영양은 성장과 발달, 건강유지, 각 인체조직의 재생과 영아의 활동에 필요한 에너지 공급원이 된다. 부모나 교사에게 영아의 식이와 영양에 대한 교육과 상담은 지속적인 영아의 건강유지 및 증진의 기초가 된다.

영유아기의 정상적인 인체기능을 유지하는 데 필요한 에너지는 휴식상태일

지라도 기본적인 에너지를 필요로 한다. 에너지 소요량은 인체의 크기, 구성, 신체활동 그리고 환경에 의해 영향을 받는다. 우리 몸에 음식은 산소를 소모시켜 에너지와 열을 유리하는 연료가 되면서 새로운 조직을 만드는 데 필요한 화학물질이 된다.

영아기에 영아의 기본적인 에너지 필요량은 초기에 1일 50~60Cal/kg가 필요하나 성장함에 따라 다소 줄어든다. 에너지는 기초적인 신진대사 외에도 성장발달, 근육 운동, 음식을 섭취하는 운동, 대소변으로 소실되는 것 외에 불감성 소실 등에 필요한 것도 포함된다.

2. 영아기에 필요한 영양소

영아기에 필요한 영양소로는 단백질, 탄수화물, 지방, 무기질, 비타민 그리고 수분 등을 들 수 있는데 특징적인 면을 살펴보면 다음과 같다.

1) 단백질

영유아의 성장발달 과정에 가장 중요한 영양소는 단백질이다. 단백질은 모든 인체조직 세포의 구조와 기능에 필수적인 요소가 된다. 근육, 결합조직 등 신체 조작을 구성할 뿐만 아니라 효소, 호르몬, 체내 필수물질의 운반과 저장, 항체, 체액과 산-염기 균형 유지 등 중요한 기능을 가지고 있다.

단백질이 포함된 식품을 섭취하게 되면 적절한 화학적 과정을 거쳐 에너지나 신체구조의 일부분이 된다. 식사를 통해 얻은 단백질이 효율적으로 체내에서 이용되려면 에너지 섭취도 충분해야 한다. 그렇지 않으면 단백질이 제 기능을 수행하기보다는 아미노산으로 분해되어 에너지를 내는 데 참여한다.

신체 내에서 단백질은 아미노산으로 분해되어 혈액으로 흡수되며, 주로 조직의 재생작용에 중요한 역할을 담당한다. 동물성 단백질은 식물성 단백질에 비해 필수 아미노산의 함량이 풍부하고 균형도 잘 이루어져 있을 뿐 아니라 소화흡수율도 더 좋다. 영유아기에 발열, 감염, 기생충은 단백질 소요량에 영향을 주는 요인들이 된다. 또한 영유아는 소화흡수 기능이 미숙하므로 소화가 잘되는 양질의 단백질이 많이 함유된 식품을 제공해야 한다. 단백질은 정상 영아에게 하루 3~4g/kg이 필요하며 단백질을 얻을 수 있는 식품들은 계란, 우유, 콩류, 쇠고기와 돼지고기, 닭고기 등의 고기류, 생선, 치즈, 곡물 등이다.

2) 탄수화물

탄수화물은 에너지 공급원이며 항체 생산이나 세포의 구성을 위하여 필요한 영양소이다. 생체 내에서 단백질과 지방이 분해됨으로써 글리코겐(glycogen)을 만든다.

탄수화물은 뇌세포의 유일한 에너지원이며, 단백질 절약작용, 체구성 성분, 감미제공, 섬유소 공급 등의 기능을 한다. 탄수화물이 부족하게 되면 지방의 불완전 연소를 초래하여 탄수화물의 소요량을 증가시켜 케톤체를 형성하고 산-염기 평형에 이상 증상을 초래하여 산독증(acidosis)이 발생한다. 영아기에는 글리코겐 비축량이 적으므로 에너지가 요구될 때 적절한 양의 탄수화물이 섭취되어야 한다.

탄수화물은 성장기 영유아의 중요한 에너지원이므로 부족하지 않게 섭취해야 한다. 그러나 탄수화물을 과다 섭취하여 혈당량이 높은 상태로 유지되면 당뇨가 생길 수 있으며, 충치 유발율이 높아지고, 비만이 증가하므로 주의가 필요하다.

3) 지방

지방은 체내에 에너지원으로서 중요할 뿐 아니라 탄수화물이나 단백질보다 더 많은 열량을 낸다. 지방은 체내 세포의 구성 성분, 필수지방산의 공급, 지용성 비타민(vitamin A, D, E, K)의 흡수 등에도 중요한 역할을 하고 있다.

영유아의 성장에 필요한 필수지방산으로 리놀레익산(linoleic acid)과 리놀레닌산(lonolenic acid)이 있으며, 이들은 피부와 모발의 구성, 콜레스테롤의 조절 등에도 필요하다. 지방은 유지류로서 참기름, 면실유, 들기름, 버터, 마가린, 깨, 호두 등에서 얻을 수 있다.

지방산은 탄소원자가 사슬모양으로 연결된 카르복시산을 통틀어 일컫는 말인데, 지방산에는 포화지방산과 불포화지방산이 있다. 지방산에는 포름산, 아세트산 등이 있고, 불포화지방산에는 아크릴산과 크로톤산 등이 있다. 불포화지방산의 한 종류로 인체에 유해한 영향을 미치는 트랜스지방산(trans fatty acid)이 있으며 일반적으로 트랜스지방이라고 불린다.

트랜스지방은 액체기름인 불포화지방에 수소를 첨가해 인위적으로 고체상태로 만드는 과정에서 생성된 것이다. 특히 액상의 유지에 수소를 첨가하여 고체로 전환시키는 경화공정과정에서 트랜스지방이 많이 생성된다. 이 제조공정으로 만든 식품이 마가린과 쇼트닝으로 빵이나 과자에서 고소하고 바삭거리는 맛으로 대표되는 간식들이다. 트랜스지방은 식물성이지만 자연상태에서도 소량 존재한다.

오늘날 우리가 섭취하는 대부분의 트랜스지방은 식물성 기름이 수소화과정을 거치면서 생겨난 것이다. 최근에 트랜스지방을 과량 섭취하면 체내 혈관에 축적되어 몸에 해로운 콜레스테롤(LDL : low density lipoprotein) 수치를 높이고, 몸에 이로운 콜레스테롤(HLD : high density lipoprotein) 수치를 낮추는 작용을 하는 것으로 알려져 있다. 일정시간이 지나면 각종 심혈관계 질환의 발생에 영향을 미치는 것으로 알려져 있으나, 질병발생과의 관련성은 계속 연구되고 있다.

4) 무기질

무기질은 생체의 중요한 구성성분으로 생명유지와 성장발달에 필수적이다. 인체를 구성하는 많은 화학물질 중에 주로 물과 당질, 단백질, 지질 등의 유기물질을 구성하는 탄소, 수소, 산소, 질소를 제외한 나머지 물질을 무기질이라고 한다. 체내 총 무기질 함량은 보통 전체 체중의 약 4%에 해당되며 이 중 칼슘(Ca)과 인(P)이 총 무기질 함량의 3/4을 차지하고, 이 외에 칼륨(K), 황(S), 염소(C1), 나트륨(Na) 및 마그네슘(Mg)을 '다량무기질'이라 한다. 그 외의 나머지 미량으로 체내에 존재하는 무기질을 '미량무기질'이라고 한다.

무기질은 모유나 우유에 포함되어 있지만 결핍되게 되면 심각한 손상이 초래된다. 나트륨과 칼륨은 위장관으로 흡수되어 주로 신장을 통해 배설된다. 철(iron)은 혈색소의 구성요소로서 혈색소 및 미오글로빈(myoglobin) 형성에 관여하고 호톱효소로서 산소 운반 및 탄산가스 제거에 이용된다. 영유아기에는 필요량에 비해 섭취량이 부족하므로 철결핍성 빈혈이 유발된다. 영유아기에 부족현상이 있으면 식습관에서 개선하거나 우유에 첨가시켜 먹이는 방법이 많이 권장된다. 정상 영아에게 철분 공급은 출생 후 6개월 후부터가 바람직하다. 만삭아는 생후 6개월 동안에 필요한 충분한 양의 철분을 간에 저장하고 출생한다. 조산아는 출생 시에 아주 소량의 저장 철을 가지고 태어난다. 그러므로 철결핍 빈혈이 발생할 수 있다. 영유아는 1일 10~15mg의 철분이 필요하다.

5) 비타민

비타민은 대부분 체내에서는 생산이 불가능하므로 음식물이나 비타민 제제를 섭취함으로써 영유아의 요구량을 충족시켜야 한다. 비타민은 소량으로도 충분히 대사과정에 관계할 수 있으므로 필요한 만큼을 섭취하는 것이 중요하다.

그러나 필요 이상의 비타민을 섭취하게 되면 비타민 과다 증상으로 심각한 부작용을 초래할 수도 있다. 영유아기에 필수비타민에 비타민 A, 비타민 B 복합체, 비타민 C, 비타민 D, 비타민 E 등이 포함된다.

6) 수분

수분은 영양소보다는 인체의 중요한 구성성분으로 생명유지에 필수적인 것으로 영유아의 경우 체중의 70% 이상을 차지한다. 수분은 세포의 구성물이며 간질액을 구성하며 혈액, 림프, 척수액, 땀, 소변, 소화액, 담즙 등에도 포함되어 있다. 특히 영아는 성인에 비해 신진대사속도가 매우 빠르므로 많은 양의 수분을 필요로 한다. 영유아기의 수분필요량은 열생산과 소모량에 비례하므로 활동량을 관찰하면서 수분 공급이 이루어져야 한다. 정상 영아의 경우 1일 체중의 15%에 해당하는 수분이 필요하며 1일 125~150ml/kg의 수분을 섭취하도록 도와야 한다.

3. 영아의 영양권장량

성장과 발달은 영양과 가장 밀접한 관계를 가지고 있으므로 이 시기의 적절한 영양공급은 정상적인 신체발육에 직접적인 영향을 미치고 성인이 된 후에도 건강이나 체력, 지능에까지 영향을 미치게 된다. 이 시기에는 소화기의 구조나 기능이 충분히 발달되지 못한 미숙한 상태이므로 각별한 주의가 필요하다(한국영양학회, 2016).

첫째, 최근 경제성장과 더불어 식품산업의 발달로 풍부한 식량뿐만 아니라 식품의 종류와 양 그리고 가공식품도 다양하며 먹고 싶은 것을 쉽게 선택할 수 있게 된 요즘 환경에서는 자칫하면 영양과잉이나 영양부족 등의 영양불량이 나타날 수 있다.

둘째, 신생아 및 영아기로부터 좋은 영양에 의해 바르게 성장, 발달함으로써 건강한 국민을 기대할 수 있으므로 그 의의와 중요성을 이해하여야 할 것이다.

〈표 9-1〉 **영유아 성장에 필요한 균형 있고 안전한 음식섭취를 위한 1일 유아 영양권장량**

		열량Kcal	단백질 g	칼슘 mg	철분 mg	비타민 A μgE
6~11개월		730	13.5	300	7	400
1~2세		1000	15	500	7	300
3~5세		1400	20	600	7	300
6~8세	남	1600	25	700	9	400
	여	1500	25	700	9	400

출처 : 한국영양학회(2016). 한국인 영양섭취 기준 10차 개정.

▣ 균형 있는 영양소 섭취를 위해 선택되는 식품들은 다음과 같다.

- **단백질** : 육류, 생선, 달걀, 우유, 치즈, 콩류
- **곡류** : 쌀, 보리, 옥수수, 빵, 말린 시리얼
- **지방** : 식용유, 버터, 마가린
- **비타민** : 비타민 B군(야채와 과일류, 정제하지 않은 곡식류), 비타민 C(신선한 과일, 오렌지 주스, 토마토, 귤)
- **무기질** : 철분과 인(육류. 난황, 간, 녹색 야채류), 칼슘(우유)

▣ 영유아에게 부적합한 식품에는 다음 것들이 있다.

- **당분** : 다량의 당이 농축된 사탕, 젤리, 초콜릿 등의 과량섭취를 제한한다.
- **탄산음료** : 단순 당질이 과량 포함되어 아동의 식욕상실을 유발한다.
- **지방과다 식품** : 기름에 튀긴 음식이나 기름이 많이 흡수된 음식, 다량의 크림이나 버터 등을 제한한다.
- 기타 소화장애를 일으킬 수 있는 설익은 과일이나 향이 강한 야채류 등을 제한한다.

〈표 9-2〉 영유아를 위한 급식, 간식 식단 계획 시 참고할 다섯 가지 기초식품군

<table>
<tr><th></th><th>군별</th><th colspan="2">식품군</th><th>주요영양소</th><th>식품명</th></tr>
<tr><td rowspan="2">구성소식품</td><td>1</td><td colspan="2">수조어육류
난류
두유 및 콩제품</td><td>단백질</td><td>쇠고기, 돼지고기, 닭고기, 토끼고기, 생선, 조개, 굴, 두부, 콩, 땅콩, 달걀, 치즈, 어패류, 통조림, 조미건조 어패류, 두유</td></tr>
<tr><td>2</td><td colspan="2">우유 및 유제품
뼈째 먹는 잔생선</td><td>칼슘</td><td>멸치, 뱅어포, 새우, 잔생선, 사골, 우유, 유제품, 분유, 요구르트, 아이스크림</td></tr>
<tr><td>조절식품</td><td>3</td><td>채소 및
과일류</td><td>녹황색
담색과일</td><td>무기질 및
비타민</td><td>시금치, 당근, 상추, 토마토, 미역, 다시마, 김, 배추, 무, 오이, 김치, 콩나물, 사과, 감, 딸기, 포도, 배, 수박, 과일주스</td></tr>
<tr><td rowspan="2">영양소식품</td><td>4</td><td colspan="2">곡류
감자류</td><td>당질</td><td>쌀, 보리, 콩, 팥, 옥수수, 밀, 감자, 고구마, 꿀, 밤, 밀가루, 라면, 당면, 식빵, 빵</td></tr>
<tr><td>5</td><td colspan="2">유지류</td><td>지방</td><td>참기름, 들기름, 콩기름, 호두, 실백 등</td></tr>
</table>

출처 : 한국영양학회(2015).

4. 영아 식사의 기본원칙 및 평가

영아의 식단은 양적으로나 질적으로 충분한 만족감을 제공하여야 한다. 교사가 갖추어야 할 식사계획, 식단 작성순서와 영양평가에 관한 기본적이고 원칙적인 지식은 다음과 같다(한국영양학회, 2015).

1) 식사의 기본 원칙

- 영양분이 고루 배합된 다양한 식품 선택
- 단백질과 칼륨이 충분히 함유된 식품 선택
- 소화되기 쉽고 자연식에 기준을 둔 단순한 조리법 선택
- 음식의 색감, 질감, 형태, 맛의 변화를 통해 식욕을 증진시키는 식단
- 규칙적인 식사시간
- 영양소와 열량보충을 위한 간식 고려

- 책정된 급식비용, 급식제공 인력과 시설에 알맞게 준비
- 7~10일 단위로 바뀌는 주기식단 준비

2) 식단 작성순서

- 1일 공급될 영양소 확인
- 식품구성 측면에서 식품의 종류와 양, 식사별로 조합하여 구성
- 주기식단 목록표를 점검하고, 책정된 급식비용과 환경을 고려하여 음식 결정
- 식품 섭취량과 필요량 산출
- 작성된 식단표를 체크

3) 식단 작성 후 평가

- 다섯 가지 기초식품군을 고루 사용한 균형잡힌 식단인가?
- 식품의 구입 가능성과 가격을 고려한 계절식품인가?
- 음식의 색감, 질감, 형태, 온도, 맛의 배합과 대비가 적절한가?
- 특정한 식품이나 맛이 반복되지 않는가?
- 식단 작성자의 기호가 반영된 것은 아닌가?
- 영유아가 즐거운 분위기에서 식사가 가능한가?
- 음식조리 후 기구 이용, 배식 등에 문제는 없었는가?
- 식사 지도내용이 교육목표에 기초한 것인가?

5. 걸음마기의 영양관리

1) 걸음마기 유아의 특성

걸음마기는 성장률이 영아기에 비해 떨어지지만 여전히 높은 영양을 필요로 한다. 영아는 원할 때마다 주는 것이 가장 좋으나, 걸음마기 유아는 어느 정도 규칙적으로 음식을 섭취하는 것이 필요하다. 또한 이 시기의 유아는 호기심이 많은 한편 새로운 것에 대한 두려움도 크다. 이는 다양한 음식을 섭취하는데 방해가 될 수 있다.

걸음마기에는 영양이 풍부한 음식 중에서 받아들일 수 있는 한계 내에서 선택하도록 하는 것이 중요하다. 다양한 음식 중에서 선택하도록 유아를 격려함으로써 유아가 보다 독립적이 되도록 도울 수 있다. 또한 음식을 소량, 자주 주는 방법을 사용하는 것은 이 시기의 유아의 특성을 존중하는 섭식 방법이 될 수 있다.

2) 걸음마기 유아의 식생활

걸음마기는 영아기에 비해 에너지를 더 많이 요구하므로 에너지가 더 많이 함유되어 있는 밥이나 빵, 치즈나 버터 등이 공급되어야 한다. 단백질이 필요하고 비타민과 무기질 등도 적절하게 공급되어야 한다. 걸음마기에는 하루에 3회 균형 잡힌 식사 외에도 간식이 제공되어야 하며 음식물의 다양한 종류보다는 양과 횟수에 중점을 두어 영양불량이 되지 않도록 많은 관심을 필요로 한다. 또한 너무 많은 양의 음식이 앞에 있으면 유아는 압도되어 먹으려는 시도조차 안할 수 있다.

걸음마기 유아들이 먹을 수 있다고 생각하는 양보다 적게 주는 것이 좋으며 모자라면 더 달라고 하도록 한다. 이런 식으로 하면 음식의 양 때문에 압도되지 않으면서, 독립성을 표현할 수 있다. 또한 걸음마기 유아는 영양적 요구는 크지만 위의 크기가 작아 한번에 충분한 양을 먹지 못하므로 식사 외에도 음식을 섭취하여야 한다. 걸음마기에는 식습관이 형성되기 시작하므로 식사법과 수면, 감정 흥분 등을 세밀히 살피면서 식습관을 정립시켜 주는 것이 교사의 주요한 책무다.

〈영양 지도에 관한, 연간지도계획(걸음마기 : 18개월~3세)〉

월	지도목표	지도 내용 및 방법	영양관리	가정과의 연락 / 부모교육
3	식생활	• 골고루 먹기(게임)	• 균형있는 식단 작성 • 식사시간 규칙 정하기	• 점심 · 간식 식단표 제공 • 급식의 중요성(부모교육)
	영양	• 음식 이름 배우기(게임) • 식기 이름 배우기(그림 자료) • 오늘 식단은 무엇일까요? • 우리가 먹는 것들(그림 자료)		
4	식생활	• 식탁 닦기(실제 경험)	• 균형있는 식단 작성 • 식탁, 식기 점검 • 화단, 밭 점검	• 식단표 제공 • 영양정보 제공 • 특별음식 필요한 아동, 알레르기 있는 아동 알아보기
	영양	• 텃밭 만들기(실제 경험) • 음식 맛있게 먹기(실제 경험) • 골고루 먹어요(비디오테이프)		
5	식생활	• 흘리지 말고 먹어요(노래) • 식사 후에 입을 닦아요	• 균형있는 식단 작성 • 취사도구, 재료 점검, 위생	• 식단표 제공 • 식생활 · 영양 문제 상담 • 급식에 대한 설문조사
	영양	• 콩나물 기르기(실제 경험)		
6	식생활	• 식탁 닦기(실제 경험)	• 균형있는 식단 작성	• 식단표 제공 • 베란다에서 상추 키우기 • 편식 심한 아동은 가정에 알림
	영양	• 텃밭 가꾸기(실제 경험)		
7	식생활	• 흘리지 말고 먹어요(실제 경험) • 골고루 먹어요(실제 경험)	• 균형있는 식단 작성 • 신선한 야채준비	• 식단표 제공 • 긍정적 식습관 형성의 지침
	영양	• 야채들의 행진(그림 자료) • 야채가 좋아요(비디오) • 전문가 초빙 특강(영양사)		
8	식생활	• 천천히 씹어요(모델링)	• 균형있는 식단 작성	• 식단표 제공 • 부모역할의 중요성
	영양	• 과일을 먹어요(그림 자료) • 우유를 먹어요(실제 경험) • 밥과 반찬을 골고루 먹어요(게임)		
9	식생활	• 식사 전에 손씻기(실제 경험)	• 균형있는 식단 작성	• 식단표 제공
	영양	• 쌀이 되기까지(비디오 테이프) • 생선을 먹으면(이야기 하기)		
10	식생활	• 식탁 닦기(실제 경험)	• 균형있는 식단 작성	• 식단표 제공
	영양	• 텃밭 수확하기(실제 경험)		
11	식생활	• 과식하면 안돼요(이야기하기) • 식사 전에 손을 씻어요(실제 경험)	• 균형있는 식단 작성	• 식단표 제공
	영양	• 밀가루 반죽하기(실제 경험)		
12	식생활	• 음식은 소중해요(이야기하기) • 바른 자세로 먹어요(모델링)	• 균형있는 식단 작성	• 식단표 제공 • 자녀성장에 중요합니다. (가정 통신)
	영양	• 김치가 맛있어요(이야기하기)		
1	식생활	• 꼭꼭 씹어 먹어요(노래)	• 균형있는 식단 작성	• 식단표 제공 • 철분 강화식의 정보 제공
	영양	• 멸치를 먹어요(모델링)		
2	식생활	• 음식은 소중해요(도서)	• 균형있는 식단 작성	• 식단표 제공 • 부모 일일교사
	영양	• 식사 후에 물을 마셔요(인쇄물) • 골고루 먹어요(게임) • '부럼'을 먹어요(실제 경험)		

3) 긍정적 식습관 형성

걸음마기의 올바른 식습관 형성은 다음과 같다.

- 음식을 먹기 좋게 준비해 준다. (한 입 크기, 음식의 온도는 상온)
- 간단한 한 가지 음식을 제공한다.
- 다양한 음식을 제공하되 각 음식에 익숙해지도록 자주 준다.
- 식기의 사용을 권하되 손으로 먹는 것도 허용한다.
- 식사하기 전 1시간은 간식을 주지 말아 식욕을 떨어뜨리지 않는다.
- 식사시간은 즐거운 시간이 되어야 한다.
- 음식을 유아의 행동에 대한 상이나 벌로 이용하지 말아야 한다.

4) 식생활 행동 지도내용

<table>
<tr><th>연령 지도내용</th><th>지도방법</th></tr>
<tr><td>6~14개월경
양손으로 우유병
잡고 먹기</td><td>• 영아가 우유병을 잡도록 교사가 함께 잡아준다.
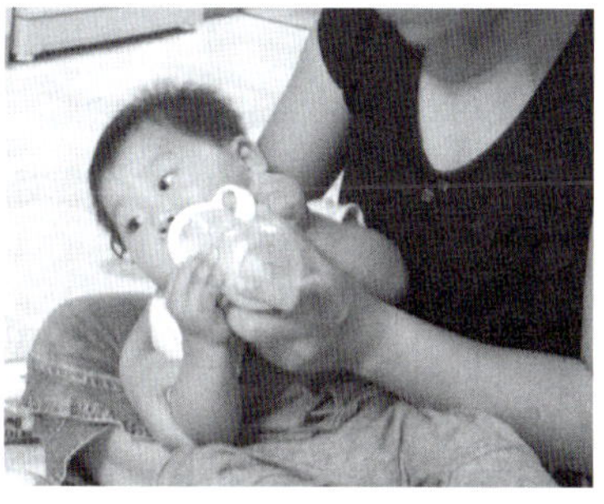
• 영아가 손으로 우유병을 잡으면 성인의 도움을 줄여 영아가 혼자 잡도록 한다.
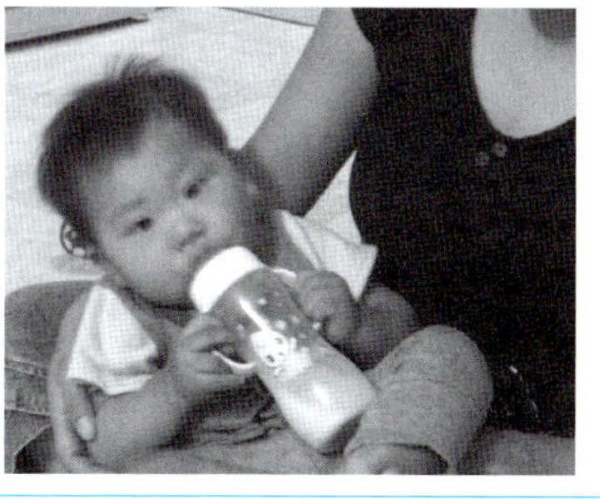</td></tr>
</table>

	• 우유병이 미끄러지지 않도록 헝겊을 감아주고 가슴에 수건을 말아 놓아서 우유병을 받쳐준다. 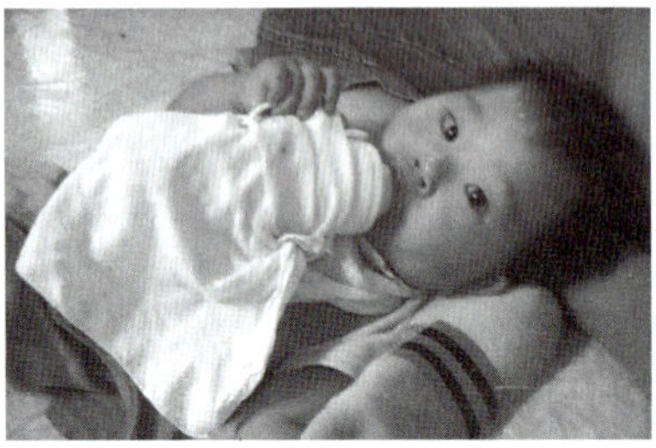
15~18개월경 빨대로 빨아 마시기 혼자서 컵으로 마시기 숟가락으로 음식 떠먹기	• 혼자서 컵으로 마시기 • 숟가락으로 음식 떠먹기 • 큰 플라스틱 빨대에 음료를 채워 한쪽 끝을 손가락으로 막고 다른 쪽 끝을 입에 넣어서 빨아 먹게 한다. • 빠는 동안 차츰 빨대를 기울여 준다. • 빨대를 아주 짧게 잘라서 짧은 빨대부터 시작하여 점점 빨대 길이를 늘인다. • 처음에는 용기에 빨대를 꽂아서 튜브를 눌러 줌으로써 음료가 쉽게 빨대를 따라 올라가도록 해준다. 어린이에게 튜브 용기를 눌러 보게 한다.
2~2세반경 포크사용하기	• 삶은 고기, 빵, 과일 조각 등 포크로 쉽게 찍어 올릴 수 있고 아이가 좋아하는 음식을 사용한다. • 영아의 손을 잡고 집어 얼리는 것을 돕는다. 점차 혼자 힘으로 할 수 있게 된다. 잘하면 칭찬해 준다.
3세경 물을 컵에 따르기	• 컵을 놓고 물을 따를 때 주전자나 용기를 기울이는 방법을 보여준다. • 작은 주전자에 물을 조금만 채워서 컵에 따르게 한다. • 깨지지 않도록 플라스틱 용기와 컵을 사용한다. • 주전자와 컵을 가지고 물놀이를 많이 하도록 한다.
3~4세경 젓가락 사용하기	• 소독저로 스펀지 조각을 빈 그릇을 옮겨 보게 한다. • 익숙해지면 대추, 도토리, 콩, 구슬 등 쉽게 집어지는 것에서부터 집기 어려운 것을 빈 그릇에 옮겨 담는 연습을 한다. • 점심시간이나 간식시간에 젓가락을 바르게 쥐고 잡기 쉬운 음식을 먹도록 하여 차츰 젓가락 사용에 익숙하게 한다.

6. 환경구성

1) 영아기의 수유 및 식사 영역

우유는 냉장고에 보관하고, 분유는 습기가 차지 않도록 한다. 우유병과 젖꼭지는 사용할 때마다 소독해야 하는데 보육시설에서 매번 소독하기 어려울 때에는 소독된 우유병과 젖꼭지를 여러 개 준비하도록 한다.

냉장고에 보관되었던 우유는 적당한 온도로 데워 영아들에게 주도록 하며 먹다 남은 우유는 모두 버리도록 한다. 우유나 분유를 탈 때는 반드시 손을 깨끗이 씻도록 한다.

2) 걸음마기의 점심 및 간식 영역

간식이나 식사는 보육실 내의 낮은 책상에서 먹는 것이 보통이다. 영아들이 빈번하게 지나다니거나 활발하게 놀이하는 곳과 떨어진 곳의 책상을 활용하며, 간식 전과 후에 행주로 책상을 깨끗이 닦고 가능하다면 소독액을 사용하는 것도 좋다.

7. 영양문제

1) 비만

(1) 영아기

영아기 비만은 성인기의 비만과 관련이 있을 수 있다. 따라서 비만의 예방은 영아기부터 시작해야 한다. 영아기의 비만은 인공영양 시 과식을 하거나, 이유식을 너무 빨리 제공했을 때 초래될 수 있다. 따라서 수유 시에 영아가 나타내는 포만의 신호를 알아채는 것이 중요하다. 인공영양아들이 먹는 양은 부모나 교사가 젖병을 통해 눈으로 볼 수 있으므로 성인이 타 놓은 양을 다 먹이는 경우가 흔하다.

성인은 영아가 보내는 포만 신호를 간과할 수 있다. 이러한 신호를 성인이 계속해서 무시하게 되면 영아는 신호를 나타내지 않게 된다고 한다. 그만 먹어야 될 시점을 알기 위해 수유 중간에 잠시 멈추어 영아로 하여금 자신의 포만 여부를 점검해서 다시 젖병을 물렸을 때 적적히 반응할 수 있는 기회를 제공한다. 또는 잠시 아기와 놀아준다. 이를 통해 영아가 배가 고파 계속 먹는 것인지 아니면 관심을 얻기 위해 먹는 것인지 알 수 있다.

(2) 걸음마기

걸음마기는 대개 음식으로 관심을 끌려는 경우가 아닌 한 충분히 먹었다고 생각하면 그만 먹는다. 음식을 보상이나 달래기 위한 수단으로 이용하는 것, 먹기를 강요하는 것, 양을 너무 많이 주는 것, 접시를 깨끗이 비우도록 요구하는 것 등이 비만을 가져 올 수 있다. 비만을 초래하는 것은 열량 섭취의 과잉보다는 활동 부족인 경우가 흔히 있어 신체활동은 정상체중을 유지하는데 중요하다.

과식으로 인한 비만아에게는 보다 적은 양의 음식을 미리 잘게 나누어 제공하여 양의 통제력을 기르도록 하고, 신체활동을 늘리며 지방과 설탕이 든 음식섭취를 줄이며 식사 전에 유아의 활동을 증진시킴으로써 식욕을 떨어뜨릴 수도 있다.

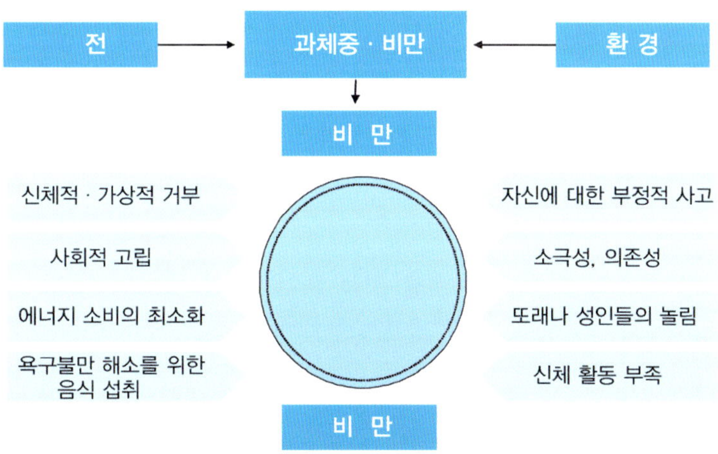

[그림 9-1] 비만을 초래하는 요인

2) 식욕의 감퇴 및 음식의 거부

영아기 후기와 걸음마기의 성장률의 둔화는 단위 체중당 필요 열량의 감소를 초래하며 식욕을 떨어뜨릴 수 있다. 유아가 피곤하고 지치고 병이 있다면, 혹은 낯선 환경이라면 식욕이 떨어진다. 또한 배고픔을 덜 느낄 수 있으며 자신의 독립성을 시험해 보이는 것일 수도 있어 음식을 거부할 수 있다.

3) 편식

이유식을 먹는 영아들은 단맛이 있는 이유식만을 먹으면 다른 맛을 배우는 기회가 없어져, 편식의 원인이 된다. 이유기의 아기가 싫어하는 식품은 채소이며, 처음에는 질감 때문에 채소음식을 뱉어버리기 쉽다. 상당한 시간을 두고 인내심을 가지고 채소 먹이는 것을 계속하면 아기는 이 촉각에 익숙해진다.

4) 식품 알레르기

식품 알레르기란 특정 식품을 섭취했을 때, 호흡기 · 소화기 · 피부 · 전신적 반응 등의 증상이 나타나는 것을 말한다. 식품 섭취 후 몇 분 후에 증상이 일어나는 '즉시형 반응'도 있지만, 음식을 먹고 1~2일 후에 증상이 나타나는 '지연형 반응'도 있다.

식품 알레르기의 가장 유명한 증상으로는 '아토피 피부염'이 있다. 피부가 갈라져 내내 간지럽고, 아이가 몸을 긁다가 피가 나기도 한다. 어린 아이들의 아토피 피부염은 식품 알레르기와 밀접한 연관이 있다.

알레르기를 일으키는 식품은 매우 다양하다. 알레르기성이 가장 낮은 것으로 알려진 '쌀'에 알레르기 반응을 일으키는 아이가 있을 정도로 개인에 따라 알레르기 유발 품목이 달라질 수 있다.

식품 알레르기는 영아기에 가장 많고 나이를 먹을수록 감소한다. 식품 알레르기의 주된 원인은 음식에 기인한다. 그리고 모든 식품은 알레르기를 일으킬 수 있는 잠재력을 갖고 있고, 가장 흔히 알레르기를 유발하는 식품은 우유이며 밀, 달걀, 옥수수, 초콜릿, 오렌지, 두류, 쌀, 생선, 쇠고기, 돼지고기, 닭고기 등이 자주 알레르기를 유발한다.

우리나라는 우유 · 땅콩 · 메밀 · 호두 · 새우 등 총 21종을 알레르기 유발물질로 지정, 이를 의무 기재하도록 규정하고 있다. 마트에서 구매하는 식품 뒷편이나, 패스트푸드 점 등 프랜차이즈 매장에서 '알레르기 정보'가 걸려 있는 표를 확인할 수 있는데, 이는 알레르기 유발물질 표기 정책 때문이다.

가금류, 우유, 메밀, 땅콩, 대두, 밀, 고등어, 게, 새우, 돼지고기, 복숭아, 토마토, 아황산류(이를 첨가하여 최종제품에 SO2로 10mg/kg 이상 함유한 경우에 한한다), 호두, 닭고기, 쇠고기, 오징어, 조개류(굴, 전복, 홍합 포함)와 같은 알레르기 유발 식품을 사용 또는 함유하는 경우 해당 원재료 명을 표시해야 한다.

5) 충치

충치는 구강 내 미생물에 의해 생성된 산(酸)이 치아 경조직을 파괴하여 일어나는 가장 흔한 영양장애이다. 치아표면에 존재하는 플라그 중의 박테리아가 입안의 당질을 분해하여 생성된 산에 의하여 치아의 법랑질과 상아질층을 파괴시키는 효소 및 독성물질을 합성하여 단백질을 분해하고 상아질의 견고한 결정체인 하이드록시아파타이트에서 무기질을 방출하여 치아를 손상하게 된다.

유치는 발육기의 성장에 관계될 뿐만 아니라 성격형성과 영구치에 영양을 미치며 한평생의 건강까지 좌우함으로 영유아교육기관과 가정에서 관심을 가진다. 영유아의 유치에 충치가 발생하는 현상을 우유병 증후군이라 한다. 잠잘 때 달콤한 우유를 물거나 어머니의 젖을 물린 채 자는 경우에 나타난다.

그리고 간식의 횟수도 충치 발생에 미치는 영양이 크다 간식의 횟수가 증가할수록 충치의 빈도수가 많아진다. 규칙적인 시간에 간식을 제공하고 충치 유발지수가 낮은 식품을 선택하고, 충치예방을 위하여 영아에게 컵에 물을 마시는 방법을 가르친다.

6) 빈혈

영유아기에 철분이 부족하게 되면 피가 묽어지고 빈혈 증상이 발생하게 되는데 이것을 유아철결핍성빈혈이라고 한다. 신생아, 유아들의 성장속도는 우리가 생각하는 것보다 훨씬 빠르고 생후 6개월경이 되면 음식물 섭취로 철분을 충분히 공급해 주어야 한다.

균형잡힌 이유식을 제대로 한 아기들은 철분이 결핍되는 경우가 거의 없지만 이유식을 제대로 먹이지 않거나 모유를 먹인다고 해서 이유식에 소홀하게 되면 유아 빈혈이 발생할 수 있다.

빈혈이 있는 유아들은 겉으로 봤을 때 크게 별 다른 이상이 없는 경우도 많지만, 안색이 창백하고 밥을 잘 먹지 못하거나 이유없이 울고 보채는 증상을 보이는 것이 일반적이다.

빈혈이 심한 경우에는 숨이 가빠지거나 맥박이 빨라지기도 하며 음식물을 제대로 섭취하지 않아 전체적으로 기운이 없고 축 처져 있기도 한다. 유아 빈혈의 경우, 심하면 성장장애를 초래하고 두뇌발달에 악영향을 미칠 수 있는데 대부분의 부모들은 빈혈이 심각한 단계에 이를 때까지 잘 알아차리지 못하는 경우가 많다.

따라서 철분이 부족하게 되면 아기의 신체 성장과 두뇌 발달에 큰 영향을 주게되고 면역력 저하의 원인이 된다. 면역력이 저하되면서 각종 바이러스성 감염, 질병에 자주 걸리고 치료도 오래 걸리게 되고, 철분이 부족하면 뇌에 혈액과 산소를 공급하는 활동이 원활하게 이루어지지 않아 두뇌 성장에 치명적인 영향을 줄 수 있다. 성장기인 유아에게 철분은 매우 중요한 영양성분이다.

Chapter 10

유아기 영양관리

1. 유아기 영양의 의의 및 중요성
2. 유아의 영양소 필요량
3. 식사지도
4. 유아기의 영양문제

1. 유아기 영양의 의의 및 중요성

1) 의의

식사중의 태도나 음식물의 기호, 위생습관 등의 기초는 유아기에 형성되며, 장래에 미치는 영향은 매우 큰 것이다. 즉, 유아기에 편식이나 급하게 먹는 등의 나쁜 버릇이 생기면 심신의 건전한 발달이 저해됨과 동시에, 그 버릇을 교정하려면 처음부터 바람직한 습관을 형성하는 것에 비해 몇 배의 더 많은 노력이 필요하게 된다.

그러므로 유아교육기관의 급식에 대해서는 좋은 식사내용을 제공하도록 힘쓰는 것은 물론이고, 아동의 연령 발달에 맞는 바람직한 식사지도, 식습관의 교육을 하는 것이 중요하다. 또한 식사지도와 식습관의 교육은 가정과 유아교육기관 양쪽에서 되도록 긴밀한 연락을 취하는 것이 좋다.

2) 중요성

유아기는 활동량이 급격히 증가하고 신체기능의 조절 및 사회·인지적 능력이 발달되는 중요한 시기로 이 시기에 적절한 영양 공급은 성장발달에 지대한 영향을 준다. 유아의 뇌 성장은 90%가 초기 3~4년간에 이루어지므로 이 기간의 영양결핍은 지적 능력에 부정적인 영향을 미칠 수 있으며, 성인기의 시력 감퇴, 치아 약화 등 신체적인 문제를 야기한다. 이와 반대로 고영양으로 생기는 비만의 경우도 각종 질병의 근원이 된다.

2. 유아의 영양소 필요량

유아기는 영아기의 성장속도에는 미치지 못하지만 지속적인 성장이 이루어지는 시기이다. 이 시기는 활동량이 급격히 증가하고, 신체조절 능력이 점차 향상되며, 두뇌 성장이 빠르게 진행된다. 또한 신체의 제반 조절 기능 및 사회 인지적 능력이 발달하는 시기이므로 충분한 영양소의 공급이 필수적으로 요구된다(구오옥 외 3인, 2013).

1) 에너지 권장량

유아기에는 체중에 비해 체표면적이 크기 때문에 높은 기초대사량을 필요로 한다. 유아의 발달은 개인적 차이가 있으므로 정해진 에너지 권장량에 의존하기보다는 유아의 성장속도와 체지방 축적 등을 통하여 에너지 권장량을 결정하는 것이 바람직하다.

〈표 10-1〉 유아의 에너지 적정비율

연령(세)	당질	단백질	지질	불포화지방산	불포화지방산
1~2세	55~70%	7~20%	20~35%	4~8%	1% 내외
3~19세	55~70%	7~20%	15~30%	4~8%	1% 내외
19세 이상	55~70%	7~20%	15~25%	4~8%	1% 내외

출처 : 한국영양학회(2015). 한국인 영양섭취기준

2) 단백질 권장량

단백질은 세포의 구성성분이므로 유아의 정상적인 발달을 위해 필수적인 물질이다. 유아조직의 유지, 체 구성성분의 변화, 새로운 조직합성을 위해 단백질 권장량으로 충당되어야 한다. 성장하는 동안 단백질의 체내 구성비는 1세 때

14.6%에서 점차적으로 증가하여 4세가 되면 성인수준인 18~19%가 된다.

성장을 위한 단백질 필요량 1~4g/kg 정도이다. 일반적으로 유아의 식단구성에서 단백질은 총열량의 13~15%수준을 제공하며 1~3세까지는 동물성 단백질을 총 단백질 중 2/3~4/5, 4세 이후에는 1/2~2/3를 포함시켜야 한다. 한국인 유아의 단백질 권장량은 1~3세는 25g, 4~6세는 30g이다.

〈표 10-2〉 **단백질 주요 공급원**

	해당 식품
단백질	두부, 닭고기, 콩, 달걀, 생선, 살코기 등

3) 비타민 권장량

비타민은 체내 대사과정에 관여하므로 대부분이 미량의 권장량일지라도 부족하게 되면 정상적인 신체발달과 성장에 영향을 미치게 되며 부족하게 되면 정상적인 신체발달과 성장에 영향을 미치게 된다. 비타민 A, D, E, B1, B2, 나이아신, B6, 엽산에 대한 한국유아의 권장량이 제시되어 있다.

〈표 10-3〉 **비타민 함유 식품**

		해당 식품
비타민 A		간, 달걀노른자, 치즈, 당근, 귤, 호박
비타민 B	비타민 B_1	콩, 돼지고기, 현미
	비타민 B_2	달걀, 살코기, 우유, 생선, 간, 치즈
비타민 C		귤, 딸기, 풋고추, 토마토, 시금치, 피망, 김치
비타민 D		간, 달걀노른자, 생선, 우유, 말린 버섯

출처 : 김숙이외 3인(2017). 아동건강교육. 경기: 정민사

4) 무기질 권장량

무기질은 우리 몸의 조직을 구성하고, 체내 생리 기능을 조절한다. 무기질은

실제 인체에 차지하는 비율이 4%에 불과하지만 정상적인 기능을 하는 데 꼭 필요한 영양소이다.

(1) 칼슘

유아기에는 골격 및 치아발육에 필요한 칼슘의 양을 충분히 공급해 주어야 한다. 칼슘의 흡수율은 30~60% 정도로 개인적 차이가 크며, 식사 내의 단백질 섭취량이 증가하면 소변 중의 칼슘 배설량은 증가하게 된다. 유아의 1일 칼슘 권장량은 1~3세에는 500mg, 4~6세는 600mg이다. 출생 후 9년까지의 골격성장을 위한 1일 칼슘 보유량은 75~150mg으로 측정되었다.

(2) 철분

유아기의 1일 철분 권장량은 1~6세 모두 10mg이며 식품으로 충당할 수 없을 때는 철분보충제로 보충할 수 있다. 철분의 급원으로는 육류, 생선, 가금류가 철 함량이 가장 높은 식품이며, 우유와 유제품은 철의 함량이 낮은 식품이다.

(3) 아연

미량원소인 아연은 단백질 합성과 성장발달에 필수적인 영양소이다. 세계보건기구(WHO, 1973)에서는 아연 섭취 권장량을 1세 이하는 3~4mg, 1~10세는 10mg으로 정하였다. 유아 1~6세까지 모두 1일 아연 권장량은 10mg이다.

(4) 수분

유아는 성인보다 체표 면적비가 크고 대사 활발하므로 체중당 수분 필요량은 성인보다 많다. 유아의 수분 필요량은 체중 1kg당 100~200ml이지만 여름에는 4배 이상의 물을 마시기도 한다. 심한 구토, 설사, 발열에는 탈수증이 나타나기 쉬우므로 매우 주의해야 한다.

〈표 10-4〉 무기질 함유 식품

	해당 식품
칼슘	우유, 요구르트, 멸치, 치즈, 아이스크림
철분	간, 달걀노른자, 깻잎, 시금치, 귤
아연	굴, 간, 육류, 달걀, 콩류

5) 영양섭취기준

영양섭취기준이란 우리나라 사람의 건강을 가장 좋은 상태로 유지할 수 있기 위해 섭취해야 하는 영양소량의 기준을 정해놓은 것으로 2005년에 새로 만들어졌다. 우리나라의 영양섭취기준은 4가지로 정해놓았는데, 평균필요량, 권장섭취량, 충분섭취량, 상한섭취량이다. 평균필요량은 우리나라 사람의 반 정도가 이 정도로 섭취하면 적당하다고 생각되는 영양소량이다. 즉, 나머지 반 정도에게는 충분하지 않을 수도 있는 것이다.

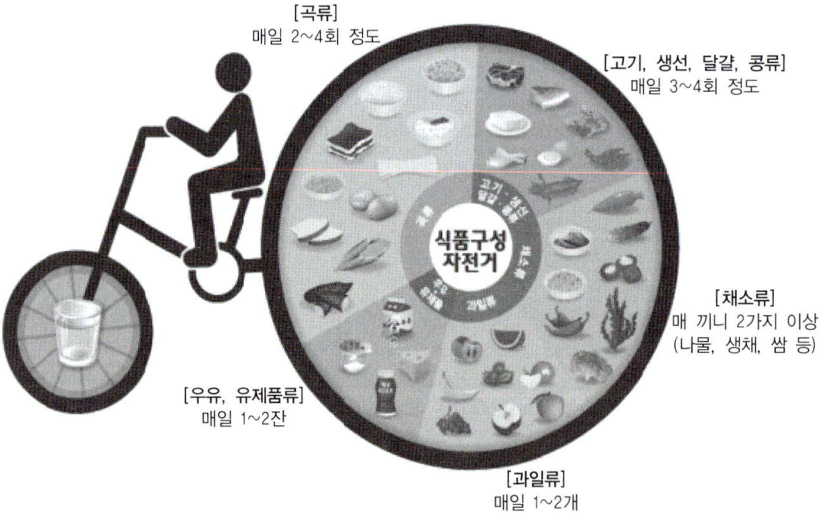

[그림 10-1] 영유아 1일 영양 섭취기준

출처: 식품구성자전거(한국영양학회, www. kns.or.kr)

권장섭취량은 대다수 사람에게 충분하다고 생각되는 영양소량이다. 충분섭취량은 모든 사람에게 충분하다고 여겨지는 영양소량을 정한 것이다. 결국 모든 사람에게 충분한 양이기 때문에 어떤 사람에게는 많은 양이 될 수도 있다.

그리고, 상한섭취량은 많이 먹으면 건강에 나쁠지도 모르는 경우에 그 이상 먹지 않는 게 좋겠다고 여겨지는 영양소량을 정한 것이다. 권장섭취량이 있는 경우 대부분의 어린이는 권장섭취량만큼 섭취하면 되고, 권장섭취량이 없는 경우에는 충분섭취량을 섭취하면 된다. 또한 영양제와 같은 보충제 등을 통해 상한섭취량 이상 섭취하지 않도록 해야 한다.

6) 유아를 위한 식품의 종류

(1) 유아기에 적당한 식품

유아의 균형 있는 영양섭취를 위해서는 완전한 식품을 한두 가지 선택하기보다는 다양한 식품을 골고루 주도록 한다. 유아기에 영양적으로 유익한 식품들은 다음과 같다.

우유, 달걀, 육류, 생선류, 치즈나 호상 요구르트, 과일류, 야채류, 곡류, 감자나 고구마, 옥수수 등의 전분질 식품, 버터 혹은 마가린

(2) 유아에게 부적당한 식품

어떤 식품은 식품 자체가 유아에게 부적합한 것도 있으며, 때로는 조리방법에 따라 부적당하게 될 수도 있으므로 이에 특별히 주의를 기울일 필요가 있다.

설익은 과일, 지방이 많이 포함된 음식, 농축된 당, 소름 함량이 많은 음식, 탄산음료, 야채류 중 간한 향취를 갖는 것, 많은 조미료나 향신료로 조미한 음식은 유아에게 부적당한 식품이다.

3. 식사지도

1) 식사지도의 필요성

어릴 때 형성된 올바른 식습관이 일생동안 중요한 영향을 미치며 건강유지에 기초가 되므로 올바른 식습관을 길러주는 것이 중요하다. 식사는 단지 영양만을 섭취하는 것이 아니다. 식사를 통해 유아는 신체적인 영양뿐 아니라 정신적인 만족감, 안정감까지도 느끼게 된다. 이는 유아의 정서 발달에도 큰 영향을 미치는 것이다. 그러므로 부모가 세심한 신경을 써주는 것이 필요하다.

(1) 유아의 식품에 대한 감각을 고려한다

유아들은 미각이 대단히 민감하다. 유아들의 입맛에 맞게 음식을 조리해 주어야 한다. 유아들은 강하지 않은 연한 맛을 좋아하며, 부드럽고 젤리와 같은 질감의 음식을 좋아하고, 미지근한 온도를 좋아한다. 색은 선명하고, 모양은 손가락 모양이며, 바삭거리는 종류를 좋아한다. 주의해야 할 것은 유아들도 성인과 같이 개인차가 있으며, 성인들이 제공하는 음식에 따라 미각이 달리 발달한다는 것이다.

(2) 호기심을 만족시켜 준다

언제나 같은 음식만 주면 싫증을 내므로 변화 있게 흥미를 끌 수 있는 모양으로 음식을 만들어 준다.

(3) 유아에게 적절한 식사환경을 준비해 준다

편안한 자세로 손에 알맞은 물컵, 숟가락, 포크를 이용하여 식사할 수 있게 해 준다. 식사하기에 불편한 식탁이나 의자, 성인용의 큰 물컵, 숟가락 등은 유아들에게 좌절감을 주기 쉬우며, 좋은 식습관을 형성하는 데 장해가 된다.

(4) 유아가 선택할 기회를 준다

어릴 때부터 자신의 식생활을 할 수 있도록 무엇을 먹을지 선택하고 결정할 수 있는 능력을 길러 준다. 그러나 유아에게 무엇을 준비하고 유아의 식욕에 따라 선택하게 한다든지, 우유를 줄 때에 찬 우유를 원하는지 더운 우유를 원하는지, 한 컵을 마실지 반 컵을 마실지 등을 물어서 유아가 선택하게 한다.

(5) 규칙적인 식사시간과 음식의 양을 조절할 수 있게 한다

식사는 항상 일정한 시간에 규칙적으로 하며, 음식은 먹을 수 있는 만큼만 주어 남기지 않게 하고, 부족시에 더 먹는 습관을 들이도록 한다.

(6) 유아들에게 식사 지도를 참을성 있게 한다

이 시기의 유아들은 근육 운동 기관이 완전히 발달되지 않아 음식을 흘리는 경우가 많다. 또한, 동작이 느려 성인의 속도에 따를 수가 없다. 그러나, 음식을 먹도록 간청하거나 강요하지 않아야 한다.

2) 식사습관의 일반적인 지도

유아의 특성을 고려한 음식, 식사규칙, 식사습관 지도 시 고려사항은 다음과 같다.

(1) 식사습관 지도단계

- 만 3~4세
  - 활동량의 증가로 식욕이 증가하고, 음식에 대한 흥미가 생기며 식사태도를 이해하기 시작한다.
  - 만 3세가 되면 젓가락을 사용하게 할 수 있다.

- 만 4~5세
  - 엎지르지 않고 식사를 할 수 있으며, 식사 시 타인을 의식하고, 친구나 어른들과 대화를 하며 식사를 하는 등 바른 식사태도를 이해할 수 있다.
  - 이 시기에 유아가 지켜야 할 식사 규칙 및 예절을 가르치는 것이 효과적이다

(2) 유아에게 적절한 음식 제공

- 점진적으로 새로운 음식 소개
  - 새로운 음식을 소개할 때는 친숙한 음식과 함께 적은 양을 주어서 점차적으로 익숙해지게 함

- 사용하기 쉬운 도구 제공
  - 소근육 발달이 미숙하고 도구의 사용이 서투르기 때문에 유아가 사용할 수 있고 크기가 알맞은 식사도구를 준비해 줌
  - 유아의 관심을 끌 수 있도록 매력적인 용기를 사용하는 것도 좋음

- 요리방법 고려
  - 음식의 모양, 크기, 씹는 느낌 때문에 음식을 싫어할 수 있으므로 유아들이 좋아하는 모양, 크기, 느낌의 음식을 제공함
  - 식초나 후추처럼 자극적인 식품을 싫어하고, 건강에도 좋지 않으므로 강한 향신료는 사용하지 않음

- 소화력 고려
  - 소화력은 한정되어 있으므로, 음식을 소량으로 여러 번 나누어 제공함

(3) 식사예절 및 규칙

- 음식을 먹기 전에 손을 씻음
- 음식을 먹기 전에 감사하는 마음을 표현함

- 음식을 기쁘고 즐거운 마음으로 먹음
- 음식을 골고루 먹음
- 음식을 천천히 꼭꼭 씹어서 먹음
- 적당량의 음식을 먹음
- 입에 음식을 넣고 이야기하지 않음
- 음식을 돌아다니지 않고, 자리에 앉아서 먹음
- 음식을 깨끗이 먹음
- 음식을 먹은 후에 자기 자리 및 그릇은 스스로 정리함
- 음식을 먹은 후에는 이를 닦음

(4) 식사습관 지도 시 주의점

- 교사가 지나치게 간섭하거나 강요하는 것은 바람직하지 않음
- 교사는 유아의 발달을 고려해야 하고, 유아의 건강 및 기분 등을 파악하여 융통성 있게 지도함
- 유아들은 쉽게 식욕이 변화할 수 있다는 것을 이해함
- 지속적으로 빈둥거리고, 장난하고, 음식을 먹지 않을 때는 유아의 의견을 묻고 그릇을 정리하게 함
- 간식과 식사는 즐겁게 음식을 먹는 것이 중요하므로 편안한 분위기에서 식사지도를 함
- 간식시간은 15분, 식사시간은 30분 내외로 진행하는 것이 좋으나 개인 유아에 따라 유동적으로 지도함
- 직접적인 지도방법보다는 관련 동화나 비디오 자료를 보거나 이야기 나누기, 토의, 견학 등의 활동을 통해서 유아 스스로 이해하고 문제를 해결해 나가도록 지도함
- 교사는 유아에게 모델이 되므로 교사 스스로 바른 식사습관을 보여줌
- 가정과 연계하여 일관성 있게 식사습관 지도를 함.

〈영양 지도에 관한, 연간지도계획(유아기 : 3~5세)〉

월	지도목표	지도 내용 및 방법	영양관리	가정과의 연락/ 부모교육
3	식생활	• 식사 시간의 규칙(게임)	• 균형있는 식단 작성 • 식사시간 규칙 정하기	• 점심 • 간식 식단표 제공 • 급식의 중요성(부모교육)
	영양	• 오늘 식단은 무엇일까요(게임) • '카레라이스' 노래 부르기(노래)		
4	식생활	• 식탁 닦기(실제 경험) • 설거지 그릇 나르기(실제 경험) • 바른 식사예절 갖기(그림자료)	• 균형있는 식단 작성 • 식탁, 식기 점검 • 화단, 밭 점검	• 식단표 제공 • 영양정보 제공 • 특별음식 필요한 아동, 알레르기 있는 아동 알아보기
	영양	• 딸기밭 꾸미기(실제 경험) • 텃밭 만들기(실제 경험)		
5	식생활	• 식탁 닦기, 상차리기(실제 경험)	• 균형있는 식단 작성 • 취사도구, 재료 점검, 위생	• 식단표 제공 • 식생활 • 영양 문제 상담 • 급식에 대한 설문조사
	영양	• 어디에 좋은 음식일까요(그림 자료) • 5가지 식품군 분류하기(게임) • 밥을 지어요(요리) • 콩나물 기르기(실제 경험)		
6	식생활	• 설거지 그릇 나르기(실제 경험)	• 균형있는 식단 작성 • 우유공장 목적지 점검	• 식단표 제공 • 베란다에서 상추 키우기 • 편식 심한 아동은 가정에 알림
	영양	• 우유공장 견학(견학) • 우유를 먹어요(모델링)		
7	식생활	• 바른 자세로 먹어요(모델링)	• 균형있는 식단 작성 • 신선한 야채준비	• 식단표 제공 • 긍정적 식습관 형성의 지침
	영양	• 야채들의 행진(그림 자료) • 야채가 좋아요(비디오) • 불량식품은 해로워요(문학활동) • 전문가 초빙 특강(영양사)		
8	식생활	• 젓가락으로 옮기기(실제경험, 모델링)	• 균형있는 식단 작성	• 식단표 제공 • 부모역할의 중요성
	영양	• 과일을 먹어요(그림 자료) • 텃밭 가꾸기 (실제 경험) • 밥과 반찬을 골고루 먹어요(노래)		
9	식생활	• 바른 식당예절(모델링)	• 균형있는 식단 작성 • 어촌마을 목적지 점검	• 식단표 제공
	영양	• 쌀이 되기가지(비디오 테잎) • 어촌마을 견학(견학) • 생선을 먹으면(이야기 하기) • 조개 캐기(실제 경험)		
10	식생활	• 설거지 그릇 나르기(실제 경험)	• 균형있는 식단 작성 • 유기농법 과수원 목적지 점검 • 안전하고 위생적인 요리준비	• 식단표 제공 • 텃밭의 수확물로 요리 (부모참여)
	영양	• 유기농법 과수원 견학(견학) • 텃밭의 수확물로 만드는 요리(요리)		
11	식생활	• 과식하면 안돼요(이야기 하기) • 식사 전에 손을 씻어요(실제 경험)	• 균형있는 식단 작성 • 안전하고 위생적인 요리준비	• 식단표 제공
	영양	• 식단짜기(실제 경험) • 밀가루 반죽하기 & 요리(요리)		
12	식생활	• 음식은 소중해요(도서) • 바른 자세로 먹어요(모델링)	• 균형있는 식단 작성 • 안전하고 위생적인 요리준비	• 식단표 제공 • 자녀성장에 중요합니다. (가정통신)
	영양	• 김장하기(실제 경험) • 김치가 맛있어요(토론)		
1	식생활	• 음식준비(실제 경험) • 상차리기(실제 경험)	• 균형있는 식단 작성	• 식단표 제공 • 철분 강화식의 정보 제공
	영양	• 식사 후에 물을 마셔요(인쇄물) • 골고루 먹어요(게임)		
2	식생활	• 꼭꼭 씹어 먹어요(노래) • 식사준비를 도와주어요(실제 경험)	• 균형있는 식단 작성 • 시장 목적지 점검	• 식단표 제공 • 부모 일일교사
	영양	• 시장 견학하기(견학) • '부럼'을 먹어요(실제 경험)		

4. 유아기의 영양문제

1) 식욕 부진

유아가 4세 전후의 시기에는 식욕 부진이 일어나기 쉬우며, 특히 3~4세경에는 자아의식의 발달 등 기호 감정이 뚜렷해지기 때문에 싫은 것에 대해서는 거부 반응을 보이게 되는데 이를 무시하고 강제로 음식을 먹이려 하거나 간식을 자주 준다거나, 운동부족 등으로 욕구불만이 야기되어 주어진 음식에 순응할 수 없을 때 식욕 부진이 될 수 있다.

식욕 부진은 원인을 올바로 파악하여 대처해야 하는데, 식사가 허술하다고 생각하여 간식을 자주 주면 위에 음식이 계속 차 있게 되어 일상식사의 식욕 부진을 초래하게 된다. 그러므로 식욕 부진의 해결책으로는 식사시간은 30분 정도로 하고 간식을 자주 주지 않으며, 충분한 운동을 통한 규칙적인 생활리듬 속에서 식전의 공복감, 식사 시의 즐거움, 식후의 만족감을 부여해 주어야 한다.

2) 편식

심하면 섭취하는 식사내용이 영양적으로 불균형하게 되어 발육과 성장 및 영양상태가 뒤떨어지게 되고, 성격상의 문제까지 초래하게 되어 신경질적으로 될 수 있다. 주요 원인으로는 부모의 편식, 질병, 기생충, 식사에 대한 혐오감을 느끼는 경험을 했거나, 특정한 식품의 맛, 향, 질감 등이 구미에 맞지 않을 때도 편식을 일으키게 한다.

유아기에는 심리적으로 조그만 흥미에도 쉽게 동요되므로 식사 분위기, 식사 방법, 그릇에 음식을 담는 방법 등을 연구하며 흥미를 유도하는 것이 좋다. 싫어하는 식품을 억지로 강요하는 대신 유사한 영양소를 함유한 다른 식품으로 대치하든지 익숙한 음식과 함께 제공함으로써 서서히 익숙해지도록 한다면 편식 교정이 가능할 것이다.

3) 비만

비만아에 의해 나타나는 임상적 문제들로는 심장순환기능의 손상, 고혈압, 지질대사의 이상, 당뇨병의 출현, 고인슐린혈증, 지방간, 골격 발달의 저해, 피부병, 운동기능의 약화, 정서불안 등을 들 수 있다.

유아의 경우에는 비만에 의해 운동 부족이 되면 신체활동에 열등감을 가지게 되고, 더욱 비만도를 높이는 악순환을 초래하기도 하므로 일찍 치료하여 표준체중을 유지하도록 하는 것이 중요하다.

유아 비만은 식사 자체의 과다한 섭취에 의해서라기 보다는 간식의 과다한 섭취, 불규칙한 식사, 운동 부족, 부모의 관심 소홀로 인한 외로움을 음식으로 달래는 습관 형성 등에서 그 원인을 찾을 수 있다. 비만아의 공통된 특징으로는 설탕이 많이 포함되어 있는 음료수, 과자류 등을 간식으로 섭취하는 경향이 많고 일상적인 식사에서도 고당질의 식품을 많이 섭취하게 된다. 단 음식이나 고당질의 식품 섭취는 제한하고 단백질, 지방, 비타민 및 무기질 등의 영양소는 부족하지 않도록 해야 합니다.

〈표 10-5〉 **유아의 비만을 예방, 관리하는 방법**

유아의 비만을 예방, 관리하는 방법
• 신체활동을 하도록 격려한다. • 고열량식을 제한한다. • 과일 쥬스, 초코 우유와 같이 단 음료를 지나치게 많이 마시지 않도록 한다. 적절한 양의 우유를 마신 다음 목이 마를 때는 물을 마시도록 한다. • 2세 이상된 유아에게는 저지방유나 탈지유를 먹일 수 있다. • 작은 그릇에 음식을 담는다. • 식이섬유가 많이 함유된 과일과 채소를 먹인다. • 일정한 식사시간에 적은 양의 음식을 먹도록 한다. 세 끼의 식사와 두 번의 간식의 양과 영양소의 균형을 미리 계획한다. • 음식을 벌이나 보상, 달래기 위한 수단으로 이용하지 않는다. 음식이 아닌 보상을 제공한다. 생일, 명절, 기타 특별한 날에 특별식보다는 활동에 초점을 두고 기념하는 방법을 계획한다. • 음식에 의지하지 않고 감정이나 스트레스를 다룰 수 있도록 유아를 돕는다. • 성인의 식습관과 태도가 유아에게 영향을 미친다는 것을 염두에 두고 성인이 적절한 식생활습관의 모범을 보인다.

출처 : Aronsan (2002), p, 56.

4) 음식물 알레르기

알레르기는 인체내에 들어온 이물질에 대하여 일어나는 과잉 면역 반응으로 음식알레르기는 음식물이 항원이 되어 일어나는 알레르기성 질환이 있다. 유아기의 음식물 알레르기의 대부분이 유아가 성장하면서 향상된 면역 반응에 의해 좋아지지만 진드기 합병이 생길 수 있으며, 이 경우 장기화되기 쉽다.

사람은 일상생활을 해나가면서 대기 중에 떠돌아 다니는 병원성 미생물에서 화학물까지 다양한 물질을 호흡과 함께 몸 속으로 받아들이거나 접촉하게 되는데, 신체가 이런 외부 물질과 접촉하게 되면 그다지 위험한 상황이 아님에도 불구하고 우리 몸은 과민반응을 보이고, 신체적 변화를 일으킬 수 있다. 이런 과민반응과 신체적 변화가 바로 알레르기이다. 즉, 보통 대부분의 사람에게는 아무런 문제도 일으키지 않는 물질이 어떤 사람에게만 두드러기, 비염, 천식 등 이상과민반응을 일으키는 것을 말한다.

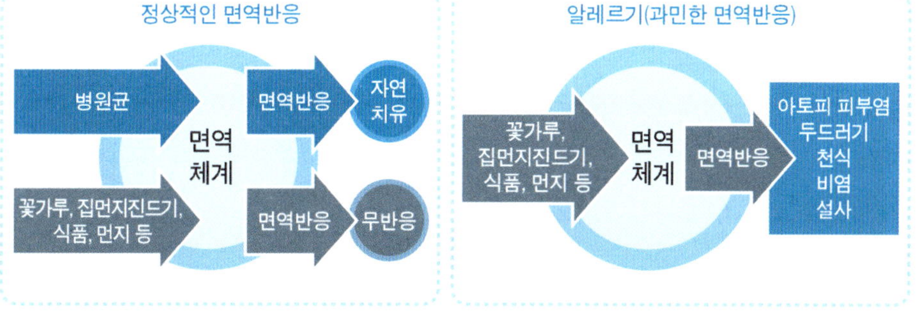

[그림 10-2] 알레르기의 내용

유아의 음식물 알레르기는 달걀에 의한 것이 압도적이고, 우유 및 대두가 3대 알레르기원인 식품으로 알려져 있다. 단백질 식품 외에 딸기, 복숭아, 죽순 등이 원인이 되기도 하며, 식품의 신선도, 가열조리 방법, 섭취량, 섭취 빈도 등에 따라 차이가 있다.

유아기의 음식물 알레르기는 개인의 특성과 식품의 종류에 따라 다양하게 나타나기 때문에 올바른 원인 규명과 이에 적합한 대책이 강구되어야 한다. 알레르기의 원인으로 판명된 식품은 섭취하지 않도록 하며, 원인으로 의심이 되는 식품은 날것으로 먹지 말고 신선한 재료를 선택하여 충분히 조리한 후에 섭취하는 것이 좋다.

PART

4

건강교육 운영

Chapter 11

국가수준 교육과정과 건강교육

1. 제3차 표준보육과정과 건강교육
2. 누리과정과 건강교육
3. 0~2세 표준보육과정과 3~5세 누리과정 건강교육의 공통점과 차이점

1. 제3차 표준보육과정과 건강교육

1) 건강교육의 목표

(1) 0~1세

건강한 일상생활을 하며 놀잇감을 안전하게 사용하고 바른 예절과 기본 질서에 관심을 갖는다.

① 몸을 깨끗이 하고 즐겁게 먹고 건강한 일상생활을 한다.
② 놀잇감을 안전하게 사용하고 위험한 상황을 안다.
③ 일상생활에서 바른 예절과 기본 질서에 관심을 갖는다.

(2) 2세

건강에 관심을 가지고 위험을 알고 조심하며 바른 예절과 기본 질서에 관심을 갖는다.

① 몸을 깨끗이 하고 바른 태도로 먹고, 건강한 일상생활을 하고 건강에 관심을 갖는다.
② 놀이기구나 놀잇감을 안전하게 사용하고 교통수단의 위험과 위험한 상황을 알고 조심한다.
③ 일상생활에서 바른 예절과 기본 질서에 관심을 갖는다.

2) 건강교육의 성격

영유아가 기본생활 영역에서 습득해야 할 내용으로 건강한 생활, 안전한 생활, 바른 생활이라는 세 가지 내용범주를 정했다. 이들은 영유아의 기본생활습관 형성과 관련된 중요한 구인이다. 각각의 내용범주는 상호 독립적이며, 이들

요인이 모이면 영유아기에 반드시 습득해야 하는 기본생활습관의 전체 내용이 된다.

3) 건강교육의 기본내용

각각의 내용범주는 상호 독립적이며, 이들 요인이 모이면 영유아기에 반드시 습득해야 하는 기본생활습관의 전체 내용이 된다.

내용 범주	만 2세 미만
건강한 생활	• 몸을 깨끗이 하기 • 즐겁게 먹기 • 건강한 일상생활하기
안전한 생활	• 놀잇감을 안전하게 사용하기 • 위험한 상황을 알기
바른 생활	• 바른 예절에 관심 갖기 • 기본 질서에 관심 갖기

4) 건강교육 세부내용

연령이 증가함에 따라 하위 내용의 수가 많아지고, 내용의 난이도 또한 높아진다. 그리고 각 연령별 수준은 발달수준에 따른 적절한 보육이 이루어질 수 있도록 내용을 세분화하여 동일 연령대에서도 수준 차에 따른 차별화된 내용을 제시하도록 하였다.

① 0~1세

<table>
<tr><th>내용 범주</th><th>내 용</th><th>1수준</th><th>2수준</th><th>3수준</th><th>4수준</th></tr>
<tr><td rowspan="11">건강한 생활</td><td rowspan="3">몸을 깨끗이 하기</td><td rowspan="2"></td><td colspan="3">도움을 받아 이를 닦는다.</td></tr>
<tr><td>도움을 받아 손을 씻는다.</td><td colspan="2">스스로 손 씻기를 시도한다.</td></tr>
<tr><td colspan="4">몸이 깨끗해졌을 때 기분이 좋음을 안다.</td></tr>
<tr><td rowspan="3">즐겁게 먹기</td><td>편안하게 안겨서 우유(모유)를 먹는다.</td><td>고형식에 적응한다.</td><td colspan="2">음식을 골고루 먹는다.</td></tr>
<tr><td rowspan="2"></td><td>도구를 사용하여 먹는다.</td><td colspan="2">스스로 도구를 사용하여 먹는다.</td></tr>
<tr><td colspan="3">정해진 자리에서 먹는다.</td></tr>
<tr><td rowspan="5">건강한 일상생활하기</td><td colspan="4">수면을 충분히 취한다.</td></tr>
<tr><td colspan="4">편안하게 쉰다.</td></tr>
<tr><td colspan="4">익숙한 공간에서 안정된 마음을 갖는다.</td></tr>
<tr><td colspan="4">하루 일과에 즐겁게 참여한다.</td></tr>
<tr><td></td><td colspan="2">배변 의사를 표현한다.</td><td>정해진 곳에서 배변한다.</td></tr>
</table>

② 2세

<table>
<tr><th>내용 범주</th><th>내 용</th><th>1수준</th><th>2수준</th></tr>
<tr><td rowspan="11">건강한 생활</td><td rowspan="2">몸을 깨끗이 하기</td><td colspan="2">스스로 이 닦기를 시도한다.</td></tr>
<tr><td colspan="2">스스로 손과 몸 씻기를 시도한다.</td></tr>
<tr><td rowspan="2">바른 태도로 먹기</td><td colspan="2">음식을 골고루 먹는다.</td></tr>
<tr><td colspan="2">식사에 즐겁게 참여하며 스스로 먹는다.</td></tr>
<tr><td rowspan="5">건강한 일상생활하기</td><td colspan="2">일과에 따라 규칙적으로 잠을 잔다.</td></tr>
<tr><td colspan="2">정해진 시간에 알맞게 휴식한다.</td></tr>
<tr><td colspan="2">또래와의 놀이에 즐겁게 참여한다.</td></tr>
<tr><td colspan="2">하루 일과에 즐겁게 참여한다.</td></tr>
<tr><td colspan="2">정해진 곳에서 배변한다.</td></tr>
<tr><td rowspan="2">건강에 관심 갖기</td><td colspan="2">건강에 관심을 갖는다.</td></tr>
<tr><td>더러워진 옷을 갈아입으려 시도한다.</td><td>옷을 깨끗하게 입는다.</td></tr>
</table>

2. 누리과정과 건강교육

1) 건강교육의 목표

자신의 신체에 대한 긍정적인 인식과 생활에 필요한 기초 체력을 기르고, 건강하고 안전한 생활습관을 갖는다. 기본 운동 능력과 건강하고 안전한 생활 습관을 기르는 것이다.

① 감각 능력을 기르고, 자신의 신체를 긍정적으로 인식한다.

② 신체를 조절하고 기본 운동 능력을 기른다.

③ 신체 활동에 즐겁게 참여한다.

④ 건강한 생활 습관을 기른다.

⑤ 안전한 생활 습관을 기른다.

2) 건강교육의 성격

건강생활은 긍정적 자아개념과 일상생활에 필요한 기초 체력을 기르며, 유아의 심신을 조화롭게 발달시키기 위한 영역이다. 이 영역은 나의 몸 인식하기, 나의 몸 움직이기, 건강하게 생활하기, 안전하게 생활하기의 네 가지 내용으로 구성한다. 나의 몸 인식하기는 기본적인 감각기능을 기르고 자신의 신체를 긍정적으로 인식하도록 하는 데 중점을 둔다(김은심 외, 2012).

나의 몸 움직이기는 유아기에 해야 할 운동을 체계적이고 규칙적으로 실시하여 기본적인 운동능력을 기르고 기초 체력을 증진하는 데 중점을 둔다. 건강하게 생활하기는 청결, 영양, 질병 예방, 휴식을 통한 신체 건강뿐 아니라 정신 건강을 유지하고 건강한 생활습관을 형성하는 데 중점을 둔다. 안전하게 생활하기는 자신과 타인의 몸을 소중히 여기고, 우리 주변에서 발생할 수 있는 위험을 예방하며, 재난에 대비하는 데 필요한 지식과 기능 및 태도를 기르는 데 중점을 준다.

건강생활 영역의 교육활동에서는 다양한 감각 및 신체활동을 통하여 생활 교육으로 이루어지게 하며 다른 영역의 내용과 통합해 다루도록 한다. 특히 감각기관을 적극적으로 활용하고 다양한 방법으로 몸을 활발하게 움직일 수 있는 기회를 규칙적으로 제공한다. 또한 실내 · 외 신체활동을 통해 긴장감을 해소하고 즐거움을 느끼게 하며, 안전하고 쾌적한 환경을 제공하여 건강한 생활을 할 수 있게 한다.

3) 건강교육의 기본내용

유아기 자신의 신체를 긍정적으로 인식하고 신체활동에 즐겁게 참여함으로써 유아기에 필요한 기본운동 능력과 기초 체력을 기르고, 건강하고 안전한 생활을 실천하는 능력과 태도를 기르기 위한 영역이다. 건강영역의 내용범주를 살펴보면 다음과 같다(김은심 외, 2012).

영역	내용 범주	내용
신체운동 · 건강	신체 인식하기	감각능력 기르고 활용하기
		신체를 인식하고 움직이기
	신체 조절과 기본 운동하기	신체 조절하기
		기본 운동하기
	신체활동에 참여하기	자발적으로 신체활동에 참여하기
		바깥에서 신체활동하기
		기구를 이용하여 신체활동하기
	건강하게 생활하기	몸과 주변을 깨끗이 하기
		바른 식생활 하기
		건강한 일상생활 하기
	안전하게 생활하기	안전하게 놀이하기, 교통안전 규칙 지키기
		비상 시 적절히 대처하기

4) 건강교육 세부내용

① 몸과 주변을 깨끗이 하기

'몸과 주변을 깨끗이 하기'는 유아가 질병을 예방하기 위한 기초로써 자신과 손과 몸을 깨끗이 하는 방법을 알고 실천하며, 나아가 유아가 생활하는 주변을 깨끗이 하는 습관을 기르도록 하는 내용이다.

3세	4세	5세
손과 이를 깨끗이 하는 방법을 알고 실천한다.		스스로 몸을 깨끗이 하는 습관을 기른다.
주변을 깨끗이 한다.	주변을 깨끗이 하는 습관을 기른다.	

② 바른 식생활하기

'바른 식생활하기'는 적당량의 음식을 골고루 섭취하며, 몸에 좋은 음식을 알고 선택할 수 있으며, 음식을 소중히 여기며 식사예절을 지킨다.

3세	4세	5세
음식을 골고루 먹는다.		적당량의 음식을 골고루 먹는다.
몸에 좋은 음식에 관심을 갖는다.	몸에 좋은 음식을 알아본다.	몸에 좋은 음식을 선택할 수 있다.
바른 태도로 식사한다.	음식을 소중히 여기고 식사예절을 지킨다.	

③ 건강한 일상생활하기

'건강한 일상생활하기'는 하루 일과에 규칙적으로 참여하며, 적당한 수면과 휴식을 취하고, 규칙적인 배변습관을 가진다.

3세	4세	5세
규칙적으로 잠을 자고, 적당한 휴식을 취한다.		
하루 일과에 즐겁게 참여한다.		
스스로 화장실에서 배변한다.	바른 배변습관을 가진다.	규칙적인 배변습관을 가진다.

④ 질병 예방하기

'질병예방하기'는 질병의 위험을 알고 예방방법을 실천하고 상황에 알맞은 옷을 입는다.

3세	4세	5세
질병의 위험을 알고 주의한다.	질병을 예방하는 방법을 알고 실천한다.	
날씨에 맞게 옷을 입는다.	날씨와 상황에 알맞게 옷을 입는다.	

3. 0~2세 표준보육과정과 3~5세 누리과정 건강교육의 공통점과 차이점

1) 공통점

일상생활에서 자신의 신체를 긍정적으로 인식하고 즐겁게 신체활동에 참여함으로써 기초 체력과 기본 운동능력을 기르고 건강하고 안전한 생활습관을 기르는 것이다. 유아기는 활발한 신체의 움직임과 다양한 활동을 통해 신체와 정신의 조화로운 발달이 이루어지며, 평생 동안 지속될 기본생활습관이 형성되는 중요한 시기이다(김은심 외, 2012).

이에 따라 유아의 기본 운동능력과 함께 건강하고 안전한 생활습관을 기르는 데 유의한다. 이러한 목표를 달성하기 위해서 유아가 다양한 놀이를 통해 일상생활에서 즐겁게 운동하고 규칙적으로 생활하며, 건강하고 안전한 생활습관을 갖도록 하는 데 중점을 둔다.

2) 차이점

질병예방에 대한 구체적인 내용이 차이를 보이고 있다. 0~2세 표준보육과정에 비해 3~5세 누리과정은 보다 구체적인 예방방안에 대해 설명하고 있으며 가정과 부모와의 연계에 대한 중요성을 더욱 강조하고 있다.

또한 전염병이 있는 영아에 대해서 0~2세 표준보육과정에서는 적절한 격리를 조치했지만 3~5세 누리과정에서는 미리 부모와의 연락을 통해 가정에서 휴식을 취할 것을 권장하고 있다. 그리고 전문 업체의 활용으로 질병발생의 요인을 최소화 하려는 입장을 취하고 있다.

Chapter 12

영유아 건강교육의 교육기관의 역할

1. 영유아 건강교육을 위한 유아교육기관의 역할
2. 영유아 건강 증진을 위한 교사의 역할
3. 영유아 건강 증진을 위한 부모의 역할

1. 영유아 건강교육을 위한 유아교육기관의 역할

영유아 교육기관에서의 건강교육은 건강을 발달시키는 데 필요한 지식, 태도, 행동의 발달을 통하여 어린이들의 삶의 질을 유지·향상시키는 것이다. 이는 영유아들에게 자신의 건강에 영향을 미치는 것들을 인식하고 긍정적인 의사결정을 내리며 자신의 건강을 책임질 수 있도록 하는 것을 의미한다. 건강에 관한 학습은 지식과 정보의 제공만으로는 부족하다. 건강한 행동을 유발하기 위해서는 태도가 중요하다. 태도는 실행하고 행동하기 위한 내부적 준비이다. 학습자가 믿고 느끼고 가치를 갖는 것이 행동에 영향을 미친다(유미림 외, 2018).

교육부의 유치원 교육과정의 경우 건강교육과 직접 관련이 있는 영역은 건강생활 영역이다. 시행중인 제6차 교육과정과 2007년 개정된 제7차 교육과정에서의 건강생활 영역의 목표는 많은 변화가 있다.

1) 영유아 교육기관에서의 건강교육의 방법

(1) 건강교육의 방법

영유아에게 건강교육을 실시하기 위한 효과적인 방법은 교사가 가르쳐 주는 것보다 영유아들이 직접 일상생활의 다양한 경험이나 활동을 통해 건강을 유지하고 건강한 생활습관을 형성하는데 필요한 지식이나 기술, 태도를 자연스럽게 형성하도록 하는 것이다. 특히 건강교육을 위한 방법은 대상 유아의 연령이나 개인적 특성을 고려하여 계획되어야 하며 각 상황에 따라 적절하고 융통성 있게 전개되어야 한다. 건강교육은 영유아의 일상생활 속에서 자연스러운 과정을 통해 계속적으로 실시되어야 한다(유미림 외, 2018).

따라서 특별한 시기에 건강이나 위생 등과 같은 특정 주제만을 통해서 보다는 매일의 일과 속에서 반복해서 실시하는 것이 효과적이다. 예를 들면, 손 씻기, 이 닦기, 낮잠 자기, 휴식하기, 점심식사 및 간식 먹기, 요리하기 등과 같은 활동을 통해 통합적으로 학습해야 할 것이다.

(2) 건강교육 시 고려사항

- 교육대상 유아의 연령과 학급 규모를 고려한다.
- 유아의 직접적 연령과 학급 규모를 고려한다.
- 유아가 활동에 적극적으로 참여할 수 있는 방법을 모의한다.
- 개인유아의 발달수준에 적합하며 흥미를 만족시킬 수 있는 다양한 교수자료를 준비한다. 건강교육은 건강 유지에 필요한 지식을 교사가 일방적으로 가르치기보다는 유아의 발달수준에 맞고 호기심을 유발할 수 있는 다양한 색, 모양, 재질 등을 만들어진 교구나 자료를 활용하는 것이 더욱더 효과적이다.
- 동화듣기, 간식 및 점심시간, 극놀이, 화장실 가기, 요리하기 등 다양한 활동을 통해 건강과 관련된 지식, 기술, 태도를 통합적으로 학습하는 것이 효과적이다.
- 일상생활 중에서 건강과 관계되는 특별한 상황이나 사건을 이용하여 교육한다.
- 연중 지속적으로 실시하여 반복된 경험을 통하여 건강한 생활습관을 형성하도록 한다.

2. 영유아 건강 증진을 위한 교사의 역할

1) 따뜻하고 수용적이며 안정적인 환경 유지

현대사회는 여성의 취업률 증가와 가족구조의 변화로 어린 나이에 기관에 다니는 유아의 비율이 늘어 낮 시간의 대부분을 기관에서 또래들과 함께 보내는 유아수가 늘고 있다. 이에 따라 신체적, 정신적 건강을 유지하고 증진하는 것은 가정에서 부모의 중요한 역할일 뿐 아니라 기관의 중요한 책임이 되었다.

유아의 건강을 보호, 유지하고 향상시키기 위한 것으로 영양이 풍부하고 균형 잡힌 급식 및 간식의 제공, 정기적인 건강검진을 포함하여 유아들이 안정을 취할 수 있는 장소를 마련하고 응급처치 도구를 비치하며 상황에 따른 적절한 대처기술을 갖추는 것 등을 포함한다. 또한 기관의 시설과 설비는 안전해야 하며, 유아가 가장 효과적으로 학습할 수 있도록 안전하고 안락하고 온정적인 분위기를 제공해야 한다.

최상의 환경이라 하더라도 교사가 그것을 잘 활용하고 학습의 기회로 삼으려고 주의를 기울이지 않으면 유아가 그 가치를 경험하지 못하고 유아의 건강이나 발달에 기여할 수 없게 된다. 교사는 유아의 건강과 안전을 위하여 유아를 주의깊게 관찰하고 민첩하게 반응해야 한다. 또한 따뜻하고 수용적이며 안정적인 환경을 유지하여 유아의 정신건강을 도모하여야 한다.

2) 건강관찰 및 건강진단을 계획하는 역할

유아의 건강관리란 유아의 건강을 보호하기 위해 질병을 예방하고, 위생적인 환경을 구성하는 등 유아들의 신체적·정신적·사회적 안녕을 도모하고 생활의 질과 건강향상에 필요한 모든 조치를 취하는 것을 말한다. 유아교육기관에서 유아의 건강관리는 결국 교사의 능력에 달려있다고 볼 수 있는데, 유아교사는 유아들의 건강을 관리하는데 필요한 지식과 기술을 가지고 있어야 하며, 유아들의 성장과 발달의 각 단계에 맞는 건강문제를 연구하여 교육과정에 포함시켜야 한다.

유아교육기관에서 건강관리를 위해 교사는 건강관찰 실시 및 건강진단을 계획하는 역할, 질병을 예방하고 관리하는 역할, 아픈 유아를 간호하는 역할, 사고의 대응 및 응급처치를 수행하는 역할 등을 수행해야 하며 이러한 역할을 수행할 수 있는 자질을 갖추고 있어야 한다.

3) 건강교육자의 역할

응급상황 발생 시 지역 내 가까운 의료기관으로 의뢰하거나 일과 속에서 유아들의 건강상태를 살피고 건강문제를 해결할 수 있도록 노력해야 한다. 이러한 자질을 갖추기 위해서는 대학에서 건강관련 교과목을 이수해야 하고 과목의 영역 또한 다양해야 하며, 현직에 근무하면서도 건강과 관련한 다양한 연수를 받아 교사의 자질 함양을 위해 노력해야 할 것이다.

유아교육기관에서의 교사는 여러 가지 역할이 요구되지만, 그 중 유아 건강관리자로서의 다양한 역할에 대해 살펴보면, '일반적 건강관리자', '환경 및 위생관리자', '휴식 및 수면관리자', '바른 식생활 관리자', '전염성 질환 및 예방관리자', '건강교육자'의 역할로 나눌 수 있다. 교사는 각 역할의 중요성을 인식하고 있어야 하며, 그에 따른 건강관리자로서의 역할 수행능력을 보여야 한다. 유아의 건강관리를 위한 역할을 잘 수행하기 위해서 유아 건강과 관련된 여러 가지 지식을 습득해야 한다.

4) 아동의 건강과 안전을 지켜주는 역할

교사는 유아의 건강생활 습관을 형성하고 질병을 조기에 발견해야 하며, 부모교육을 통해 건강 및 건강관리에 대한 올바른 지식을 가정에 전할 수 있기 때문에 그 역할의 중요성은 매우 크다고 할 수 있다. 보육교사의 역할은 영유아에 대한 역할, 프로그램에 대한 역할, 부모 및 지역사회와의 교류에 대한 역할로 나누어진다(임미혜, 2000).

첫째, 영유아에 대한 역할로서 보육교사는 아동의 기본적인 물리적, 정서적, 생리적인 기본욕구를 충족시켜 주어야 하며, 아동의 건강을 돌보고 안전을 지켜주어야 한다. 영유아의 요구를 파악하고 애정 있게 대해주어 신뢰감을 형성할 수 있도록 하여야 하며, 영유아의 대리자 혹은 보호자로서의 역할을 수행해야 한다.

둘째, 프로그램에 대한 역할로서, 보육교사는 보육아동의 프로그램에 대한 관찰자와 기록자로서의 역할과 보육서비스 질적 개선을 위한 평가자로서의 역할을 수행하여야 한다.

셋째, 부모 및 지역사회의 교류에 대한 역할로서, 부모와 원활한 의사소통이 가능하도록 하며 부모와 보육시설과의 신뢰감을 형성하기 위해 노력하여야 한다. 교사가 갖고 있는 건강에 대한 인식과 그 지식의 실천은 교육과 보육에 미치는 영향이 매우 크고 중요하다.

3. 영유아 건강 증진을 위한 부모의 역할

1) 양육역할

거부는 자녀의 존재나 상태를 받아들이지 못하고 귀찮아하며, 부모가 자녀에게 주는 사랑, 애정, 온정이 철회되거나 없는 것으로 정의되며, 여기에는 주로 적대감 및 공격성, 무관심 및 무시, 미분화된 거부 등의 세 형태로 나타난다. 거부적인 부모는 아동의 정서가 발현되지 못하게 하는 분노감과 분개를 가지고 있으며 종종 아동을 귀찮아하고, 처벌적 통제에 의지한다.

수용은 자녀의 존재나 상태를 받아들일 뿐만 아니라, 수용의 다양한 형태인 온정 및 애정과 사랑을 신체적·언어적으로 표현하는 것을 의미하며 부족한 부분을 인정하고 받아들이는 '보호와 위로', 자녀에게 사랑하고 있음을 나타내는 언어적·비언어적 행동의 표현인 '온정' 자녀의 잠재력과 장점을 찾고, 이에 찬성할 뿐만 아니라 발전되도록 정서적으로 원조하는 '지지 및 승인'을 포함하고 있다.

수용적인 부모는 일반적으로 아동양육의 책임성을 수용하고 아동을 귀찮아 하는 신호를 거의 보내지 않는다. 즉, 부모의 수용은 부모가 그들의 자녀에게 줄 수 있는 온정, 애정, 사랑을 지칭하는 것으로 기본적으로 신체적인 표현과 언어적인 표현의 두 가지 표현방식을 지닌다.

2) 식생활 관리자의 역할

유아의 식생활에서는 음식의 기호가 문제시된다. 유아는 약간 싫은 음식이라도 소량은 먹으며 같은 식품이라도 조리법 여하에 따라 먹을 때도 있고 거부할 때도 있다. 그러나 이러한 일은 유아뿐만 아니라 성인에게도 있을 수 있는 일이므로 지나치게 먹는 것을 강요해서는 안된다.

특정식품을 싫어하여 거의 먹지 않을 때에도 영양성분이 유사한 식품을 잘 먹으면, 적어도 발육과 건강면에 있어서 크게 걱정할 정도가 아님에도 불구하고, 유아의 식품기호가 중요시되는 것은 만약 이것을 방치해 두면 후에 편식이 고정될 우려가 있기 때문이다. 편식을 예방하기 위해서는 편식이 고정되기 전에 노력해야 한다.

3) 발달자극역할

발달자극역할(nurturing role)의 개념은 아동발달을 증진시키는 역할을 말한다. 양육대상에게 기대되는 잠재적 변화와 일치하는 발달변화를 일으키기 위한 목적의 안내, 보호, 돌봄의 제공을 의미한다. 발달자극역할은 공감, 격려, 증진, 합리적 권위의 네 가지 하위영역을 포함한다. 공감은 어떤 상황 하에 있는 자녀의 감정을 지각하고, 분석하며, 자녀의 조망과 역할을 가정해 봄으로써 그에 일치하는 정서적 반응을 나타내는 것이다.

영유아의 민감성은 자녀의 상태에 대한 정확한 파악과 자녀의 요청에 대한 즉각적인 반응으로 자녀의 상황과 감정에 대한 인식과 조망으로서의 '민감성'과

감정인식과 일치하는 '감정이입적 의사소통'의 두 가지 하위 차원으로 나눌 수 있다. 격려는 자녀의 발달적 의도에 따른 용기나 의욕을 북돋우어 성장에 대한 힘과 용기를 얻도록 하는 태도나 행동의 의미하며 증진은 다양한 기술을 통해 현재 있는 능력과 태도를 점점 더 긍정적인 방향으로 발달되도록 고무시키는 것을 의미한다.

그리고, 합리적 권위는 자녀를 지휘하거나 통솔하여 따르게 하는 힘으로서, 확고하고 합리적인 요구와 설명을 하며, 아동의 개별성을 존중하면서 동시에 사회적 가치관을 가르치는 것을 중요하게 생각하는 태도를 말한다.

4) 건강증진을 위한 역할

자녀는 생활에 필요한 여러 가지 바람직한 행동을 부모와 언어적이거나 비언어적인 상호작용을 통해 최초로 배워간다. 부모와의 상호작용 그 자체가 이러한 특성을 습득할 수 있게 해 주는 일차적인 경험 자료가 된다. 따라서 자녀들이 부모를 닮는다는 것은 필연적인 과정이며 이 과정을 통해서 소년 소녀들은 신사 숙녀로 성장한다. 부모를 모방한다는 것은 부모와 자녀 간의 관계가 사랑과 존경으로 이루어질 때만 용이하다.

영유아는 부모와 자녀 관계는 부모의 역할행위를 배우는 기본적인 방식이 된다. 부모의 역할은 단순히 자녀의 성장에 필요한 영양공급에서 시작하여 발달을 촉진시키는 것을 포함하는 광범위한 개념으로 이는 부모-자녀 간의 끊임없는 상호작용을 통해 이루어진다. 적절한 부모역할은 자녀의 성장·발달에 필수적이며, 유능한 자녀 뒤에는 자녀의 지적 발달과 사회적 욕구를 충족시키기 위해 노력하는 부모가 있다.

참고문헌

강성희(2004). 가정 내 영유아 안전사고 분석을 통한 부모안전교육 프로그램 개발 연구. 숙명여자 대학교 대학원 박사학위논문.

고진양(1993). 유아의 건강습관과 건강상태에 관한 연구. 이화여자대학교 교육대학원 석사학위논문.

공인숙, 한미현, 김영주(2005). **보육학개론**. 경기: 교육과학사.

곽노의 외(2010). **아동건강교육**. 경기: 공동체.

교육과학기술부(2012). 안전하고 질 높은 급식을 위한 학교급식 알레르기 유발식품 표시제 운영 매뉴얼. 학생건강총괄과.

교육과학기술부(2013). **3~5세 연령별 누리과정 운영을 위한 교사연수 자료집**.

교육과학기술부·보건복지부(2013). **3-5세 연령별 누리과정 교사용 지침서**.

교육과학기술부·보건복지부(2013). **3-5세 연령별 누리과정 해설서**.

교육인적자원부(2000). **유치원 교육활동 지도자료 1 총론**. 서울: 대한교과서.

구오옥 외(2013). **생명주기를 통한 영양**. 서울: 파워북.

김경화 외(2010). **아동건강 및 안전**. 경기: 공동체.

김두례(2001). 유아교육기관의 식습관 지도 프로그램 개발을 위한 기초 연구. 경희대 교육대학원 석사학위논문.

김숙이 외(2010). **아동건강교육**. 서울: 문예미디어.

김숙이 외(2017). **아동건강교육**. 경기: 정민사

김연진 외(2015). **영유아를 위한 유아건강교육의 이론과 실제**. 서울: 태영출판사.

김연진, 송주미(2010). **유아건강교육**. 서울: 동문사.

김영삼, 강영욱, 조남숙, 한국선, 이춘희, 이숙희, 김진아, 김현옥(2013). **영유아건강교육**. 서울: 창지사.

김영옥(2008). 유아교육 실제에 있어서 통합의 의미와 과제. **유아교육연구**, 28(6). 5-25.

김영희(2014). 텃밭을 활용한 녹색식생활교육이 유아의 식습관과 환경 친화적 태도에 미치는 영향. 중앙대학교 교육대학원 석사학위논문.

김의영(1997). **아동보육론**. 서울: 동문사.

김정원, 김유정, 박현미(2005). **영유아를 위한 교재·교구 연구 및 지도법**. 경기: 양서원.

김정혜, 엄태삭, 이수경, 이영근(1997). **유아건강교육**. 서울: 청구문화사.

김진영 외(2009). **유아를 위한 교수-학습방법론**. 경기: 양서원.

김혜경(2012). **영유아건강교육**. 경기: 공동체.

김혜련(2001). 주의력결핍 과잉행동 유아의 출현율과 가족기능에 관한 연구. 대구대학교 대학원 박사학위논문.

김혜영(2012). 아동간호학. 서울: 신광사.

대한소아알레르기 및 호흡기학회(2005). 소아 알레르기 호흡기학. 서울: 군자출판사.

덕성여자대학교 부속유치원(2001). 유아 영양과 요리활동. 서울: 창지사.

류문화(1996). 자기교사훈련이 과잉행동장애 아동의 문제행동 수정에 미치는 효과. 대구대학교 대학원 박사학위논문.

문혁준(2000). 아동의 기질적 특성과 부모의 훈육방법. 대한가정학회지, 38(6), 29-41.

문혁준, 권희경, 김명애, 김상희, 김정희, 김혜금, 김혜연, 안효진, 이경옥, 이윤경, 이희선(2011). 아동건강교육. 서울: 창지사.

박경숙(2002). 학령기 비만 아동의 자기 효능감과 건강증진 생활양식과의 관계연구. 조선대학교 대학원 석사학위논문.

박남연(2012). 텃밭가꾸기 활동이 유아의 식습관 및 편식 개선에 미치는 영향. 강남대학교 교육대학원 석사학위논문.

박대근(2000). 유아의 기본 운동 및 지각-운동 발달에 관한 연구. 중앙대학교 교육대학원 석사학위논문.

박선희, 김희태(2009). 아동건강교육. 서울: 한국방송통신대학.

박송이, 백희영, 문현경(1999). 학령전 아동의 식습관과 식이섭취평가에 관한 연구. 한국영양학회지, 32(4). 419-429.

박순자(2003). 초등학생 비만관리의 개선방안, 사회복지 실천론적 접근. 명지대학교 사회복지대학원 석사학위논문.

박호선(2002). 유아의 기질 및 어머니의 양육방식과 유아의 자기조절 행동발달 간의 관계. 상명대학교 대학원 박사학위논문.

변정순, 이경혜(2010). 어머니와 유아의 식습관 관련성 및 유아의 섭식지도를 위한 영양교육필요성 조사. 대한영양사협회 학술지, 16(1). 62-76.

보건복지부(2011). 어린이집 건강관리 매뉴얼. 보육정책관 보육기반과.

보건복지부(2013). 보육사업안내.

보건복지부(2013). 어린이집평가인증안내.

보건복지부(2013). 어린이집평가인증 안내(30인 이하 어린이집).

보건복지부(2013). 어린이집평가인증 안내(40인 이상 어린이집).

보건복지부(2013). 제3차 표준보육과정에 기초한 연령별 보육 프로그램의 활용.

서울삼성병원(2011). 식품과 알레르기. 서울시지정 삼성서울병원.

손보경(2006). 울산 일부지역 어린이집 유아의 양양상태 및 양양지식 울산대학교 교육대학원 석사학위논문.

송명자(1995). 발달심리학. 서울: 학지사.

신은수, 강금지, 유희정(2009). 영·유아를 위한 영양과 건강교육. 서울: 창지사.
영유아 건강관리 가이드북. 유치원·어린이집용(2017). 육아정책연구소.
이기숙 외(1997). 영유아를 위한 안전교육. 경기: 양서원.
이기숙(2000). 유아교육과정(개정판). 서울: 교문사.
이기숙, 장영희, 정미라, 배소연, 박희숙(2002). 영유아를 위한 안전교육과 응급처치. 경기: 양서원.
이기열, 문수재(1998). 최신 영양학. 서울: 수학사.
이기현 외(2003). 영·유아를 위한 건강·안전·영양. 서울: 정민사.
이수영(2008). 어머니의 양육 행동특성 및 영양지식이 유아의 식생활에 미치는 영향-광주 지역을 중심으로-. 조선대학교 교육대학원 석사학위 논문
이숙재, 이봉선(2008). 영유아의 발달과 교육. 서울: 창지사.
이순형, 이성옥, 민하영, 이영미, 한유진, 장영은, 최나야, 김지현, 김진경, 정현심(2009). 영·유아건강교육. 서울: 학지사.
이연숙, 임현숙, 안홍석, 장남수(2009). 생애주기 영양학. 교문사.
이은혜, 이기숙(1998). 유아교육 프로그램 평가척도: 교사를 위한 활용지침서. 서울: 창지사.
이자형, 김일옥(2005). 학령전 아동을 위한 영양교육 프로그램의 개발 및 효과에 관한 연구. 아동간호학회지, 9(1). 46-56.
이자형, 이미정, 김혜영, 박현미, 오진아, 장은영(2005). 아동건강교육. 경기: 교문사.
이혜인(2008). 장애유아 교육기관의 장애유아 건강관리 및 건강교육 실태. 단국대학교 대학원 석사학위논문.
정미라, 배소영, 이영미(2007). 영유아를 위한 건강 및 영양 교육. 서울: 양서원
정아란(2011). 아동건강 및 안전. 서울: 공동체.
정연강 외(2008). 유아영양과 건강. 서울: 양서원.
정옥분(2010). 아동발달의 이해. 서울: 학지사
조경자, 이현숙(1998). 유아건강교육. 서울: 학지사.
조경자, 이현숙(1998). 유아건강교육. 서울: 학지사.
조경자, 이현숙(2010). 유아건강교육. 서울: 학지사.
조윤희(2011). 어린이집 보육교사와 어머니의 식습관, 영양지식 영양태도의 수준과 상호관련성에 관한 연구. 성신여자대학교 교육대학원 석사학위논문.
주영은, 성영화, 이숙자(2011). 아동건강교육. 경기: 공동체.
중앙보육정보센터(2011). 보육시설 운영 문서 자료집.
중앙보육정보센터(2013). 보육시설 운영 문서 자료집.
지수민(2006). 어머니 취업 유무에 따른 유아의 건강 실태 조사 중앙대학교 교육대학원 석사학위논문.
최민수, 정영희(2007). 아동건강교육. 서울: 학지사.
하영수, 이자형, 김희숙, 박영애, 문선영, 김신정, 배정이, 이정은, 오진아, 장은영, 김혜영

(2012). 아동간호학. 서울: 신광사.

한국영양학회, 보건복지부(2015). 2015 한국인 영양섭취기준.

허혜경, 김성희(2008). 유아건강교육의 이론과 실제. 서울: 창지사.

황수관(1996). 황수관 박사의 신바람 건강법. 서울: 문화사.

Ainsworth, M. D. S.(1989). Attachments beyond infancy. *American Psychologist, 44*, 709-716.

Allen, L, H., & Wood, R. J.(1994). Calcium and phosphorus. In Shils, M. E. Olson, J. & A. Shike, M.(Eds.), *Modem nutrition in health and disease*(8th ed.). Lea & Eebiger, Philadelphia, 144-163.

Aronsan, Susan S, (2002). *Healthy Young Children*. Washington, DC: NAEYC.

Ashington, J. W.(1993). *The child's discovery of the mind*. Cambridge, MA: Harvard University Press.

Bretherton, I. O., Connell, B. Shore, C., & Bales, H.(1984). The effects of contex tual variation on symbolic play: Development from 20 to 28 months. In I. Bretherron(Ed.), *Symbolic play and the development of social understanding*, 271-298. New York: Academic Press.

Chandra, R. K.(I996). Nutrition, immunity and infection: Prom basic Knowledge ol dietary manipulation of immune responses to practical upplication of umclioraling of social pretend play. *Human Development, 36*, 199-214.

Cho, M. S.(2006). Teachers and Parents Satisfaction for the daycare Service. Early Child hood Education Korea National Open University Gladiate School.

Choi, H. J., & Seo, J. S.(2003). Nutrient intakes and obesity-related factors of obese chidres and the effet of eating habits and nutrient intakes of preschool children in Kyungjoo. *Korean Journal of Community Nutrition, 11*, 3-13.

Clarke-Stewart, A.(1980). The father's contribution to children's cognitive and social development in early childhood. In F. Pederson, *The ather-infant relationship: Ob senpcuional studies in the family setting*. New York: Praeger.

Cosgrove, M. S.(1991). Cooking in the classroom: The door way of nutrition. *Young Children, 46*(3), 43-46.

Dahlgren, G.(1994). Framtidens sjukvadsmarknader - vinnare ochforare? [Health care markets of the future - winners and losers?]. Stockholm, Bokforlaget Natur och Kultur (in Swedish).

Decker. C. A., & Decker. J. R.(1997). *Planning and administering early childhood programs*. Columbus. OH: Merrill.

Doyle, A. B., Doehring, P., Tessier, O., & Lorimier, S. D.(1992). Transitions in children's play: Transitions in children's play: A sequential analysis of states preceding and following social pretense. *Developmental Psychology, 28*(1), 137-144.

Farver, J. A. M., & Frosch, D. L.(1996). LA. Stories: Aggression in preschoolers's ponta neous narratives after the riots of 1992. *Child Development, 67*, 19-32.

Farver, L. A. M.(1992). Communicating shared meaning in social pretend play. *Early Childhood Research Quarterly, 7*, 501-516.

Fein, G. G.(1981). Pretend play in childhood: An integrative review. *Child Development, 52*, 1095-1118.

Flavell, J. H.(1983). Development of the appearance-reality distinction. *Cognitive Psychology, 15*, 95-120.

Frgarty(1991). *The mindful school: How to integrate the curricula.* Arlington Heights: IR/ Skylight.

Goncu, A.(1993). Development of intersubjectivity in social pretend play. *Human Development, 36*, 185-198.

Gorelich. M. C., & E. A. Clark. Effects of a nutrition program on Knowledge of pre school children. M, *Journal Nutrition Education, 7*(3), 88-92.

Kim, K. H.(2005). Effects of eation habis and control of overeation of obese children on body weight control program. *Korean Journal of Diet Culture, 20*(4), 476-486.

Kim, S. Y.(1999). The effects of storytelling and pretend play on cognitive processes, short-term and long-term narrative recall. *Child Study Journal, 29*, 175-191.

Kovas, Y., Hayiou-Thomas, M. E., Oliver, B., Dale, P. S., Bishop, D. V. M., & Plomin, R. (2005). Genetic influences in different aspects of language development: The etiology of language skills in 4.5-year-old twins. *Child Development, 73*, 632-651.

Lalonde, M. A.(1974). new perspective on the health of Canadians - a working docu ment. Nouvelle perspective de la sant- des canadiens; un document de travail. Ot tawa: Government of Canada.

Lamb, M.(1977). Father-infant interaction in the first year of life. *Child Development, 48*, 167-181.

Leondar, B.(1977). Hatching plots: genesis of story making. In D. Perkins, & B. Leondar. (1978). *The arts in cognition*(PR 172-191). Baltimore, MD: Johns.

Liu, D., Sabbagh, M. A., Gehring, W. J., & Wellman, H. M.(2004). Decoupling beliefs from reality in the brain: An ERP study of theory of mind. *Neuro-report, 15*, 991-995.

Lu, N., Samuels, M. E., Shi, L., Baker, S. L., Glover, S. H., & Sanders, J. M.(2004). "Child day care risks off common infectious diseases revisited". *Child Care Health, 50*(4),361-368.

Lyytinen, P.(1995). Cross-situational variation on children's pretend play. *Early Child Development and Care, 105*, 33-41.

Marotz, L. R., Rush, J. M., & Cross, M. Z.(1989). *Health, Safety and Nutrition for the Young Child.* New York: Delmar Publishers Inc.

McCune-Nicolich, L.(1981). Toward symbolic fiinctioning: Structure of early pretend games and potential parallels with language. *Child Development, 52*, 785-797.

Miller, K. (2005). Simple transitions for lnfants and toddlers, MD: Gryphon House Inc.

Perner, J.(1991). *Understanding the representational mind.* Cambeidge, MA: M.I.T. Press.

Petersen. E. A.(2003). *Early childhood curriculum.* Boston: Pearson Education Inc.

Piaget, J.(1962). *Play, dreams, and imitation in childhood.* New York: Norton.

Richardson, L., Goodman, K. L., Hartman, N. M., & Lepique, H. C.(1980). *A mathemat ics activity curriculum for early childhood and special education.* NY: Macmillan.

Russell, R. L., & Van den Brorek, P.(1992). Changing narrative schema in psycho-therapy. *Psychotherapy: Theory, Research, Practice and Training, 29*, 344-354.

Smilansky, S.(1968). *The effects of sociodramatic play on disadvantaged children.* New York: Wiley.

Thorpe, K.(2006). Twin children's language development. *Early Human Development, 82*, 387-395.

Tomkinsa, A.(1986). Protein-energy malnutrition and risk of infection. *Proceedings of the Nutrition Society, 45*, 289-304.

Urbano, M. T.(1992). *Preschool Children with Special Health care needs.* Singular Pub lishing group, Inc.

Vygotsky, L. S.(1967). Play and its role in the mental development of the child. *Soviet Psychology, 5*, 6-18.

Weinberger, L. A., & Starkey, P.(1994). Pretend play by African American children in Head Start. *Early Childhood Research Quarterly*, 327-343.

Wellman, H. M., & Liu, D.(2004). Scaling of theory-of-mind tasks. *Child Development, 75*, 523-541.

Williams, L. R., & Fromberg, D, P.(1992). *Encyclopedia of early childhood education.* NY: Garland Pub.

Wimmer. H., & Pemer, J.(1983). Beliefs about beliefs: Representation and constraining function of wrong beliefs in young children's understanding of deception. *Cognition, 13*, 103-128.

Wittchen, H. U., & Essau, C. A. (1994). Epidemiology of anxiety disorders. In P. J. Wilner(Ed.), *Psychiatry* (pp.1-2). Philadelphia: J. B. Lippincott Company.

Wolf, A.(1996). The true story of the 3 little pigs. Puffin Books. U. S. A. Youngblade, L. M, & Dunn, J.(1995). Individual differences in young children's pretend play with mother and sibling: Links to relationships and understanding of other people's feelings and beliefs. *Child Development, 66*, 1472-1492.

Yperman AM-Vermeersch JA.(1979). Factors associated with children's food habit. *J Nutr Educ,* 7(2). 72-76.

찾아보기

저 / 자 / 소 / 개

- **조경희** 충청대학교 아동보육과 교수
- **김녹현** 가톨릭상지대학교 사회복지과 교수
- **김진선** 제주한라대학교 사회복지과 교수
- **남현주** 백석예술대학교, 숭의여자대학교 유아교육과 외래교수
- **박연희** 조선이공대학교 사회복지학과 교수
- **박지현** 우송정보대학 유아교육과 강의전담 교수
- **이기호** 경북과학대학교 유아교육과 교수
- **장정애** 한국영상대학교 유아교육과 교수

아동건강교육

1판 1쇄 인쇄 — 2019년 4월 10일
1판 1쇄 발행 — 2019년 4월 15일

저　　자 - 조경희 · 김녹현 · 김진선 · 남현주
박연희 · 박지현 · 이기호 · 장정애
발 행 인 - 강철원
발 행 처 - 양성원
주　　소 - 경기도 파주시 검산로 173번길 29-20
전　　화 - 031-946-3861(代)
팩　　스 - 031-946-3864
이 메 일 - tnwpub@naver.com
홈페이지 - tnwpub.co.kr
출판등록 - 2015년 8월 31일 제 2015-000211 호

ISBN 979-11-6126-190-4

정가 17,000원